अक्षय निधि

(पृथ्वी और सागर)

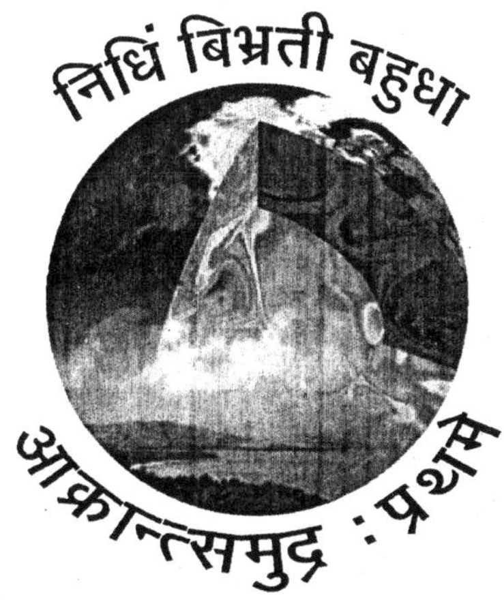

डॉ डी. डी. ओझा

साईण्टिफिक पब्लिशर्स (इंडिया)
पो.बॉ. नं. 91 जोधपुर

प्रकाशक:
पवन कुमार
साईन्टिफिक पब्लिशर्स (इंडिया)
5–ए, न्यू पाली रोड़,
पो. बॉ. नं. 91
जोधपुर – 342 001
Tel.: +91-291-2433323, 2624154
Fax: +91-291-2512580
E-mail: info@scientificpub.com
www.scientificpub.com

ISBN: 978-81-7233-511-3

लेजर टाईपसेट – राजेश ओझा
भारत में मुद्रित

परम पूज्यपाद गुरुवर
आचार्य महामण्डलेश्वर
श्री स्वामी महेशानंदजी गिरि महाराज
के
श्रीचरणों में सादर समर्पित

निधिं बिभ्रती बहुधा गुहा वसु मणिं हिरण्यं पृथिवी ददातु मे।

अथर्ववेद काण्ड 12 सूक्त 1 मंत्र 44

बहुत तरह की निधि छिपाकर रखनेवाली पृथिवी मुझे धन, मणियाँ और स्वर्ण प्रदान करें।

आक्रान्त्समुद्रः प्रथमे विधर्मञ्ज्नयन्प्रजा भुवनस्य राजा।

तैत्तिरीय आरण्यक (प्रपाठक 20, अनुवाक 1)

जगत् को घेरे हुए जो समुद्र है उसने ही प्रारंभ में धर्मानुसार प्रजाएँ उत्पन्न की। अतः वही भुवन का (संसार का) राजा है।

प्राक्कथन

ब्रह्मांड में व्याप्त सौरमंडल में पृथ्वी का महत्त्वपूर्ण स्थान है। अथर्ववेद में पृथ्वी को माता से संबोधित किया है – "माता भूमिः पुत्रोऽहं पृथिव्या"। सचमुच ही पृथ्वी माँ की कोख से ही हम सभी ने जन्म लिया है तथा यह चेतन सृष्टि भी उसी की देन है। हम सभी जीव पृथ्वी पर रहते है, इस कारण यह हमारी आश्रय स्थली है। हमारी सभ्यता तथा संस्कृति भी पृथ्वी की ही देन है। यदि पृथ्वी का स्नेहांचल हमारे ऊपर से हट जाए, तो हमारे अन्न भण्डार, उद्योग धंधे, कल़–कारखाने तथा ज्ञान विज्ञान के चमत्कार ही नहीं अपितु हमारा अस्तित्त्व ही मिट जाएगा।

समस्त ब्रह्मांड में केवल पृथ्वी ही ऐसा ग्रह है जिसमें जल, स्थल और वायु का मेलजोल है। पृथ्वी की उत्पत्ति, उसका महाद्वीपों तथा द्वीपों में विभाजन तथा उसमें पर्वतों तथा सागरों के बनने की कथाएँ बड़ी मनोरंजक एवं रोमांचक भी है। ब्रह्मांड की उत्पत्ति विषयक सर्वाधिक मान्य परिकल्पना के अनुसार लगभग 15 अरब वर्ष पूर्व "बिग बैन्ग" नामक एक विस्फोट हुआ जिसके फलस्वरुप द्रव्य और ऊर्जा का एक संपीडित, अतितप्त, सघन, सूक्ष्म पिण्ड विस्तार पानें लगा और उसने विराट रुप ले लिया। इस विस्तरणशील गुब्बारे का नाम ब्रह्मांड है। इस क्रम में तारे, सौर परिवार और पृथ्वी भी बन गई। भू–वैज्ञानिकों तथा जीवाश्म विज्ञानियों ने पृथ्वी का इतिहास खोजा है। पृथ्वी के इतिहास के काल मापक्रम के छह प्रमुख विभाग किए गए हैं, जो महाकल्प के नाम से जाने जाते हैं। पृथ्वी अपने आप में रोचकता से परिपूर्ण है। क्योंकि इसका आकार–प्रकार, गतियाँ, दिन–रात, ऋतुओं का क्रम, आंतरिक संरचना, पर्वतमालाएँ, ज्वालामुखी, भूकंप, जलमंडल आदि ऐसे अनेकानेक विषय हैं, जिनके रहस्यों के बारे में जानने की हर व्यक्ति को जिज्ञासा रहती है।

पृथ्वी के अतिरिक्त सागर भी हमारी बहुमूल्य निधि है जिसके अभाव में हमारे जीवन की कल्पना भी नहीं की जा सकती है। पृथ्वी के 71 प्रतिशत भू भाग पर महासागरीय जल होने के कारण महासागरों से मानव जीवन अत्यधिक प्रभावित रहा है। हमारे वेदों तथा पुराणों में भी पृथ्वी एवं सागर की महत्ता को दर्शाया गया है तथा सर्वप्रथम एककोशीय जीव की उत्पत्ति भी समुद्र में ही हुई। महासागर प्रारंभ से ही मनुष्य के लिए कई प्रकार से उपयोगी रहे हैं। रासायनिक, जैविक और खनिज संपदाओं से सम्पन्न महासागर एक ऐसी अमूल्य धरोहर है जिनके बारे में जानकारी प्राप्त करके मानव समाज लाभान्वित हो सकता है। सागर को रत्नाकर की भी संज्ञा दी गई है, क्योंकि यह अनेकानेक रत्नों का अक्षुण्य भंडार है। समुद्र का हमारे पर्यावरण और समाज से एक शाश्वत बहुआयामी संबंध है। समुद्र के गर्भ में छिपे अपार संसाधनों का उचित दोहन और उनका संरक्षण एक अति महत्वपूर्ण कार्य है। वस्तुतः अब सागर ही हमारे लिए एक शेष स्रोत है जिस पर हम पूर्णतया निर्भर हो सकते हैं। चाहे ऊर्जा, खाद्य, औषधी, खनिज, रक्षा अथवा अन्यान्य क्षेत्र भी क्यों न हो, हम सभी सागर पर ही निर्भर रहते हैं। वैज्ञानिकों ने सहस्रों वर्ष पूर्व हुए समुद्र मंथन को भी विज्ञान सम्मत माना है।

हमारे देश में सबसे अधिक बोली व समझी जानेवाली भाषाओं में हिन्दी का उच्चतम स्थान है। अतः किसी भी तकनीकी जानकारी का व्यापक प्रचार–प्रसार जब तक हिन्दी भाषा में नहीं होता तब तक वह अधूरा ही रहता है। इसी उद्‌देश्य को दृष्टिगत रखते हुए मैंने "अक्षय निधि" (पृथ्वी और सागर) विषयक पुस्तक का लेखन कार्य किया है। इस पुस्तक में पृथ्वी और सागर से जुड़े हुए अधिकांश महत्वपूर्ण विषयों, यथा – पृथ्वी के विषय में प्राचीन मान्यताएँ, पृथ्वी का इतिहास, उत्पत्ति, ज्वालामुखी, भूकंप, ज्वारभाटा, पृथ्वी की गतियाँ, भू तापीय ऊर्जा, पृथ्वी से संबंधित कुछ रोचक आँकड़े, जीवन के आधार रूप में मिट्‌टी, चट्‌टानें, मिट्‌टी का सजीव संसार, मिट्‌टी का क्षरण, मरुस्थल पृथ्वी पर मानव का पदार्पण, ऐंटार्कटिका, जलमंडल, सूखा तथा बाढ़, पृथ्वी का गरमाना, खतरनाक समुद्र की उत्पत्ति, सबसे प्राचीन महासागर, समुद्र का पौराणिक महत्व, वैज्ञानिक परिप्रेक्ष्य में समुद्र मंथन, समुद्र तल की आंतरिक संरचना, समुद्री घास एवं उसका महत्व, समुद्री शैवाल एवं

उनके उपयोग, सागर की खनिज संपदा, बहुधात्विक पिंडिकाएँ, महासागरीय जल का संघटन, प्रवाल भित्ति, औषधियों का भंडार – सागर, हाइड्रोकार्बन एवं पेट्रोलियम पदार्थ, ऊर्जा के विशाल स्रोत–सागर, लहरों से बिजली, गैस हाइड्रेट, मैंग्रोव, सागरीय प्रदूषण एवं सुरक्षा, सुनामी एवं सुरक्षा तथा महासागर विकास एवं अनुसंधान विषयक रोचक जानकारी प्रदान की गई है।

इस पुस्तक का सफल लेखन कार्य परम पूज्यपाद, अनन्तश्रीविभूषित, आचार्य महामण्डलेश्वर **श्री स्वामी महेशानंदजी गिरि महाराज** के आशीर्वाद से ही सम्पन्न हुआ है। अतः यह पुस्तक उन्हीं के श्रीचरणों में समर्पित है। इस पुस्तक के लेखन कार्य में **स्वामी स्वयंप्रकाश गिरिजी महाराज** ने बहुमूल्य सुझाव देकर इसे लोकोपयोगी बनाया। अतः लेखक उनका बहुत कृतज्ञ है। लेखक प्रो. शिवगोपाल मिश्र, श्रीशरण एवं उन सभी विद्वान कृतिकारों का हृदय से आभारी है जिनकी कृतियों का यत्किंचित उपयोग इस जनोपयोगी पुस्तक में लोगों के ज्ञान अभिवृद्धि में तथा विज्ञान के लोकप्रियकरण में किया गया है। आशा है पुस्तक में प्रदत्त तकनीकी जानकारी से प्रबुद्ध पाठकगण अवश्य लाभान्वित होंगे।

डॉ. डी.डी. ओझा

अनुक्रम

प्राक्कथन	v
ब्रह्मांड की उत्पत्ति	1
पृथ्वी के विषय में प्राचीन मान्यताएँ	2
पृथ्वी का इतिहास	6
पृथ्वी की उत्पत्ति	7
प्लेट विवर्तनिकी सिद्धान्त	9
पुराचुम्बकत्व	11
पृथ्वी की आंतरिक संरचना	15
महाद्वीपों तथा महासागरों का उद्भव एवं विलुप्तीकरण	17
ज्वालामुखी – पृथ्वी के आग उगलते टीले	19
भारत के ज्वालामुखी	23
पृथ्वी की हलचल – भूकंप	24
भूकंप का लेखा – जोखा	26
क्या भूमि में भी ज्वार भाटा होता है?	28
भूस्खलन	28
उल्काएँ अथवा टूटते तारे	30
पृथ्वी का घूमना	32
सूर्य तथा चंद्रग्रहण	34
भूतापीय ऊर्जा	36
कैसे मापें भू गर्भ का तापमान?	38
पृथ्वी से संबंधिक कुछ रोचक आँकड़े	41
भारत का अपोढ़	43
पृथ्वी की संरचना मैग्नेटोटेल्युरिक विधि द्वारा	44
जीवन के आधार रूप में मिट्टी	45
भू पपड़ी की संरचना	46
चट्टानें	47
मिट्टी बनने की विचित्र प्रक्रिया	48

मिट्टी की पहचान 50
मृदा के विकास में जल सहायक 52
मिट्टी की रूग्णता एवं उपचार 52
मिट्टी का सजीव संसार 53
मिट्टी का क्षरण 54
फैलनेवाली मिट्टियाँ 55
मरूस्थल 57
रेगिस्तान के निर्माण एवं विस्तार में मानवीय भूमिका 60
मरूस्थल नियंत्रण 63
पृथ्वी पर मानव का पदार्पण 63
विश्व के विशाल पर्वत 66
ध्रुवीय प्रदेश ऐंटार्कटिका 68
अक्षांश तथा देशांतर रेखाएँ 71
एक नजर जलमंडल पर 72
विश्व की प्रमुख झीलें 75
भारत की सबसे बड़ी नमक की झील – सांभर झील 76
नदी तंत्र की विलक्षण परिवहन क्षमता 79
भौम जल या भूमिगत जल 84
जल चक्र 85
भू जल स्रोतों की खोज 86
सूखा तथा बाढ़ 87
पृथ्वी के गरमाने से मंडराता संकट 88
अक्षय निधि–सागर 91
समुद्र की उत्पत्ति 92
सबसे प्राचीन महासागर 94
एक नया सागर 95
समुद्र का पौराणिक महत्व 95
वैज्ञानिक परिप्रेक्ष्य में समुद्र मंथन 98
समुद्र तल की आंतरिक संरचना 100
समुद्र की गहराई का मापन 101
सागर के भीतर पर्वत 102
समुद्र की साँसें – ज्वारभाटा 104
समुद्री घास – बहुमूल्य संपदा 107

समुद्री घासों का महत्व	110
समुद्री घासों पर संकट	112
सागर की खाद्यान्न संपदा	113
समुद्री सजीव संसाधनों का विहंगावलोकन	115
सुदूर संवेदन एवं भौगोलिक सूचना प्रणाली तथा मत्स्य क्षेत्र विकास में योगदान	117
संभाव्य मत्स्य क्षेत्र (पीएफजेड) संबंधी सूचनाओं की प्राप्ति के लिए रिमोट सेन्सिंग	118
समुद्री शैवाल – समुद्र की अक्षुण्ण संपदा	119
समुद्री शैवाल के उपयोग	121
सागर की खनिज संपदा	131
बहुधात्विक पिण्डिकाएँ	132
गवेषणी व सागरकन्या द्वारा सर्वेक्षण	135
नमक का अपार स्रोत का संघटन	137
महासागरीय जल का संघटन	139
अथाह जल स्रोत का प्रदाता सागर	143
आर.ओ. प्रक्रिया के लाभ	145
प्रवाल भित्ति	148
ओषधियों का भंडार–सागर	150
मूंगा, जैली फिश तथा सी. एनीमोन	154
मुक्ता एवं शुक्ति	158
सागर की विभिन्न संपदाओं से प्राप्त औषधियाँ	164
हाइड्रोकार्बन एवं पेट्रोलियम पदार्थ	167
ऊर्जा के विशाल स्रोत सागर	169
ओटेक तकनीक	170
भारत में ओटेक	172
ऊर्जा के अन्य स्रोत – ज्वारभाटा	173
लहरों से बिजली	175
जलधाराओं से बिजली	176
सागर की पवनों से ऊर्जा	177
बायोमास	177
गैस हाइड्रेट – ऊर्जा के अक्षुण्ण भंडार	178
मानसून व कृषि	181

सागर तट के प्राकृतिक प्रहरी – मैंग्रोव	184
मैंग्रोव का महत्व	189
मैंग्रोव पर संकट	190
मानव समाज के लिए सागर की विकरालता	192
सुनामी	194
भयंकर सुनामी घटनाएँ	196
सुनामी से सुरक्षा	198
प्रदूषण से घिरे सागर	201
कृषि क्षेत्र के अपशिष्ट	205
तेल प्रदूषण	205
तेल प्रदूषण के दुष्प्रभाव	209
रेडियोधर्मी पदार्थ व सागर प्रदूषण	211
महासागर विकास व अनुसंधान	214
समुद्री प्रेक्षण एवं सूचना सेवाएँ (ओओआईएस)	216
भारतीय अर्गो परियोजना	217
अपवाही प्लवक	218
सागर व महासागर से जुड़े वस्तुनिष्ठ रोचक प्रसंग	221
समुद्री विज्ञान एवं प्रौद्योगिकी में रोजगार	233

ब्रह्मांड की उत्पत्ति

विष्णुपुराण के अनुसार ब्रह्मांड एक कैथे के बीज के समान ऊपर–नीचे, सब ओर अंडकटाह से घिरा हुआ है। यह अंड अपने से दस गुने जल से, जल अग्नि से, अग्नि वायु से, वायु आकाश से, आकाश तामस (अहंकार) से तथा अहंकार महत् तत्व से घिरा है। यह महत् तत्व प्रधान से आवृत है, जो अनन्त है।

यद्यपि ब्रह्मांड की उत्पत्ति के विषय में कुछ भी निश्चित रुप से तो नहीं कहा जा सकता तथापि विभिन्न विद्वानों ने अपने–अपने अनुमान से कुछ सिद्धान्तों का प्रतिपादन करने का प्रयास किया है। इन सिद्धान्तों में कुछ प्रमुख सिद्धान्त हैं – बिग बैंग सिद्धान्त, सतत सृष्टि सिद्धान्त तथा स्पंदनमान विश्व सिद्धान्त आदि।

सर्वाधिक मान्य बिग बैंग सिद्धान्त का प्रतिपादन पादरी ऐव जार्ज लेमेतर ने किया। इनके अनुसार, करोड़ों वर्ष पूर्व सम्पूर्ण ब्रह्मांड "एक अत्यन्त लघु और सघन पिंड" के रूप में था, जिसमें आज से 15 अरब वर्ष पूर्व एक महाविस्फोटक हुआ और ब्रह्मांड का फैलाव शुरू हुआ। इस विस्फोट से निकली ऊर्जा एवं द्रव्य के एकत्रण से ही तारों एवं ग्रहों की रचना हुई। ऐसी मान्यता है कि विस्फोट के बाद से ब्रह्मांड निरंतर फैल रहा है। अनुमान है कि ब्रह्मांड का वर्तमान विस्तार 250 करोड़ प्रकाश वर्ष से भी अधिक है। यद्यपि इस महाविस्फोट की प्रकृति के विषय में स्पष्ट प्रमाण नहीं है, फिर भी, इससे निकली विकिरण ऊर्जा के अध्ययन से, जो कि आज

भी ब्रह्मांड में व्याप्त है, कुछ–कुछ जानकारी प्राप्त हो रही है। इन्ही विकिरणों के अध्ययन हेतु अमेरिकी अंतरिक्ष एजेंसी "नासा" ने विशेष अंतरिक्ष कार्यक्रम चलाया है, जिसे 'कास्मिक बैकग्राउंड एक्सप्लोरर' (COBE) अभियान नाम दिया गया है।

दूसरे सतत सृष्टि सिद्धान्त के प्रतिपादक थामस गोल्ड और हर्मन बांडी है। इनके अनुसार, महाविस्फोट के पश्चात् ब्रह्मांड का विस्तार तो हो रहा है, परन्तु उसके घनत्व में कोई परिवर्तन नहीं हुआ है; अर्थात् ब्रह्मांड के विस्तार से दो आकाशीय पिंडों या आकाश गंगाओं के बीच जो रिक्त स्थान बढ़ता जाता है, उसमें नई आकाश गंगाओं (Galaxies) का निर्माण हो जाता है।

अंतिम डॉ एलेन संडेज द्वारा प्रतिपादित स्पंदनमान विश्व सिद्धान्त (Pulsating Universe Theory) के अनुसार, ब्रह्मांड क्रम से फैलता तथा सिकुड़ता रहता है; अर्थात् वर्तमान में तो यह फैल रहा है, परन्तु एक समय के पश्चात् यह फैलाव स्थगित हो जाएगा और ब्रह्मांड सिकुड़ने लगेगा। एक समय के बाद पुनः महाविस्फोट होगा और ब्रह्मांड फैलने लगेगा। इस दृष्टि से यह सिद्धान्त ब्रह्मांड की गतिशीलता का परिचायक है।

ब्रह्मांड संपूर्ण सृष्टि का सूचक है और अत्यन्त व्यापक शब्द है। इसमें अंतरिक्ष के समस्त ग्रह, उपग्रह और तारे सम्मिलित हैं। वस्तुतः संसार, विश्व या जगत् भौगोलिक महाद्वीपों तथा द्वीपों का सूचक शब्द है और पृथ्वी समस्त संसार का पर्यायवांची शब्द तो है परन्तु इसकी पृथक् सत्ता का सूचक भी है।

पृथ्वी के विषय में प्राचीन मान्यताएँ

हमारे बहुप्रचलित विष्णुपुराण में पृथ्वी की परिभाषा इस प्रकार दी गई है – "जितनी दूर तक सूर्य और चन्द्रमा की किरणों का प्रकाश जाता है, समुद्र, नदी और पर्वतादि से युक्त उतना प्रदेश पृथिवी कहलाता" है। वस्तुतः यही भूलोक है।

अथर्ववेद के पृथ्वी सूक्त में पृथ्वी को माता कहा गया है और उसके गुणों का गान किया गया है। हम भारतीय भी, भारत भूमि की वंदना भारत माता के रूप में करते हैं। पृथ्वी को धरती, मही,

भूमि, धरित्री कहा गया है। पुराणों में पृथ्वीलोक का वर्णन मिलता है, जो एक ग्रह का सूचक है।

हमारे पूर्वजों के अनुसार पृथ्वी शेषनाग के सहस्रों फनों पर टिकी हुई (चित्र – 1) है। जब शेषनाग अपने फनों को झकझोर देते हैं, तब वह हिलती है और भूकंप का अनुभव होता है। उसकी इस स्थिति को रोकने के लिए ही आठों हाथी खड़े हुए हैं, जो दिग्गज कहलाते हैं।

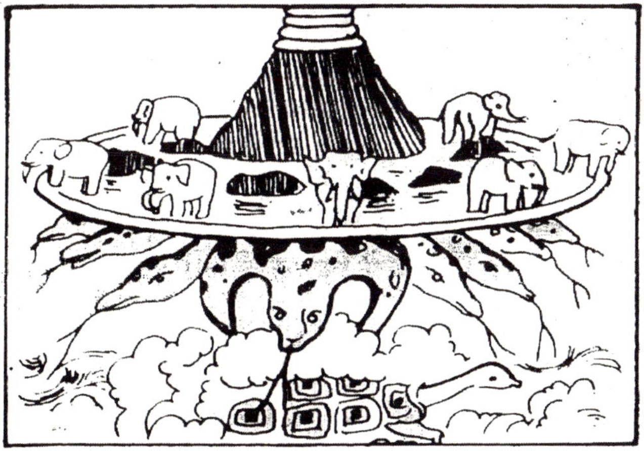

चित्र 1. शेषनाग के फनों पर टिकी पृथ्वी

एक अन्य पौराणिक कथा के अनुसार विष्णु भगवान ने विशाल कछुए का रूप धारण करके पृथ्वी को अपनी पीठ पर उठा रखा है। इस पृथ्वी के जंबु, प्लक्ष, शाल्मलि, कुश, कौंच, शाक और पुष्कर सात द्वीप है। जिन्हें क्षार, लवण, क्षीर, दधि, रस आदि सात सागरों ने अलग–अलग कर रखा है। जम्बुद्वीप के मध्य में एक दिव्य पर्वत है सुमेरु, जिस पर देवता प्रवास करते हैं। इस सात अधलोकों – अतल, वितल सुतल, तलातल, महातल, रसातल और पाताल में दैत्य, दानव तथा नाग आदि निवास करते हैं।

पृथ्वी माता के विषय में ऐसी मान्यताएँ न केवल हमारी ही नहीं हैं वरन् यूनान, मिस्र, सुमेर तथा बाबुल आदि के प्राचीन प्रवासी तो इनसे भी अधिक अपनी–अपनी मान्यताएँ लिए हुए हैं। यूनानवासियों के पूर्वज तो इस पृथ्वी को हरक्यूलीज के बारह स्तंभों पर टिकी हुई सपाट थाली की तरह माना करते थे (चित्र–2)। उनके अनुसार जब

मनुष्यों के पापाचार के कारण ये स्तम्भ डगमगाने लगते थे तब पृथ्वी के हिलने से भूचाल आ जाते थे और जन–धन की हानि होती थी।

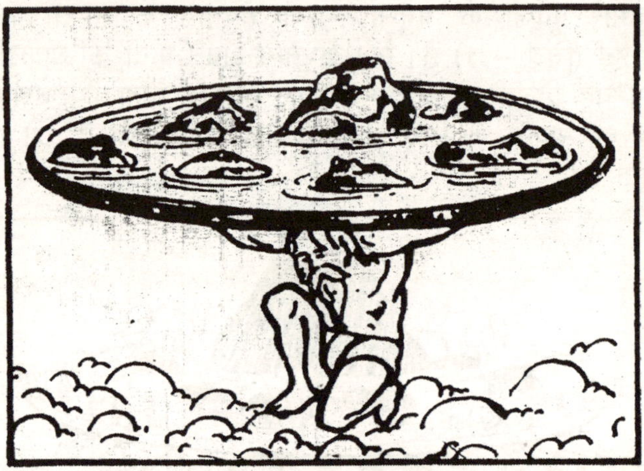

चित्र 2. हरक्यूलीज के बारह हाथों पर टिकी पृथ्वी

कुछ यूनानवासियों के पूर्वजों की ऐसी धारणा थी कि एटलस नामक एक दैत्य शापवश पृथ्वी को अपनी पीठ पर उठाये हुए है। मिस्र, सुमेर तथा बाबुल के प्राचीनवासियों के अनुसार पृथ्वी एक विशाल कक्ष के फर्श के समान थी जिसके ऊपर नक्षत्रों से भरे आकाश चंदोवा टंगा था। मिस्रवासी उक्त चंदोवे को चार स्तम्भों के पानी में से ऊपर उठी हुई दीवारों पर टंगा मानते थे।

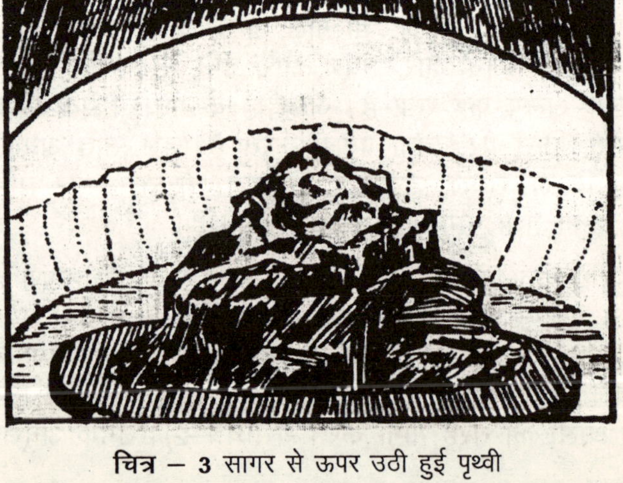

चित्र – 3 सागर से ऊपर उठी हुई पृथ्वी

पृथ्वी के विषय में तिब्बतियों की धारणा तो और भी विचित्र थी। वे पृथ्वी को विशाल मेंढकों की पीठ पर टिका हुआ मानते थे।

प्राचीन वैज्ञानिकों ने पृथ्वी के विषय में इन प्राचीन मान्यताओं को स्वीकार नहीं किया। उन्होंने अन्वेषण के आधार पर उसके रूप, आकार आदि के बारे में ऐसी संकल्पनाएँ प्रस्तुत कीं जो आधुनिक मान्यताओं के बहुत मिलती–जुलती थीं। पाँचवीं शताब्दी में भारतीय वैज्ञानिक आर्यभट्ट ने पृथ्वी को गोलाकार मानकर कहा था कि वह आकाश में बिना किसी आधार के स्थित है। तथा इसकी धुरी भी है। सातवीं शताब्दी के ईस्वीं पूर्व में यूनानी वैज्ञानिक पाइथोगोरस के विचारों के अनुसार पृथ्वी एक गोला ही थी। एरिस्टार्कस ने चौथी शताब्दी के ईस्वीं पूर्व में पृथ्वी को सूर्य की परिक्रमा करते बताया। एराटोस्थीनीज ने तीसरी शताब्दी ईस्वीं में गणित के द्वारा गणना करके पृथ्वी रूपी गोले की परिधि का नाप भी घोषित कर दिया था जो आजकल के वैज्ञानिकों के आँकड़ों से मात्र तीन सौ कि.मी. ही कम था। यूनान के एक महान् चिन्तक अरिस्टॉटल ने पृथ्वी की गोलाई से संबंधित कई तर्क भी दिए।

पृथ्वी के विषय में प्राचीन रूढ़िवादियों के भ्रम को खगोल विज्ञानी कापर्निकस और गैलीलियों ने दूर किया। उन्होंने यह सिद्ध कर दिया कि पृथ्वी भी मंगल, बुध, बृहस्पति और शुक्र की तरह ही एक सौर परिवार का ग्रह है जो अपनी धूरी पर लट्टू के समान घूमती हुई एक नियत कक्षा में सूर्य की परिक्रमा करती है (चित्र–4)।

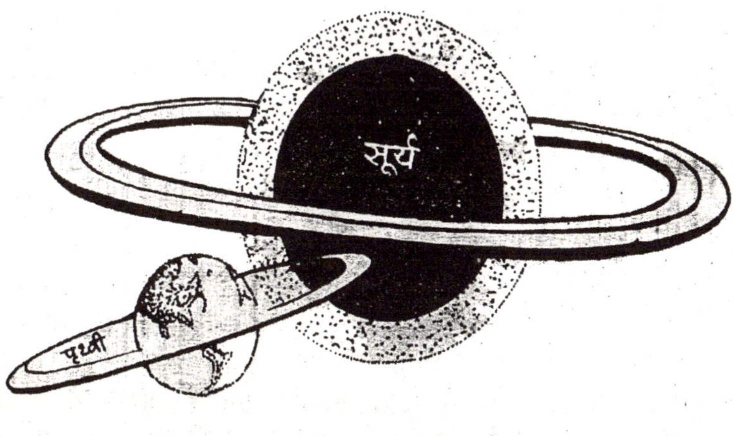

चित्र 4. सूर्य की परिक्रमा करती हुई पृथ्वी

पृथ्वी का इतिहास

भू–विज्ञानियों तथा जीवाश्म वैज्ञानिकों ने पृथ्वी का इतिहास खोजा है। पृथ्वी के इतिहास के काल मापक्रम के 6 प्रमुख प्रभाग किए गए हैं; जिन्हें महाकल्प (Era) कहा जाता है। प्रायः एक महाकल्प कई लाख वर्षों का होता है। ये महाकल्प हैं –

ऐजोइक (Azoic)

अर्कियोजोइक (Archaeozoic)

प्रोटेरोजोइक (Proterozoic)

पैलियोजोइक (Palaeozoic)

मीसोजोइक (Mesozoic)

सीनोजोइक (Cenozoic)

इनमें से प्रथम तीन महाकल्पों को प्रिकैंब्रियन (Pre-cambrian) कहा जाता है। इस महाकल्प में पृथ्वी के विषय में कुछ भी ज्ञात नहीं है। महाकल्पों को उपविभाजित करके युगों तथा युगों को कल्पों में (Epoch) विभाजित किया जाता है।

वर्तमान काल से 600 मिलियन वर्ष पूर्व प्रिकैंब्रियन महाकल्प था। 600–225 मिलियन वर्ष के बीच पेलियोजोइक महाकल्प, 225–70 मिलियन वर्ष के बीच मीसोजोइक महाकल्प तथा 70 मिलियन से अब तक सीनोजोइक महाकल्प है। इस सीनोजोइक महाकल्प के अंतर्गत तृतीयक (Tertiary) तथा चतुष्क (Quarternary) काल है। तृतीयक या टर्शियरी काल के अंतर्गत पैलियोसीन, ईयोसीन, ओलैगोसीन, मायोसीन तथा प्लायोसीन युग आते हैं। चतुष्क या क्वार्टनरी काल के अंतर्गत प्लाइस्टोसीन तथा अर्वाचीन युग आते हैं।

इसी प्रकार गोंडवाना भूखंड के महाद्वीपों को चित्रबद्ध करते हुए यह निष्कर्ष निकाला गया हैं कि अफ्रीका के पश्चिमी तट तथा दक्षिणी–अमेरिका के पूर्वी तटों का यह समांतर इतना सुस्पष्ट और सूक्ष्म है कि लगता है – ये दो महाद्वीप एक ही भूखंड के दो टूटे टुकड़े हों। यदि तटीय समुद्र में एक हजार मीटर की गहराई पर, जहाँ मंद–मंद ढ़ालवाले महाद्वीपीय उपतट का अचानक अंत होकर

कराल ढाल प्रारंभ होता है। यदि हम महाद्वीपों की सीमांत रेखा लेवें तो परस्पर मिलाए जाने पर ये महाद्वीप पूरी तरह मेल खाते हैं; जैसे कागज के पन्ने को फाड़कर टुकड़ों को पुनः मिलाकर जोड़ दिए जाने पर होता है। वस्तुतः यह महाद्वीपीय विस्थापन का स्पष्ट प्रमाण है। पृथ्वी की दशा तथा पशु–वनस्पति के विभिन्न महाकल्पों में हुए परिवर्तन की स्थिति निम्नवत हैं (सारणी 1)।

सारणी 1. विभिन्न महाकल्पों में पृथ्वी की दशा व पशु वनस्पति में परिवर्तन

महाकल्प	पृथ्वी की दशा	पशु वनस्पति
IV	महान् जलवायु परिवर्तन, पृथ्वी ऊपर उठी, हिम पिघली, समुद्र तल ऊपर उठा।	जंगलों का विस्तार, समुद्री तथा स्थलीय पशुओं का विकास। मानव ने पशु पालन प्रारंभ किया तथा खेती शुरू की।
III	पर्वत बनने की क्रिया में कमी, पृथ्वी ने आकार ग्रहण किया। समुद्र हटते गए।	वानर जैसे मनुष्य, फूलनेवाले वृक्षों का विकास, पशुओं का विकास।
II	पर्वतों का बनना तथा अपरदन जारी। स्थल पर समुद्री जल का अधिकार।	समुद्र तथा स्थल पर सरीसृपों का बाहुल्य। डायनासोर का विराट आकार, शंकु पौधों का विकास।
I	समुद्र से पृथ्वी आच्छादित, पर्वतों का बनना शुरू। कोयला युग।	पर्णपाती पौधों का विकास। सरीसृप तथा कीटों का बाहुल्य। मछलियाँ, शैवाल, प्रवाल द्वीप, पृथ्वी पर जंगलों का विकास।
O	पृथ्वी की पपड़ी बनी। भाप पानी में बदली। पृथ्वी की सतह मरुस्थल थी।	कोई जीवन नहीं। समुद्र में जीवाणु तथा शैवाल।

पृथ्वी की उत्पत्ति

हमारे मन में एक प्रश्न उठता है कि इस लीलामय पृथ्वी माता का जन्म कब और किन परिस्थितियों में हुआ होगा? इसके लिए खगोल विज्ञानियों एवं अन्य वैज्ञानिकों ने पृथ्वी पर पाये जाने वाले रेडियम, यूरेनियम आदि पदार्थों की छानबीन के बाद यह निष्कर्ष

निकाला कि हमारी पृथ्वी का जन्म आज से पाँच खरब वर्ष पूर्व किसी सुदूर अतीत में हुआ होगा। इसका प्रारंभिक रूप होगा जो तप्त गैसों से लिप्त रहा होगा। यह प्रचंडता के साथ अपनी धुरी पर कुंडलाकार रूप में नृत्य करते हुए तेजी से आकाश में दौड़ रहा होगा। उसकी सतह पर से असंख्य लपटें जलती हुई आकाश में लपक कर उसी के आस–पास बार बार लिपट सी जाती होंगी। बाद में, लट्टू की तरह नृत्य करती हुई इस वायव्य पिंड का आकार नारंगी का सा रूप धारण करने लगा होगा और उसका ताप भी पहले की अपेक्षा कम हो गया होगा। फिर उसका केन्द्र सिमट कर ठोस व भारी होता चला गया होगा और सतह पर वह सोने की तरह चमक उठी होगी। अनुमान है ऐसा रहा होगा पृथ्वी का प्रारंभिक रूप। पृथ्वी की उत्पत्ति की विभिन्न अवस्थाओं को चित्र 5 में दर्शाया गया है।

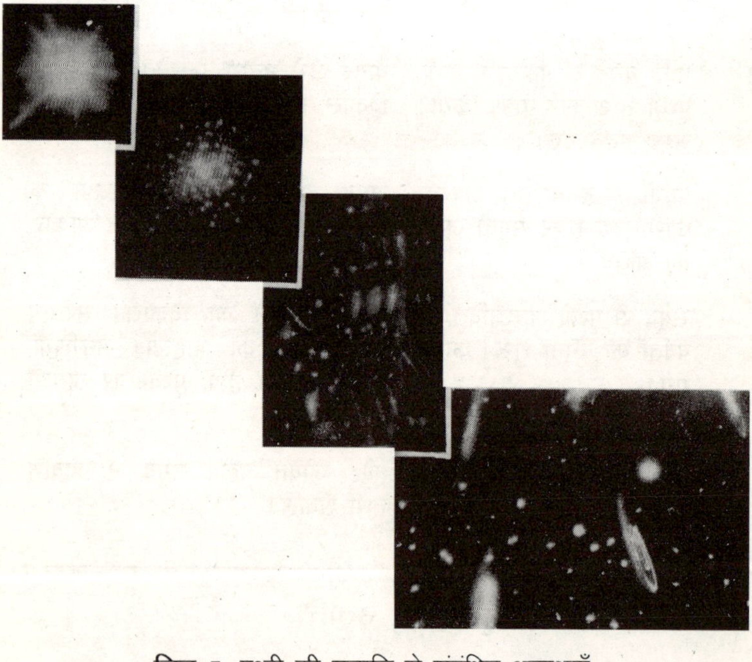

चित्र 5. पृथ्वी की उत्पत्ति से संबंधित अवस्थाएँ

पृथ्वी सौरमंडल का एक ग्रह है। अतः खगोलशास्त्रियों का मत है कि पृथ्वी की उत्पत्ति उसी विधि से हुई है, जैसे सम्पूर्ण सौरमंडल की। कुछ वैज्ञानिक तो सम्पूर्ण ब्रह्मांड की उत्पत्ति एक ही तरीके से

मानते हैं। फिर भी पृथ्वी की उत्पत्ति के विषय में विभिन्न विद्वानों ने बहुत समय पूर्व ही अनुमान लगाना शुरू कर दिया था। पृथ्वी की उत्पत्ति से संबंधित दो परिकल्पनाएँ हैं।

एकतारक संकल्पना (Monolistic Concept) तथा द्वितारक संकल्पना (Dualistic Concept)।

ऐसा माना गया है कि 200 मिलियन वर्ष पूर्व समूचा स्थल एक विशाल महाद्वीप के रूप में था, जिसे भूगर्भ विज्ञानी पैंजिया (Pangea) कहते हैं। यह महाद्वीप दो खंडों में टूटा – लारेशिया (Laurasia) तथा गोंडवाना लैंड (Gondwana Land) तथा ये दोनों उत्तर दिशा की ओर सरकने लगे। ये दोनों छोटे–छोटे खंडों में टूटते गए और अंत में वर्तमान सात महाद्वीपों के रूप में हो गए। यह सरकना महाद्वीपीय विस्थापन (Continental Drift) कहलाता है और यह आज भी चालू है।

एल्फ्रेड वेगेनर की कल्पना में महाद्वीपीय विस्थापन को चित्र 6 में दर्शाया गया है।

सर्वप्रथम पृथ्वी की पपड़ी ने टूटकर कठोर प्लेटों को जन्म दिया। पृथ्वी के मैंटल (Mantle) के शक्तिशाली बलों के द्वारा ये प्लेटें गतिशील हैं।

प्लेट विवर्तनिकी सिद्धान्त

प्लेट विवर्तनिकी के अनुसार पृथ्वी का ऊपरी धरातल कई दृढ़ भूखंडों या प्लेटों में विभाजित है, जो विभिन्न दिशाओं में गतिशील हैं और इन्हीं प्लेट गतियों के कारण धरातल पर पर्वत निर्माण, ज्वालामुखी और भूकंप की घटनाएँ घटित होती हैं। वस्तुतः 'प्लेट' शब्द का प्रयोग सर्वप्रथम टूजो विल्सन ने 1965 ई. में किया।

प्रसिद्ध भूविज्ञानी डब्ल्यू. जे. मार्गन के अनुसार, धरातल पर बीस प्लेटें है, जिनमें छः प्रमुख हैं – अमेरिकी प्लेट, प्रशांत प्लेट, यूरेशियायी प्लेट, अफ्रीकी प्लेट, भारतीय प्लेट तथा अंटार्कटिका प्लेट। ये सभी प्लेटें अपने उत्पत्ति काल से ही गतिशील रही हैं, परन्तु इनकी दशा भिन्न–भिन्न रही है। प्लेटों की इसी गतिशीलता पर प्लेट विवर्तनिकी सिद्धान्त आधारित है। प्लेटों की गतिशीलता को प्रमाणित करने के लिए दो महत्वपूर्ण प्रमाण हैं।

(i) पृथ्वी के पुराचुम्बकत्व के प्रमाण (ii) सागर नितल प्रसरण के प्रमाण।

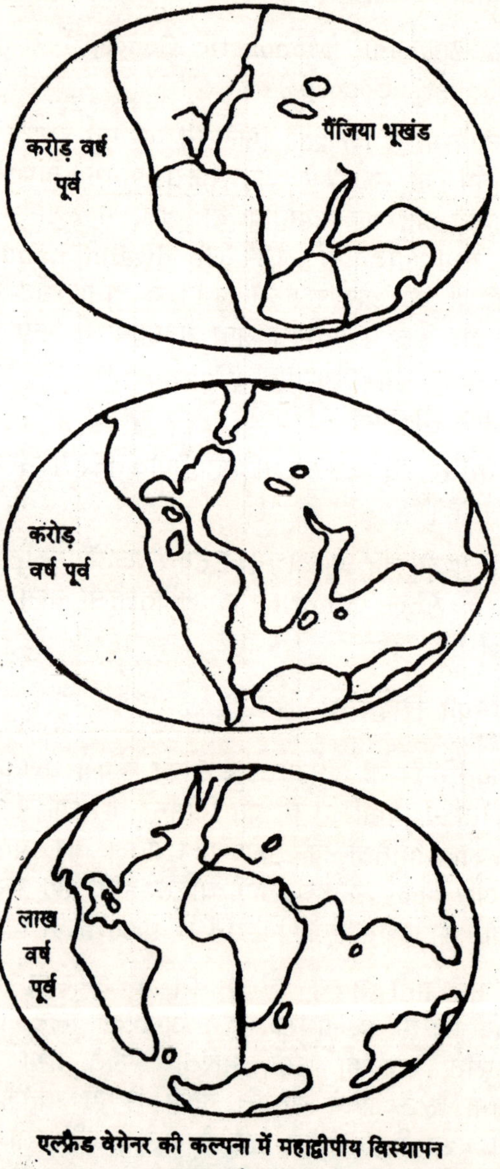

एल्फ्रेड वेगेनर की कल्पना में महाद्वीपीय विस्थापन का रूप और क्रम।

चित्र 6. एल्फ्रेड वेगेनर की परिकल्पना में महाद्वीपीय विस्थापन

(i) **पुराचुम्बकत्व** – डॉ. बिल्वॉड के अनुसार पृथ्वी का केन्द्र एक चुंबकीय दंड की तरह व्यवहार करता है; अर्थात् पृथ्वी के केन्द्र में एक द्विध्रुवीय दंड चुबंक है। इसे भूविज्ञानी 'भूकेन्द्रिक अक्षीय द्विध्रुव दंड चुबंक' कहते हैं। सामान्य भाषा में जिसे उत्तर दिशा कहते है। पृथ्वी के भूकेन्द्रिक अक्षीय द्विध्रुव दंड चुंबक का दक्षिणी ध्रुव हमारे भौगोलिक उत्तर की ओर स्थित है, परन्तु इसे हम उत्तरी चुंबकीय ध्रुव के रूप में दर्शाते हैं। इसी प्रकार भौगोलिक दक्षिण की तरफ इस दंड चुंबक का उत्तरी ध्रुव है, परन्तु इसे हम दक्षिणी चुंबकीय ध्रुव कहते हैं। यदि हम कंपास को उत्तरी चुंबकीय ध्रुव पर ले जाएँ तो उसकी सुइयाँ बिल्कुल नीचे की ओर झुक जाती हैं, जो इस बात का पुष्ट प्रमाण है कि उत्तरी चुंबकीय ध्रुव पर दक्षिणी चुंबकत्व पाया जाता है। पृथ्वी के चुंबकीय तथा भौगोलिक ध्रुव को चित्र 7 में दर्शाया गया है।

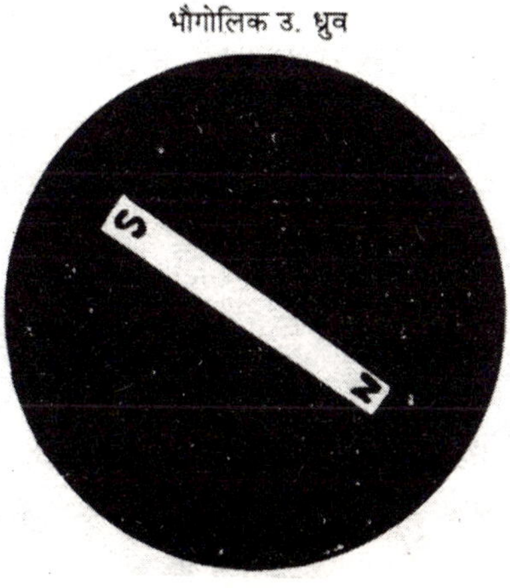

चित्र 7. पृथ्वी के चुंबकीय तथा भौगोलिक ध्रुव

पृथ्वी पर जब किसी चट्टान का, विशेषकर आग्नेय चट्टान का, निर्माण होता है तो उसमें चुंबकत्व उत्पन्न हो जाता है और चट्टान के इस चुबंकत्व की दिशा उस समय के पृथ्वी के आंतरिक दंड चुंबक के क्षेत्र की दिशा के समरूप ही होती है। इसे ही पुराचुंबकत्व कहते हैं।

प्लेटों की भौगोलिक स्थिति को कोष्टक में दिए गए नम्बर से चित्र 8 में दर्शाया गया है। वैज्ञानिक सर्वेक्षणों से प्राप्त ऑकड़ों के अध्ययन से तीन प्रकार की प्लेट सीमाओं का पता लगा है। ये

सीमाएँ हैं – रचनात्मक सीमा, विनाशात्मक या अभिसरण सीमा तथा संरक्षी सीमा।

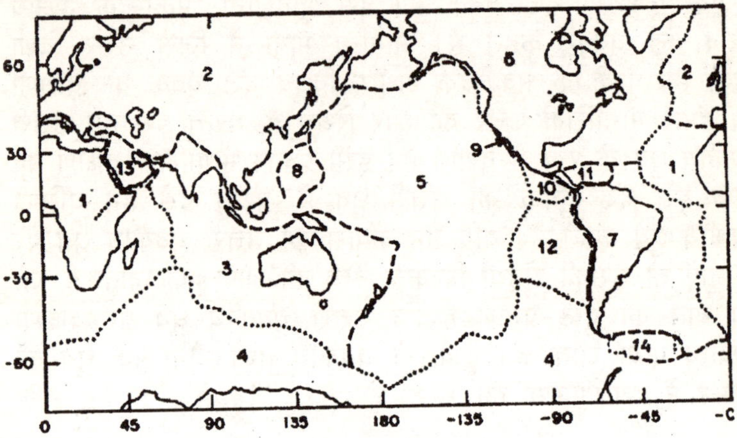

चित्र 8. प्लेटों की भौगोलिक स्थिति

रचनात्मक सीमा – इस सीमा पर संवहन धाराओं द्वारा मैंटिल से लाया गया लावा विपरीत दिशागामी दो प्लेटों के संपर्की किनारों का निरंतर निर्माण करता है। इसके अंतर्गत प्लेट का नव निर्मित किनारा पुराने किनारे को विस्थापित करता रहता है। यह सीमा ही मध्य सागरीय कटक का निर्माण करती है। इसी कारण मध्यसागरीय कटक के पास प्लेट की आयु कम होती है तथा कटक से दूरी के साथ–साथ बढ़ती जाती है।

अभिसरण सीमा – इस सीमा पर दो विपरीत दिशाओं से आनेवाली जब दो प्लेटें टकराती हैं तो अधिक घनत्ववाले पदार्थों से निर्मित प्लेट कम घनत्ववाले पदार्थों से निर्मित प्लेट के नीचे सरकती हुई अधिक गहराई (लगभग 100 कि.मी.) में जाकर नष्ट होती रहती है। प्लेट विवर्तनिक सिद्धान्त के अनुसार पृथ्वी का आयतन लगभग एक समान रहता है। वैज्ञानिकों का मत है कि इस संतुलन को बनाए के लिए प्लेट का जितना भाग रचनात्मक सीमा पर बनता है उसी के बराबर का भाग अभिसरण सीमा पर नष्ट होता रहता है।

संरक्षी सीमा – इस सीमा पर एक प्लेट दूसरी प्लेट के किनारे के समानान्तर सरकती जाती है। यहाँ पर न तो प्लेट का निर्माण होता है न ही विनाश।

प्लेटों को गति प्रदान करने वाला बल लिथोस्फीयर के नीचे मैंटिल में सक्रिय संवहन धाराओं के प्रवाह से मिलता है। मध्य सागरीय कटक के नीचे ये संवहन धाराएँ विपरीत दिशाओं में मुड़कर क्षितिज दिशा में प्रवाहित होती है। इसके परिणामस्वरूप ऊपर की प्लेटें भी विपरीत दिशाओं में गतिशील रहती हैं। जहाँ पर विपरीत दिशाओं से आने वाली संवहन धाराएँ मिलकर नीचे की ओर मुड़ जाती है, वहाँ पर ऊपर की प्लेटें भी संवहन धाराओं द्वारा उत्पन्न खिंचाव के कारण नीचे की ओर मुड़कर गहराई में जाकर नष्ट होती रहती हैं। संवहन धाराओं की गति को चित्र 9 में दर्शाया गया है।

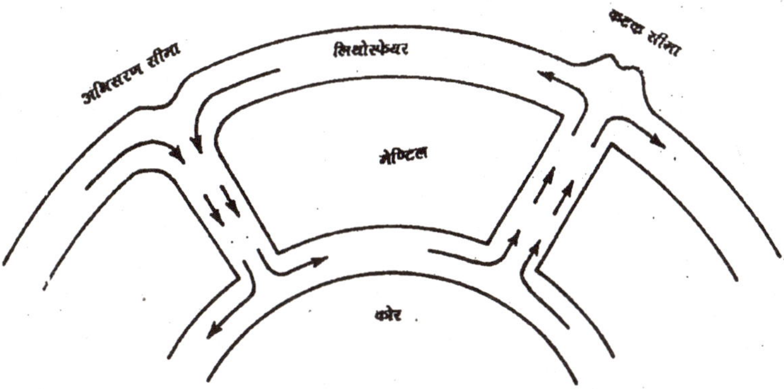

चित्र 9. संवहन धाराओं द्वारा प्लेट विवर्तनी

सागर नितल प्रसरण – प्लेट विवर्तनिकी सिद्धान्त के समर्थन में यह एक अत्यन्त महत्वपूर्ण प्रमाण है। इस संकल्पना का प्रतिपादन प्रिंस्टन विश्वविद्यालय के हैरी हेस ने 1960 ई. में किया। उन्होंने विभिन्न भू भौतिकीविदों और भूविज्ञानियों द्वारा किए गए सागर नितल के अध्ययनों के आधार पर यह मत प्रतिपादित किया कि सागर की तली स्थिर नहीं है, वरन् उसमें निरंतर फैलाव हो रहा है। प्रायः सभी महासागरों की तली में मध्य महासागरीय कटक (ridges) पाए जाते हैं; परन्तु अपवादस्वरुप प्रशांत महासागर में यह उत्तर पूर्व दिशा में स्थित है। बेसाल्ट चट्टानों से निर्मित इन महासागरीय तली के पुराचुम्बकत्व का अध्ययन करने पर भूविज्ञानियों को आश्चर्यजनक परिणाम प्राप्त हुए।

यह पाया गया कि मध्य महासागरीय कटक के दोनों ओर बराबर चौड़ाई की कई पट्टियाँ स्थित होती हैं, जिनमें समान दिशा

के चुंबकीय क्षेत्र पाए जाते हैं; परन्तु दो एकांतर पट्टियों में विपरीत चुंबकत्व होता है। अर्थात् दूसरे शब्दों में, महासागरीय तली में मध्य महासागरीय कटक के दोनों ओर धनात्मक एवं ऋणात्मक चुंबकत्ववाली पट्टियों की एकांतर विसंगति पाई जाती है।

जैसे–जैसे हम मध्यसागरीय कटक से दूर होते जाते हैं वैसे–वैसे चट्टानें पुरानी होती जाती हैं। अर्थात् जो चट्टान कटक से जितनी निकट स्थित होगी वह उतनी ही नवीन होगी और जो चट्टान जितनी दूर स्थित होगी वह उतनी ही प्राचीन होगी। मध्य महासागरीय कटकों के सहारे दो प्लेटें विपरीत दिशा में गति करती हैं, फलतः वहाँ दाब में कमी आने से मैग्मा की उत्पत्ति होती है और इस कटक के सहारे लावा बाहर निकलता रहता है। यही लावा कटक के दोनों और फैलकर जमता रहता हैं और बेसाल्ट चट्टानों का रूप धारण कर लेता है। परन्तु इन चट्टानों की कटक से दूरी बढ़ने के साथ बढ़ती आयु के आधार पर स्पष्ट हो जाता है कि ये बेसाल्ट चट्टानें बनती तो कटक के निकट हैं, परन्तु ये कटक से दूर की ओर खिसक जाती हैं। कटक के निकट पुनः नई चट्टानें बनने लगती हैं। अतः स्पष्ट हैं कि महासागरों की तली स्थिर न होकर कटक के दोनों ओर फैल रही है, जिसे सागर तल प्रसरण कहते हैं। अटलांटिक महासागर में 1 से.मी. तथा हिन्द महासागर में 1.5 से.मी. प्रतिवर्ष की गति से सागर तली का दोनों ओर फैलाव हो रहा है। पृथ्वी की प्लेटों को चित्र 10 में दर्शाया गया है।

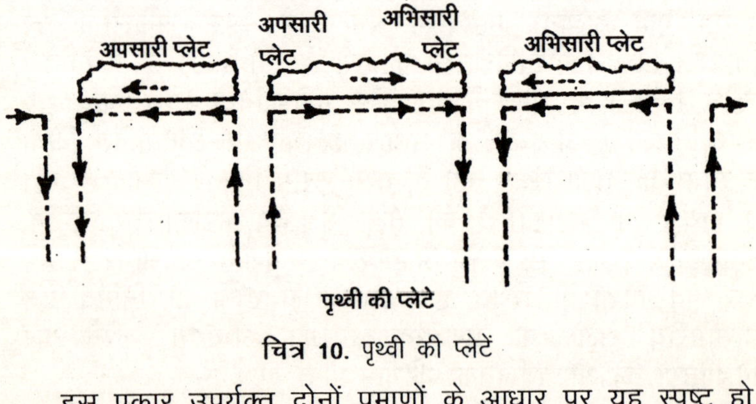

चित्र 10. पृथ्वी की प्लेटें

इस प्रकार उपर्युक्त दोनों प्रमाणों के आधार पर यह स्पष्ट हो जाता है कि पृथ्वी की सतह स्थिर नहीं है, अर्थात् प्लेटें निरंतर गतिशील हैं।

पृथ्वी की आंतरिक संरचना

पृथ्वी की सबसे ऊपरी परत स्थलमंडल (Lithosphere) है। इसकी मोटाई 30–40 कि.मी. है। इसके आधार पर चट्टानों का तापमान 1100 सें. रहता है। इसके नीचे की परत प्रावार (Mantle) कहलाती है, जिसकी मोटाई 2900 कि.मी. है। इसमें 1100 – 3700 सें. ताप रहता है।

पृथ्वी की सबसे भीतरी परत कोड (Core) कहलाती है। इसका ऊपरी भाग लौहमय है। इसका तापमान 4300 सें. रहता है। पृथ्वी के कोड का ताप अत्युच्च होने से लोहा संगलित अवस्था में रहता है। पृथ्वी की आंतरिक संरचना को चित्र 11 में दर्शाया गया है।

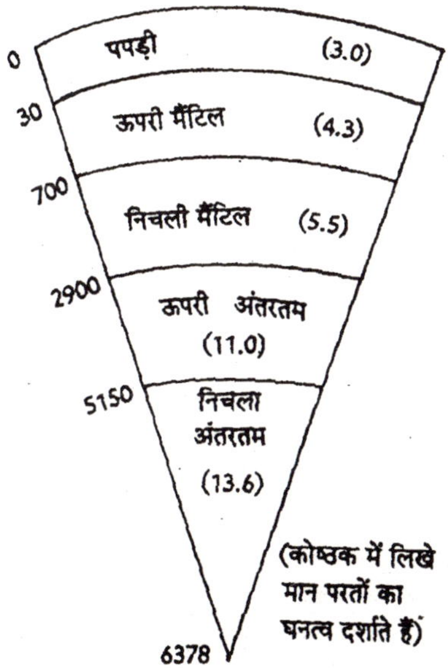

पपड़ी की छः प्रमुख प्लेटें

चित्र 11. पृथ्वी की आंतरिक रचना

पृथ्वी के ऊपरी पटल, स्थलमंडल, जिसे लिथॉस्फियर भी कहते है, पर महाद्वीप तथा समुद्र स्थित है। महाद्वीपीय क्षेत्रों में इसकी सर्वाधिक मोटाई 40 कि.मी. है; जबकि समुद्री भागों में इसकी न्यूनतम मोटाई 10–12 कि.मी. है। यह स्थलमंडल पृथ्वी के सम्पूर्ण आयतन का 7 और कुल द्रव्यमान का केवल 0.4 प्रतिशत है।

चूँकि स्थलमंडल का उपयोग केवल भूमितल को दर्शाने के लिए होता है, अतएव इस दृष्टि से स्थलमंडल के केवल 3/10 भाग पर पृथ्वी है और शेष 7/10 भाग पर समुद्र है। इसका घनत्व 5.6 है तथा इसमें ग्रेनाइट चट्टानों की बहुलता हैं।

स्थलमंडल की तीन परतों में सबसे ऊपरी सतह को पृथ्वी की पपड़ी (Earth Crust) कहते हैं। यह पृथ्वी की त्वचा है जो सबसे हलकी है। यह अवसादी शैलों से बनी है। इसके नीचे की परत ग्रेनाइट शैलों की बनी है। इसमें सिलिका तथा एलुमिनियम तत्वों का महत्वपूर्ण योगदान है। इसीलिए यह परत SIAL कहलाती है, इसका घनत्व 2.9 है। इसके नीचे सिलिका तथा मैग्नीशियम से निर्मित बेसाल्ट चट्टानें हैं – यह परत SIMA कहलाती है, इसका घनत्व 2.9–4.7 तक होता है। इससे समुद्र तट का निर्माण होता है।

पृथ्वी की दूसरी परत तापमंडल (Pyro Sphere) है। यह 100–2880 किलोमीटर गहराई तक है और तीसरी परत गुरुमंडल (BarySphere) कहलाती है। यह पृथ्वी का केन्द्रीय भाग है। यह लौह तथा निकेल का बना होता है (NIFE)। पृथ्वी के इसी भीतरी भाग में प्रचंड गरमी तथा उच्च तापमान रहता है। लौह की उपस्थिति से चुंबकत्व का गुण भी विद्यमान रहता है।

भूपटल पृथ्वी की त्वचा के समान है। जार्ज एवरेस्ट ने पता लगाया कि यह भूपटल बाहर से जितना एक समान दृष्टिगोचर होता है, उतना है नहीं। उनके अनुसार हिमालय तथा पर्वतों की रचना जिन द्रव्यों से हुई है, उनका घनत्व आसपास के प्रदेश के शैलों से कम है।

प्रैट (1855) के अनुसार, भूपटल का घनत्व परिवर्तनशील है। वह ऐसे खंडों से बना है जिनका घनत्व भिन्न–भिन्न है। पर्वतों की रचना सबसे हलके द्रव्यों वाले खंडों से हुई; जबकि सागरों के नीचे सबसे भारी खंड हैं। इन खंडों के नितल प्लास्टिक मैंटल में 64 किलोमीटर की गहराई तक घुसे हुए हैं। परंतु ऐरी (1855) ने इस मत का खंडन किया। उसके अनुसार, भूपर्पटी में ऊपर हलके द्रव्य और नीचे भारी द्रव्य हैं। जिन द्रव्यों से पर्वत बने हैं, वे धरातल से आकाश की ओर उभरे हैं; किंतु साथ ही, काफी गहराई तक प्रविष्ट भी हैं। ऐरी तथा प्रैट की संकल्पनाओं में भूपटल के स्वरुप को चित्र 12 में दर्शाया गया है।

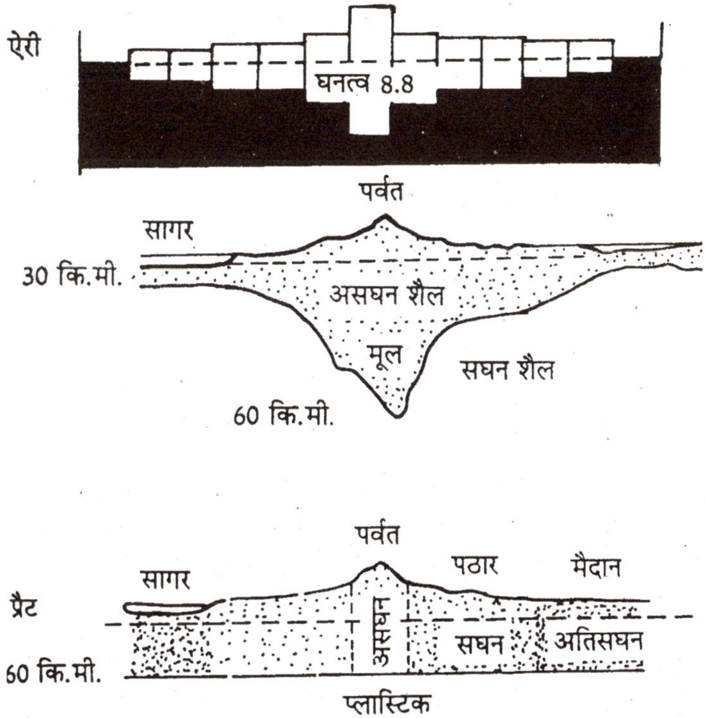

ऐरी तथा प्रैट की परिकल्पनाओं में भूपटल का स्वरूप

चित्र 12. ऐरी तथा प्रैट की संकल्पनाओं में भूपटल का स्वरुप

महाद्वीपों तथा महासागरों का उद्‌भव एवं विलुप्तीकरण

कटक के सहारे जब किसी महाद्वीप का विभाजन होता है तो उसके दोनों हिस्से एक दूसरे से दूर पलायन करते हैं। फिर किसी और महाद्वीप से मिलकर अथवा अलग ही एक नये आकार वाले महाद्वीप का निर्माण करते हैं। विघटन के उपरान्त विभाजित हिस्सों के बीच जो रिक्त स्थान बनता जाता है वहाँ महासागर का उद्‌भव प्रारंभ हो जाता है। उदाहरण के तौर पर हिंद महासागर का उद्‌भव लगभग 18 करोड़ वर्ष पूर्व गोंडवाना लैंड के विभाजन के उपरान्त भारतीय महाद्वीप का अंटार्कटिका महाद्वीप से दूर पलायन के साथ साथ प्रारंभ हुआ। इसी प्रकार अरबीयाई तथा सोमाली प्लेटें

विभाजित होकर एक दूसरे से दूर खिसक रही है। इसके परिणामस्वरुप अदन की खाड़ी का विस्तार हो रहा है जो कालांतर में एक महासागर का रुप धारण कर सकता है।

इसके विपरीत जब दो महाद्वीप एक दूसरे की ओर पलायन करते हैं तो उनके बीच स्थित सागर का क्षेत्र क्रमशः घटता जाता है तथा दोनों के एक साथ जुड़ते ही बीच का समुद्र पूरी तरह से विलुप्त हो जाता है। इसका उदाहरण है गोंडवाना लैंड तथा यूरेशिया के बीच स्थित प्राचीन टेथिस सागर, जो भारतीय महाद्वीप का यूरेशिया के साथ जुड़ते ही विलुप्त हो गया। ऐसा माना जाता है कि एक निश्चित समय के अंतराल पर सागरों के उद्‌भव एवं विलुप्तिकरण की पुनरावृत्ति होती रहती है, जिसे विल्सोनियन आवर्तिता कहते है। इसी क्रम में प्रशांत महासागर का जीवनकाल 50 करोड़ वर्ष आँका गया है।

पर्वतों की उत्पत्ति – पर्वत की उत्पत्ति का अर्थ है – भूपटल की रचना में परिवर्तन–परिवर्धन। अतः पर्वतों की उत्पत्ति महाद्वीपों की ही उत्पत्ति से जुड़ी हुई है। अनेक वैज्ञानिक 1958–1967 ई. के मध्य इस निष्कर्ष पर पहुँचे हैं कि पर्वतों की उत्पत्ति पृथ्वी के प्रसार के फलस्वरुप हुई है। पुरातन काल की मान्यता है कि पृथ्वी निरंतर ठंडी हो रही है, जिससे उसमें संकुचन आता है। यह संकुचन आंतरिक प्रतिबलों को जन्म देता है, जिससे गर्त बनते हैं। ये गर्त 5000 वर्षों तक भरते हैं और तब पुनः भूपटल संकुचित होता है। अवसादित पदार्थ ही वलन, भंजन से पर्वतों को जन्म देता है।

आधुनिक मान्यता के अनुसार जहाँ पर दो प्लेटों का एक दूसरे की तरफ खिसकाव के परिणामस्वरुप आपस में टकराव होता है, वहाँ पर एक प्लेट दूसरी प्लेट के नीचे लगभग 45 अंश का कोण बनाती हुई सरकती जाती है तथा अधिक गहराई में पहुँचकर नष्ट होती रहती है। इस क्रिया को अभिसरण कहते हैं। तथा 45 अंश का कोण बनाने वाली सतह को बेनिऑफ मंडल कहते हैं। प्लेट के सरकने के साथ–साथ उसके ऊपरी सतह का मलवा खुरच–खुरच कर ऊपर वाली प्लेट के अग्रिम छोर पर एकत्रित होता रहता है। प्लेट के सरकने से उत्पन्न संपीडनात्मक बल के प्रभाव से मलवा मुड़–मुड़ कर ऊपर की ओर उठकर पर्वतों का निर्माण करता है। अभिसरण तीन परिस्थितियों में क्रियान्वित होता है। पहली स्थिति में

दोनों प्लेटों के टकराने वाले किनारे भूखंडीय होते हैं। ऐसी ही परिस्थिति में भारतीय एवं यूरेशियन प्लेटों के भूखंडीय किनारों के टकराने से लगभग 4.5 करोड़ वर्ष पूर्व हिमालय पर्वत (चित्र 13) का निर्माण प्रारंभ हुआ जो वर्तमान में चल रहा है।

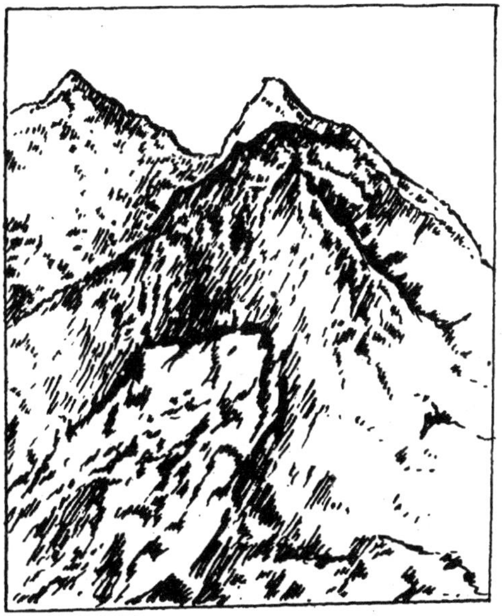

चित्र 13. सर्वोच्च पर्वत

दूसरी परिस्थिति में टकराने वाला एक किनारा भूखंडीय होता है तथा दूसरा महासागरीय होता है। ऐसी परिस्थिति में अमेरिकीय प्लेट के भूखंडीय किनारे के नीचे प्रशांत महासागरीय प्लेट के सरकने से रॉकी तथा एन्डिन पर्वतमालाओं की उत्पत्ति हुई हैं। तीसरी परिस्थिति में टकराने वाली प्लेटों के दोनों किनारे महासागरीय होते हैं। इन्हीं परिस्थितियों में अंडमान निकोबार द्वीप समूहों की उत्पत्ति भारतीय प्लेट के महासागरीय किनारे का यूरेशियन प्लेट के सागरीय किनारे के नीचे सरकने से हुई।

ज्वालामुखी – पृथ्वी के आग उगलते टीले

पृथ्वी के आग उगलते पर्वतों को ज्वालामुखी (Volcano) कहा जाता है। प्लेट विवर्तनिक सिद्धान्त के अनुसार ज्वालामुखी की उत्पत्ति मध्य सागरीय कटकों तथा अभिसरण सीमाओं पर होती हैं।

कटक के पास प्लेट की मोटाई कम होती है तथा इसके सहारे दो प्लेटें एक दूसरे से दूर विपरीत दिशाओं में खिसकती रहती हैं। इस कारण कटक के पास दबाव कम हो जाता है। दबाव कम होने से मैंटिल पिघल जाता है जिसे संवहन धाराएँ अपने साथ ऊपर लाकर ज्वालामुखी द्वीपों का निर्माण करती है। अभिसरण सीमा पर जब दो प्लेटों के भूखंडीय किनारे या एक प्लेट का भूखंडीय किनारा दूसरी प्लेट के समुद्रीय किनारे से टकराते हैं तो कम घनत्व वाली प्लेट अधिक घनत्व वाली प्लेट के नीचे क्षेपित हो जाती है। जब वह बेनीऑफ मंडल में पहुँचती है तो पिघलकर लावा के रुप में परिवर्तित हो जाती है। यही लावा ऊपर प्रवाहित होता हुआ अभिसरण सीमा से दूर ज्वालामुखी के रुंप में प्रस्फुटित होता है। पर्वतों तथा ज्वालामुखी की उत्पत्ति को चित्र 14 में दर्शाया गया है।

विश्व में कुल 540 सक्रिय ज्वालामुखी हैं। इनमें से 360 ज्वालामुखी प्रशांत महासागर के चारों ओर की पट्टी – अग्निवलय (Ring of Fire) में स्थित हैं, 68 कमचटका प्रायद्वीप तथा क्यूराइन द्वीपसमूहों में स्थित हैं।

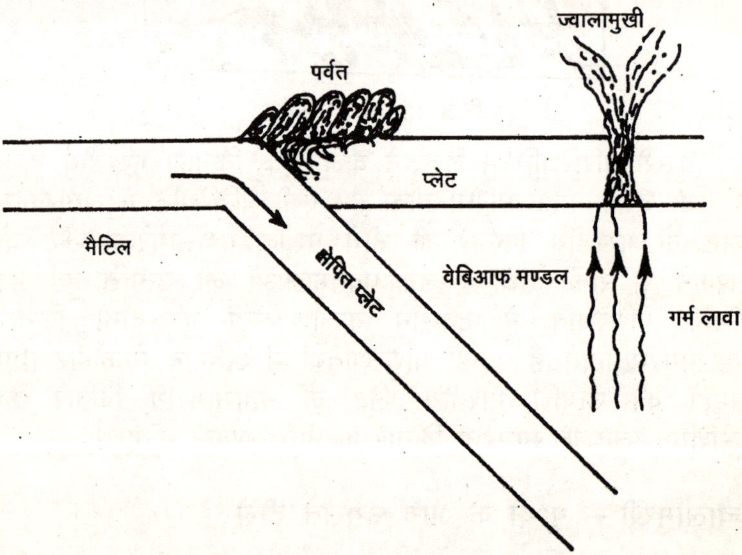

चित्र 14. पर्वतों और ज्वालामुखी की उत्पत्ति

अर्वाचीन खोजों के अनुसार, समुद्री फर्श पर और अधिक ज्वालामुखियों के होने की संभावना है। अकेले मध्य प्रशांत सागर में

कम से कम दो लाख ज्वालामुखी हो सकते हैं। विश्व के प्रमुख ज्वालामुखी को सारणी 2 में दर्शाया गया है।

सारणी 2. विश्व के प्रमुख ज्वालामुखी

परिप्रशांत मेखला		मध्य महाद्वीपीय मेखला		मध्य अटलांटिक	
ज्वालामुखी का नाम	स्थिति	ज्वालामुखी का नाम	स्थिति	ज्वालामुखी का नाम	स्थिति
मा. रेनियर	स. रा. अमेरिका	हेकला	आइसलैंड	एजोर द्वीप	
मा. रेनियर	स. रा. अमेरिका	स्ट्रांबोली	लिपारी (इटली)	सेंट हेलेना	सभी मध्य अटलांटिक
चिंबोरेजो	इक्वेडोर	एटना	इटली	फ्यूगो	
फ्यूजीयामा	जापान	विसूवियस	इटली	फ्यूगो	
मा. रैंजल	कनाडा	बलकैनो	लिपारी	सेंट पॉल टॉक आशैशन	कटक के सहारे
क्राकाटोआ	इंडोनेशिया	कोह सुल्तान	ईरान		
मा. उंटजेन	जापान	लाकी	आइसलैंड		

यह देखा गया है कि औसतन एक सामान्य ज्वालामुखी फूटने से जितनी ऊर्जा निकलती है, वह 4 लाख टन ईंधन से उत्पन्न ऊर्जा के समान आँकी गई हैं। एक बड़े विस्फोट में 50 लाख टन कोयले के जलाने से उत्पन्न ऊर्जा के समतुल्य ऊर्जा निकलती है। ये ज्वालामुखी न केवल पृथ्वी में फूटते हैं अपितु पृथ्वी जैसे अन्य ग्रहों में भी एक सामान्य घटना है। उदाहरणार्थ, पृथ्वी के सबसे निकट स्थित उपग्रह चंद्रमा की उबड़–खाबड़ सतह के लिए ऐसे विस्फोट ही उत्तरदायी हैं।

शुक्र में अभी भी ज्वालामुखी सक्रिय हैं। वहाँ की सतह का तापमान 500° सें. है, जिसके लिए गरम लावा जिम्मेदार है। यदि केवल तरल लावा शांतिपूर्वक, अपेक्षाकृत मंद गति से छिद्र या विवर से निकलकर धरातल पर फैल जाए तो ढाल के आकार के पठार विकसित होंगे। पश्चिमी भारत के पठार की तुलना इस कोटि से की जा सकती है। इसे ज्वालामुखी की प्रारंभिक स्थिति कहते हैं। द्वितीय अवस्था में यदि मैग्मा अंतभौंम कोटरों में कुछ समय के लिए ठहरा रहे तो गैसों के लगातार संचयन होने से स्थिति अंत में

विस्फोटक हो जाती है। अत्यन्त गैसयुक्त झागयुक्त लावा, धूल व शैलखंडों सहित अवरोध के क्षीण भाग से विस्फोट के साथ बाहर निकलता है।

दूसरे प्रकार का प्रारुप है – प्लीनियन ज्वालामुखी; जिसमें गैसों का गुब्बार आकाश में कई किलोमीटर की ऊँचाई तक कुकुरमुत्ते की भाँति फैलकर छत्राकार मेघमंडल की रचना करता है।

प्रचंड ज्वालामुखी विस्फोट से उनके शीर्ष फटकर उड़ जाते हैं और गर्त (Crater) बन जाते हैं, (चित्र 15) तथा बाद में इनमें जल भर जाता है। ऐसे गर्तो का व्यास 15–20 किमी तक तथा गहराई कई हजार मीटर तक हो सकती है। पुराना ज्वालामुखीय द्वीप क्राकातोआ सन् 1883 में भयंकर विस्फोट से पूर्णतः विनष्ट हो गया। इस विस्फोट से उत्पन्न धूल की घनी आँधी यूरोप तक पहुँच गई और वहाँ का आकाश इतना धुंधला हो गया कि सूर्य भी मंद पड़ गया। जहाँ पहले द्वीप था, वहाँ पर विशाल झील लहराने लगी। ज्वालामुखी से उत्सर्जित गैसों का अनुपात सारणी 3 में दिया गया है।

सारणी 3. ज्वालामुखी से उत्सर्जित गैसें

जलवाष्प (H_2O)	79.30%
कार्बन डाइ ऑक्साइड (CO_2)	11.61%
सल्फर डाइ ऑक्साइड (SO_2)	6.48%
नाइट्रोजन (N_2)	1.29%
हाइड्रोजन (H_2)	0.58%
कार्बन मोनो ऑक्साइड (CO)	0.37%
गंधक (S_2)	0.24%
क्लोरीन (Cl_2)	0.05%
आर्गन (Ar)	0.04%

विश्व के समस्त ज्वालामुखी बहुत बड़ी मात्रा में गैसें बाहर निकालते हैं। इसका सहज अनुमान इस तथ्य से लगाया जा सकता है कि अलास्का के "वैली ऑफ टेन थाउजेंड स्मोक" के ज्वालामुखी 1912 ई. में दिन–रात, प्रति सेकंड 60 लाख गैलन गैसें उगलते थे।

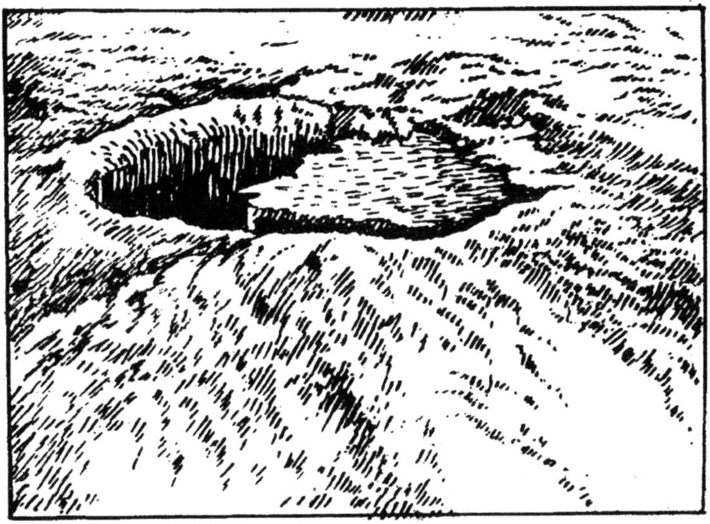

चित्र 15. ज्वालामुखी विस्फोट के बाद बना क्रेटर

पृथ्वी की आंतरिक हलचल और ज्वालामुखी के विस्फोट भूकंप को जन्म देते हैं। आपको विदित होगा कि हर मिनट छोटे बड़े भूकंप पृथ्वी के किसी न किसी क्षेत्र में आते रहते हैं। इनमे से कई तो इतने मंद होते हैं कि उनकी उपस्थिति का अनुभव केवल अत्यन्त संवेदनशील यंत्र ही कर सकते हैं।

भारत के ज्वालामुखी

हमारे देश में भी अनेक ज्वालामुखियों का उद्भव हो चुका है। प्रसिद्ध भूगर्भ विज्ञानी डॉ. छिब्बर ने भारत में छः ज्वालामुखियों क्षेत्रों का उल्लेख किया है।

(i) डालमा क्षेत्र (बिहार के जमशेदपुर में)

(ii) राजमहल – अबोर पहाड़ी क्षेत्र (बिहार से असम तक)

(iii) कडप्पा – विजावर, ग्वालियर क्षेत्र (मध्यप्रदेश व कर्नाटक)

(iv) मलानी – किटाना क्षेत्र (राजस्थान)

(v) निम्न हिमालय क्षेत्र, तथा

(vi) दक्कन लावा क्षेत्र।

आज से 7–8 करोड़ वर्ष पूर्व पश्चिमी भारत में हजारों ज्वालामुखी आग उगल रहे थे; जिनसे निकले लावा से 15 लाख वर्गमील क्षेत्र ढक गया था।

ज्वालामुखी – ऊर्जा का स्रोत

ज्वालामुखी से उत्सर्जित गैसें आर्थिक दृष्टि से महत्वपूर्ण होती हैं। भाप की मात्रा से विद्युत् शक्ति उत्पन्न की जाती है तथा इन गैसों से कई प्रकार के रासायनिक उत्पाद प्राप्त होते हैं। इटली में ज्वालामुखीजन्य भाप से टरबाइन चलाकर प्रायः 2,65,000 किलोवाट विद्युत् उत्पन्न की जाती है। इसके अलावा इन गैसों से बोरिक अम्ल, अमोनियम सल्फेट, अमोनियम बाईकार्बोनेट, अमोनियम क्लोराइड, बोरेक्स एवं विभिन्न अन्य रासायनिक उत्पाद भी प्राप्त किए जाते हैं।

ज्वालामुखी विस्फोट के फलस्वरुप ठोस पदार्थ प्रचुर मात्रा में बहिस्रावित होते हैं, जो ज्वालामुखक्षिप्त पदार्थ कहलाते हैं। ये ज्वालामुखक्षिप्त पदार्थ विभिन्न आकारों के होते हैं। 2.5 सेमी. से कई मीटर व्यास तक के इन शैलखंडों को ज्वालामुखी बम कहते हैं। कई स्थानों में प्रायः 20 से 30 मीटर व्यास तक के ज्वालामुखी बम भी पाए गए हैं।

पृथ्वी की हलचल : भूकंप

पृथ्वी में किसी भी कारणवश उत्पन्न कंपन को भूकंप के नाम से जाना जाता है। पृथ्वी का स्थलमंडल 100 किमी. मोटाई की छः मजबूत चट्टानों की प्लेटों में बँटा हुआ है, जो एक दूसरे के संपर्क में गतिशील रहती हैं। इस अवधारणा के अनुसार ये प्लेटें एक वर्ष मे 5 सेमी. उत्तर–पूर्व दिशा में घूम जाती हैं। कभी–कभी इन चट्टानों के बीच घर्षण बल बढ़ने लगता है। घर्षण बल के प्रतिरोध से तनाव उत्पन्न होता है और जब चट्टानें तनाव सहन नहीं कर पाती तो टूट जाती हैं। इस कारण चट्टान के अचानक टूटने से पृथ्वी में जोरों से कंपन उत्पन्न हो जाता है तथा भूकंप का अनुभव होता है।

ज्वालामुखी विस्फोट भी भूकंप आने के प्रमुख कारणों में से एक है। ज्वालामुखी में विस्फोट होने पर धरातल के नीचे से जब तीव्र गति से लावा, गैस, वाष्प आदि बाहर निकलने के लिए दबाव डालते हैं तो भूपटल में अनायास ही जोरों से कंपन होने लगता है तथा भयंकर भूकंप का अनुभव होता है। इस प्रकार के भूकंप का प्रभावक्षेत्र 160 से 240 किमी. तक होता है। इसके अलावा भूकंप के और भी कारण हैं, जो भूकंप के लिए उत्तरदायी होते हैं; जैसे – प्राकृतिक संतुलन मूलक, प्लूटॉनिक और कृत्रिम भूकंप।

भूकंप की शुरुआत सबसे पहले जहाँ से होती है, उस स्थल विशेष को "भूकंप–मूल" (Seismic focus) तथा जहाँ सबसे पहले भूकंप का अनुभव होता है, उस स्थान को "भूकंप केन्द्र" (Epicentre) या अधिकेन्द्र कहते हैं। इसलिए अधिकेन्द्र अन्य भागों की अपेक्षा अत्यधिक प्रभावित होता है।

भूकंप आने के समय तीन प्रकार की तरंगें निकलती हैं। पहली तरंग, जिसे P से प्रदर्शित करते हैं, ध्वनि तरंगों (Sound Waves) के समान होती हैं। इसकी गति 5.5 से 8 किमी. प्रति सेकंड होती है। इन तरंगों की उत्पत्ति चट्टानों के कणों के संपीडन और फैलाव के कारण होती है।

दूसरे प्रकार की तरंग को S से दर्शाते हैं। यह जल तरंग (Water Wave) या प्रकाश तरंग (Light Wave) के समान होती है। इसकी गति 3.3 से 8 किमी. प्रति सेकंड होती है। यह पहली तरंग के बाद उत्पन्न होती है। इस तरंग को "विध्वंस तरंग" भी कहते हैं। ये दोनों तरंगें पृथ्वी के अंदर ठोस चट्टानों से टकराकर परिवर्तित होती हैं और विभिन्न दिशाओं में फैल जाती हैं, जिससे आपस में मिलकर PP, PS, PSP, SSS तथा दूसरे प्रकार की तरंगें उत्पन्न हो जाती हैं।

तीसरी प्रकार की तरंग जो पृथ्वी की सतह के सहारे चलती है, उसे लव और रैले तरंग कहते हैं। इसे L द्वारा दर्शाते हैं। इसे सतह तरंग भी कहते हैं। इसकी गति 3 किमी. प्रति सेकंड होती है। यह तरंग सर्वाधिक विनाशकारी होती है। इसका प्रभाव जल – थल दोनों पर होता है। इन तीनों तरंगों तथा उनकी विभिन्न गतियों द्वारा पृथ्वी की आंतरिक बनावट के बारे में विशेष जानकारी प्राप्त होती है।

यह विदित ही है कि प्राकृतिक आपदाओं में भूकंप सबसे अधिक भीषण और विनाशकारी होता है। भूकंप से कुछ ही पल में व्यापक जन–धन की हानि होती है, जिससे पर्यावरण भी प्रभावित होता है। सन् 1947 से 1980 के बीच भूकंप से मरनेवालों की संख्या लगभग 5,00,00,000 तक पहुँच गई है। विगत् 100 वर्षों में भारत में चार ऐसे भूकंप आए जिनका परिणाम रिचर स्केल (Richter Scale) पर $M \geq 8.0$ से ऊपर था। इससे 1897 में शिलांग, 1905 में कांगड़ा, 1934 में बिहार–नेपाल और 1950 में असम में काफी जन–धन की हानि हुई। भूकंपीय हलचल की तीव्रता मारकोली तथा रिचर स्केल में नापी जाती है।

भारत में लगभग 55 प्रतिशत पृथ्वी का हिस्सा सक्रिय भूकंपीय क्षेत्र में आता है। बहुत से भूकंप विरल जनसंख्या वाले क्षेत्रों में आए; परंतु जनसंख्या वृद्धि के साथ जान–माल की हानि में वृद्धि हुई हैं।

भूकंप आने से विभिन्न प्रकार की क्षति होती है। उदाहरण के तौर पर पुल टूट जाते हैं, सड़के फट जाती हैं, रेल पटरियाँ टेढ़ी–मेढ़ी हो जाती हैं जिससे यातायात में बाधा पड़ती है। मनुष्यों के अतिरिक्त कल–कारखानें भी नष्ट हो जाते हैं। भूकंप आने से कहीं–कहीं धरातल का कुछ भाग फट जाता है तथा दरार का निर्माण हो जाता है। भूकंप से प्रभावित क्षेत्रों में स्थल के बड़े–बड़े खंड टूटकर नीचे की ओर गिरने लगते हैं। इसी तरह पर्वतीय क्षेत्रों में बड़े–बड़े शिलाखंडों के नदियों के मार्ग में गिर जाने से नदियों का मार्ग अवरुद्ध हो जाता है, फलतः या तो उनमें बाढ़ आ जाती है या मार्ग परिवर्तित हो जाता है।

यदि हम भूकंप के दूसरे पक्ष को देखें तो विदित होता है कि इससे कुछ लाभ भी प्राप्त होते हैं; जैसे – गंधकयुक्त गरम जल स्रोत फूट पड़ते हैं। ऐसे जल स्रोतों के जल के उपयोग से चर्मरोग दूर हो जाते हैं। भूकंप से उत्पन्न ज्वालामुखी से निकले लावा से काली मिट्टी बनती है, जो कपास तथा गेहूँ की खेती के लिए उपयुक्त होती है।

भूकंप का लेखा–जोखा

भूकंप के समय निकलने वाली तरंगों को हम जिस यंत्र द्वारा अंकित करते हैं उसे सीस्मोग्राफ (Seismograph) कहते हैं। इस

यंत्र के द्वारा तरंगों का अध्ययन सीस्मोलॉजी या भूकंप विज्ञान (Seismology) कहलाता है। हमारे देश में पुणे, मुंबई, देहरादून, दिल्ली तथा कोलकाता में भूकंप मापक या लेखन यंत्रों की स्थापना की गई है। भूकंप से निकलने वाली ऊर्जा का परिमाण रिचर स्केल पर नापते है। एक बड़ा भूकंप 1000 किमी. लंबा, 100 किमी. गहरा और 50 किमी. दोनों तरफ का क्षेत्र नष्ट कर सकता है। रिचर परिमाण की गणना लॉग (log) के पैमाने पर करते हैं और इसका मान 2 से 9 तक होता है।

कुछ भूकंप इतने हलके होते हैं जिनका पता हमें सामान्य रूप से नहीं चल पाता है। इसे मात्र सीस्मोग्राफ यंत्र द्वारा ही जाना जा सकता है। परंतु जानवरों में इसके विपरीत कुछ विचित्र प्रकार की शक्ति होती है, जिससे वे भूकंप के आने की पूर्व सूचना पा लेते हैं अर्थात् उन्हें पूर्वाभास होने लगता है। उनके क्रियाकलाप में असामान्य सा परिवर्तन होने लगता है। जैसे कुत्ते जोर से भौंकने लगते है और काटने के लिए दौड़ते हैं; घोड़े और गायें अपने को बंधन से छुड़ाकर जंगली जानवरों की तरह दौड़ने लगते हैं, मछलियाँ पानी में उछलने लगती हैं तथा चूहे, साँप एवं अन्य रेंगनेवाले जंतु (सरीसृप वर्ग के) अपने बिलों में से बाहर निकल आते हैं। ऐसा आभास किया गया है कि जानवरों का यह असामान्य व्यवहार विद्युत् चुबंकीय विकिरण, कुछ गैस या पृथ्वी की गति के कारण होता है।

भूकंप के कारण हुए विनाश से पर्यावरण में हुआ बदलाव पेड़ पौधों और जीवों के लिए समस्या उत्पन्न करता है। भूकंप का आना अभी भी रहस्य बना हुआ है, अर्थात् भूकंप वैज्ञानिकों के अनुसार इसके आने का सही समय, विस्तार और स्थान का सही सही पता लगाना अभी भी पूर्ण रुप से संभव नहीं हो पाया है। मात्र इसकी संभावनाएँ ही व्यक्त की जा सकती हैं। भारत में कुछ ऐसे संस्थान हैं जो भूकंप के आने की संभावित पूर्व सूचना देते हैं –

(i) राष्ट्रीय भू–भौतिकीय अनुसंधान संस्थान, हैदराबाद

(ii) केन्द्रीय जल एवं बिजली अनुसंधान केन्द्र, पुणे

(iii) भाभा परमाणु अनुसंधान केन्द्र, मुंबई

(iv) भारतीय भूगर्भ सर्वेक्षण, कोलकाता

इसके अतिरिक्त शिलांग, दिल्ली, रुड़की एवं देहरादून में भी ऐसे संस्थान हैं जो भूकंप की सूचना देते है। कुछ दशक पूर्व अमृतसर के कांगड़ा घाटी में भी भूकंप की सूचना देने वाला स्टेशन बनाया गया है। इससे भी हमें आने वाले भूकंपों की जानकारी मिलती रहेगी।

क्या भूमि में भी ज्वार–भाटा होता है?

यह तो आपको विदित ही है कि समुद्र में तो ज्वार–भाटा आते ही रहते है; परंतु शायद यह जानकर आपको आश्चर्य होगा कि भूमि में भी इस प्रकार के ज्वार उत्पन्न होते हैं, जिससे भूमि का स्तर 12 घंटों में 10 सेंमी. तक उठता गिरता है। इसका सीधा प्रभाव पृथ्वी के घूर्णन पर पड़ता है, क्योंकि इस प्रक्रिया से उत्पन्न होने वाला ऊर्जा बल पृथ्वी के संवेग में परिवर्तन उत्पन्न करता है।

समुद्र में ज्वार के समय लहरें कई कई मीटर ऊपर उठती हैं, परंतु पृथ्वी की सतह का ज्वार इतने विशाल स्तर पर नहीं होता कि हम उसका आनंद ले सकें। पृथ्वी का गुरुत्व बल उसकी सतह पर स्थित प्रत्येक वस्तु को पृथ्वी के केन्द्र की ओर आकर्षित करता है और पृथ्वी के केन्द्र का ठोस भाग एक द्रव स्थैतिक बल (Hydrostatic force) बाहर की ओर लगाता है, जिसकी मात्रा लगभग गुरुत्व बल के बराबर होती है। इन दो बलों के अंतर के बराबर लगनेवाले अवशिष्ट–बल (Residual force) पृथ्वी की सतह पर क्षैतिज विस्थापन (Horizontal displacement) उत्पन्न करता है। इस ज्वारीय बल के कारण ही नदियाँ बहती हैं। यह ज्वारीय बल ही पृथ्वी में भिन्न–भिन्न प्रकार के प्रतिबल (Stress) भी उत्पन्न करता है जो महासागरीय कटक (Ocean ridge) तथा प्लेटसंधियों (Plate boundaries) पर संकेन्द्रित होते हैं। जब ज्वारीय तरंगें इन स्थानों से गुजरती हैं तो उनमें निहित ऊर्जा, घर्षण के कारण ऊष्मा में परिवर्तित हो जाती है। पृथ्वी के ज्वार और अन्य विकृतियों की यांत्रिक ऊर्जाका ह्रास होने का सबसे आसान साधन भूकंप होता है।

भूस्खलन (Land Slide)

वस्तुतः भूस्खलन का सामान्य अर्थ विभिन्न प्रकार की चट्टानों और मिट्टियों के खिसकने तथा इनके नीचे की ओर स्थानांतरित

होने से है। पृथ्वी की उत्पत्ति के बाद से आज तक यदि कहीं, कभी, किसी भी प्रकार का भूस्खलन नहीं हुआ होता तो धरातल का यह वर्तमान रूप देखने को नहीं मिलता। जिस समय पृथ्वी के ठोस धरातल का निर्माण हुआ उस समय पर्वत, पठार, मैदान या महासागर कुछ नहीं था। इसका रूप सब जगह एक समान सपाट था। कालांतर में भू–पपड़ी की आंतरिक शक्तियों द्वारा पृथ्वी पर इन सबका निर्माण हुआ था।

जब शैलों का विशाल द्रव्यमान ढाल के सहारे नीचे की दिशा में फिसलता है तो इस गति को भूस्खलन कहते है। इस गति में सतह तथा गहराइयों में स्थित विभिन्न प्रकार के शैल भाग लेते हैं।

भू स्खलन के कई कारण हैं – तटों की प्रवणता तथा उनकी भूवैज्ञानिक संरचना, अधोभूमि जलों का बाहर निकलना, जलाशयों, नदियों आदि में जल स्तर का घटना–बढ़ना आदि। भूस्खलन की प्रत्येक घटना में इन सभी कारकों का भिन्न क्रमवय तथा संचय रहता है।

विभिन्न निर्माण कार्यो; जैसे नहरों, बाँध, जल संभरणों आदि के द्वारा भी भूस्खलन होता है। भूस्खलन प्रक्रियाओं के कारण बनने वाली प्रारूपिक स्थल रूपरेखा के अतिरिक्त वृक्षों की सामान्य स्थितियाँ भी भूस्खलन प्रक्रियाओं की सूचक हैं। शैलों के स्थानान्तरण की प्रक्रिया के दौरान ये वृक्ष अपनी खड़ी स्थिति खोने लगते हैं तथा इनमें टेढापन आने लगता है। इसके अतिरिक्त इन वृक्षों में दरारें भी परिलक्षित होती हैं।

बहुधा भूकंप के कारण भी शैल अपघात होता देखा गया है। कभी–कभी इस क्रिया में अत्यन्त ही विशाल शैल पिंड भाग लेते हैं। भूस्खलन कभी–कभी जनजीवन के लिए अत्यन्त ही हानिकारक होता है, क्योंकि इससे लोगों की जानें भी जाती हैं। आबादीवाले क्षेत्रों में होनेवाले भूस्खलन पर विशेष रूप से ध्यान देना पड़ता है। इसके कारण रेल की पटरियाँ उखड़ सकती है अथवा टेढ़ी हो सकती हैं। बड़े पैमाने पर भूस्खलन होने पर, जिसमें पृथ्वी की सतह के नीचे गहराई में स्थित शैल समूह भाग लेते हैं, समुद्र, झील अथवा नदियों के तटों पर स्थित ढलानों में व्यापक परिवर्तन आ जाता है तथा इनकी समाकृति विशेष रूप की हो जाती है।

उल्काएँ अथवा टूटते तारे (Meteros)

पृथ्वी पर समय–समय पर उल्कापात भी होते रहे हैं। ये छोटे से लेकर विशाल आकृति और अधिक भार के पिंड होते है। ये पत्थर तथा लोहे से युक्त होते हैं। एक अनुमान के अनुसार प्रतिवर्ष एक हजार उल्काएँ पृथ्वी पर गिरती हैं। इनके गिरने से कई जगहों की वनस्पतियाँ नष्ट हो चुकी हैं तथा पृथ्वी में बड़े–बड़े गड्ढे (चित्र 16) बने हैं। परंतु इनमें से अधिकांश समुद्रों, रेगिस्तानों तथा पर्वतों पर गिरती हैं, अतः उन्हें ढूँढा नहीं जा सकता है। वे वायुमंडल की क्रिया से छिन्न–भिन्न होकर मिट्टी का अंग बन जाती हैं।

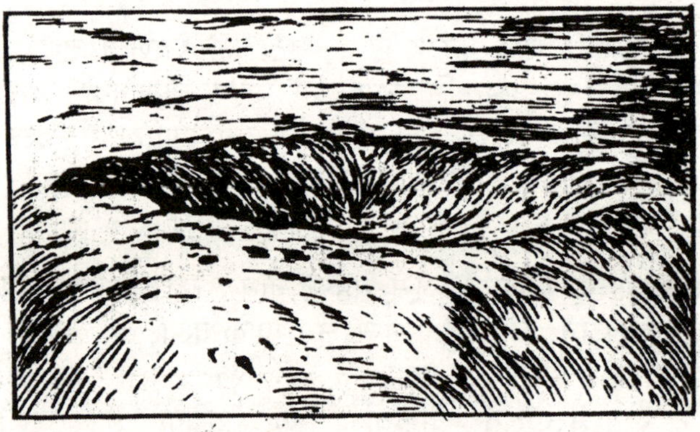

चित्र 16. उल्कापात से बना गड्ढा

प्राचीनकाल से ही उल्कापिंडों (चित्र 17) की वर्षा देखी गई हैं। नवीन अनुमान के अनुसार पृथ्वी पर दस हजार मीट्रिक टन उल्काएँ पहुँचती हैं।

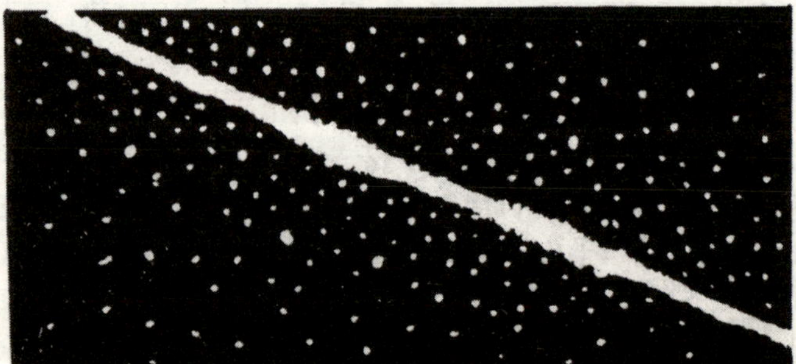

चित्र 17. उल्का

12 फरवरी 1947 को सोवियत संघ के ब्लाडीवोस्कट में उसुरी टैगा में कई उल्कापात हुए, जिससे 120 से अधिक क्रेटर (Crater) बने। उनमें से कुछ तो इतनी बड़ी थी कि उनमें दो मंजिली इमारत समा सकती है। अब तक सबसे बड़ी उल्का का भार 1745 किग्रा. पाया गया है। वैसे ये बहुत छोटी, कुछ ग्राम तक की भी होती है। 30 जून, 1908 को साइबेरिया के टुंगुस्का क्षेत्र में एक उल्का गिरी, जिसके कारण उत्पन्न वायुधाराएँ सम्पूर्ण विश्व में मापी गई। गिरने के स्थान के आसपास के 80 मिलियन पेड़ गिर गए। इससे इतनी तीव्र ऊष्मा उत्पन्न हुई कि उससे पेड़ों के तने और विस्फोट से मरे बल्गाहरिण (रेनडिअर) के अवशेष तक जल गए।

अभी तक के उल्काओं के रासायनिक विश्लेषण परिणाम ये दर्शाते (सारणी 4) हैं कि इनमें दस तत्वों की प्रधानता होती हैं।

सारणी 4. उल्का के रासायनिक प्राचल

ऑक्सीजन	34-6%
आयरन	25-6%
सिलिकन	17-8%
मैग्नीशियम	13-9%
सल्फर	2-0%
कैल्सियम	1-6%
निकिल	1-4%
ऐल्युमिनियम	1-4%
सोडियम	0-7%
फास्फोरस	0-16%
योग	99-16%

वस्तुतः ये समस्त तत्व पृथ्वी में उपलब्ध हैं, अतएव स्पष्ट है कि पृथ्वी तथा इन उल्काओं की उत्पत्ति एक ही स्रोत से हुई है। इनमें रेडियोऐक्टिव तत्व भी पाए गए हैं तथा इनकी आयु 600–4000 मिलियन वर्ष आँकी गई है।

पृथ्वी का घूमना

पृथ्वी लट्टू की भाँति अपनी धूरी पर चारों घूमती है और यह धुरी उत्तर दिशा में ध्रुवतारे की ओर है। ध्रुवतारा हमें सदैव उत्तर में इसलिए दिखता है क्योंकि वह पृथ्वी की धुरी की सीध में स्थित है। जिस प्रकार लट्टू के घूमते समय उसकी धुरी शंकु (Cone) बनाते हुए घूमती है, उसी तरह पृथ्वी की धुरी भी अंतरिक्ष में स्थिर नहीं है। वह भी धीरे–धीरे घूमती हुई लगभग 25,800 वर्षों में एक चक्कर पूरा करती है (चित्र 18)।

पृथ्वी अपनी कक्षा के साथ लंबवत् न होकर कुछ झुकी हुई है; अर्थात् पृथ्वी की कक्षा और उसके अक्ष के बीच 66.5° का कोण बनता है। पृथ्वी की अक्ष उसकी कक्षा के साथ बननेवाले लंब के साथ 23.5° का कोण बनाती हुई झुकी हुई है। पृथ्वी के इस प्रकार के झुकाव का भौगोलिक दृष्टि से बहुत महत्व है।

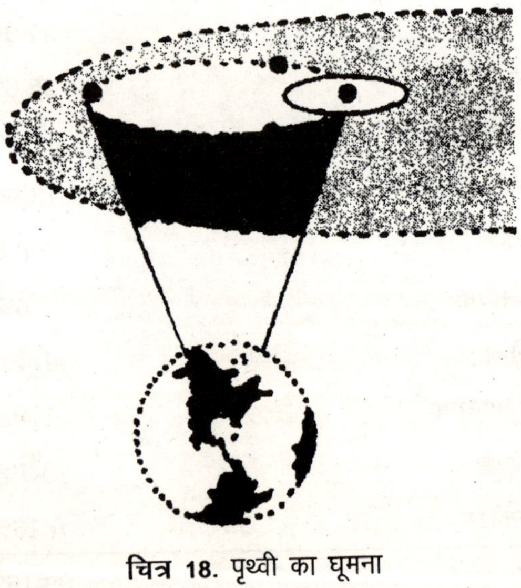

चित्र 18. पृथ्वी का घूमना

ऐसा प्रेक्षित किया गया है कि अंतरिक्ष से जो प्रेक्षण किए जाएँगे, वे पृथ्वी के घूमने का विश्वसनीय प्रमाण प्रस्तुत कर सकते हैं। चूँकि पृथ्वी पश्चिम से पूर्व की दिशा में घूम रही है इसलिए जब कोई उपग्रह छोड़ा जाता है तो वह प्रत्येक चक्कर में उसी बिन्दु से न गुजरकर पश्चिम की ओर हटता जाता है।

पृथ्वी की गतियाँ

हमारी पृथ्वी की दो गतियाँ हैं – परिभ्रमण और परिक्रमण। पृथ्वी की ये दोनों गतियाँ मानव जीवन के लिए बहुत ही महत्वपूर्ण हैं। परिभ्रमण, जिसे हम घूर्णन भी कहते हैं, के कारण ही दिन और रात बनते हैं (चित्र 19)। यदि पृथ्वी की यह गति नहीं होती तो उस पर न तो दिन होता और न रात होती। आप कल्पना कर सकते हैं कि ऐसी दशा में हमारी दुनिया कैसी होती?

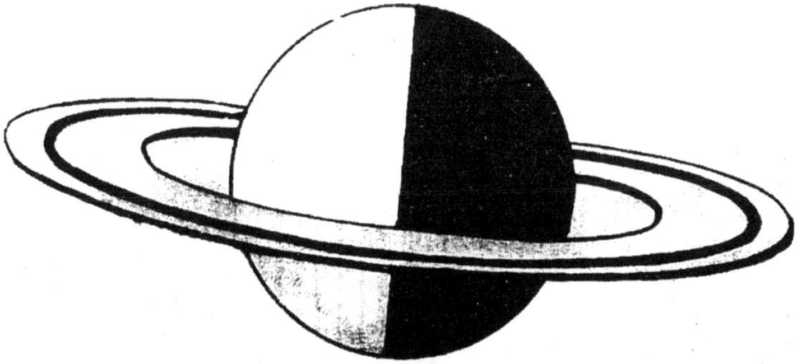

चित्र 19. परिभ्रमण करती पृथ्वी

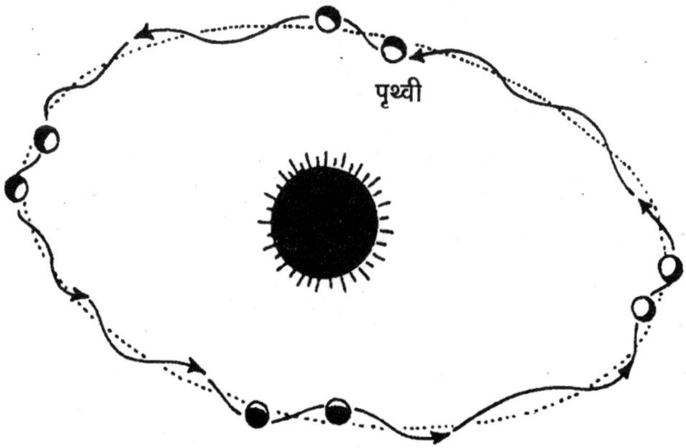

सूर्य की परिक्रमा करती पृथ्वी

चित्र 20. सूर्य की परिक्रमा करती पृथ्वी

पृथ्वी बहुत ही तेजी से सूर्य के चारों ओर घूमते हुए दीर्घ वृत्तीय (Elliptical) परिधि बनाती है। इस गति को परिक्रमण या Revolution कहते है। परिक्रमण के फलस्वरुप ही पृथ्वी पर

विभिन्न ऋतुएँ आती हैं। पृथ्वी के झुकाव के कारण ही वर्ष के विभिन्न समयों में सूर्य की किरणें, पृथ्वी की सतह पर कभी सीधी (लंबवत्) पड़ती हैं तो कभी तिरछी। (चित्र 20)। वस्तुतः छह प्रकार की ऋतुएँ होती हैं। परंतु चार प्रकार की ऋतुएँ ही लोकप्रिय हैं। जून तथा दिसम्बर एवं मार्च तथा सितंबर माह में पृथ्वी पर सूर्य की किरणें इस तरह पड़ती हैं कि उत्तरी गोलार्द्ध में गरमी तो दक्षिणी गोलार्द्ध में हेमंत तो दक्षिणी गोलार्द्ध में वसंत ऋतु होती है।

जब उत्तरी गोलार्द्ध पर दिन बड़े व रातें छोटी होती हैं, तब सूर्य की किरणें उत्तरी गोलार्द्ध में ही कर्क वृत्त पर लंबवत् होती है। इसे चित्र 21 में दर्शाया गया है।

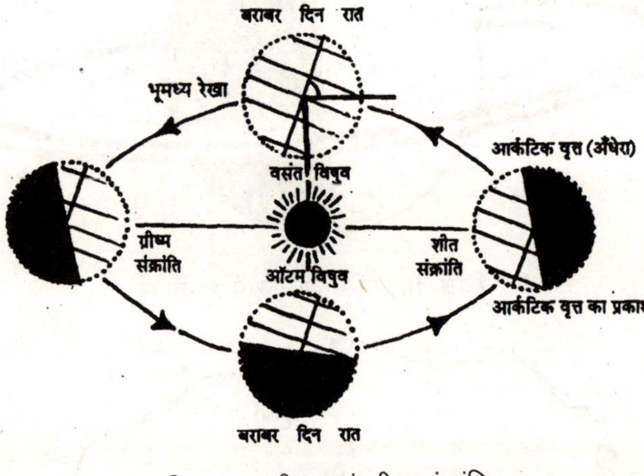

चित्र 21. ग्रीष्म एवं शीत संक्रांति

दिन–रात में असमानता के कारण वर्ष के विभिन्न भागों में सूर्य से पृथक–पृथक मात्रा में गरमी मिलती है। इसी कारण वर्ष का एक भाग ग्रीष्मकाल और दूसरा शीतकाल कहलाता है।

सूर्य तथा चंद्र ग्रहण

चंद्र ग्रहण अथवा सूर्य ग्रहण कभी पूर्ण, कभी अर्ध, तो कभी आंशिक होते हैं। इसका प्रमुख कारण सूर्य की अपेक्षा चंद्रमा के आकार का बहुत छोटा होना है। जो भाग चंद्रमा की प्रतिच्छाया में पड़ता है वहाँ आंशिक सूर्य ग्रहण दिखता है। चंद्रमा एवं पृथ्वी के अपने परिक्रमण मार्ग पर आगे बढ़ जाने पर सूर्य ग्रहण की स्थिति

समाप्त हो जाती है। चंद्रग्रहण सदैव पूर्णिमा को ही होता है क्योंकि इस दिन चंद्रमा की स्थिति पृथ्वी के पीछे होती है। सूर्य ग्रहण सदैव अमावस्या को होता है (चित्र 22)।

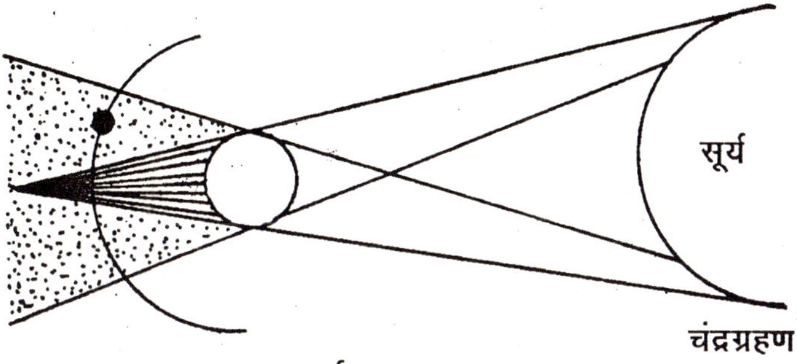

चित्र 22. सूर्य तथा चंद्र ग्रहण

यदि चंद्रमा की कक्षा उसी स्थान में हो जिसमें पृथ्वी की है तो चंद्र ग्रहण प्रतिमाह पड़ेगा। किंतु चूँकि चंद्रमा की क़क्षा का झुकाव उस ओर होता है, जिस ओर पृथ्वी की कक्षा का झुकाव होता है, इसलिए चंद्र ग्रहण तभी लगता है जब पूरा चंद्रमा पृथ्वी की कक्षा वाले स्थान पर आ जाता है।

पृथ्वी की सूर्य, चंद्रमा व तारों से दूरी

वैज्ञानिकों ने ज्ञात किया है कि पृथ्वी से चंद्रमा की औसत दूरी लगभग 3,84,000 किलोमीटर है। पृथ्वी सूर्य से 14.9 करोड़ किलोमीटर दूरी पर है। इसे खगोलीय इकाई (Astronomical Unit) में व्यक्त करें तो यह एक यूनिट होगी। सूर्य के प्रकाश को पृथ्वी तक पहुँचने में मात्र 8 मिनट लगते है; जबकि पृथ्वी से परे अन्य ग्रहों तक प्रकाश पहुँचने में अधिक समय लगता है यथा – मंगल तक 12.6 मिनट, शनि तक 79.3 मिनट, नेपच्यून तक 4 घंटे 10 मिनट तथा प्लूटो तक 5 घंटे 28 मिनट लगते हैं।

प्रकाश के पहुँचने की इन अवधियों का अर्थ है कि यदि हम इन ग्रहों के पास स्थित अंतरिक्ष यात्री से बात करना चाहें तो वहाँ से प्रत्युत्तर पाने के लिए इस अवधि का दूना समय लगेगा। इसी प्रकार तारे भी पृथ्वी से बहुत दूर ही स्थित हैं। सबसे निकट तारा

"प्राक्सिमा सेंटावटी" है, जहाँ से पृथ्वी तक प्रकाश को पहुँचने में सवा चार वर्ष लगते हैं। अर्थात् इसे हम इस प्रकार कहेंगे कि यह तारा सवा चार प्रकाश वर्ष दूर है – यानि साढ़े नौ हजार लाख किलोमीटर के तुल्य।

1950 ई. के लगभग यह ज्ञात हुआ कि पृथ्वी के चारों ओर विकिरण की एक गोल पट्टी है। यह पट्टी "वान एलेन विकिरण पट्टी" (Van Allen Radiation Belt) कहलाती है। वस्तुतः यह नाम इसकी खोज करने वाले अमेरिकी वैज्ञानिक जेम्स ए. वान एलेन के नाम पर पड़ा है। यह पट्टी पृथ्वी से 650 किलोमीटर ऊँचाई से शुरू होती है और अंतरिक्ष में 40,000 किलोमीटर तक फैली हुई है। यह सूर्य से विकिरित आवेशित कणों से बनी है और पृथ्वी के चुंबकीय क्षेत्र के कारण बँधी हुई है।

भूतापीय ऊर्जा

जैसा कि विदित है पृथ्वी की सतह के नीचे जैसे–जैसे गहराई बढ़ती जाती है, तापमान भी बढ़ता जाता है। गहरी खानों में काम करने वाले लोग इस तथ्य से भली भाँति परिचित हैं। वस्तुतः पृथ्वी के गर्भ में अत्यधिक ऊष्मा होने के प्रमाण दो प्राकृतिक कृत्यों से भी मिलते हैं। पहला कृत्य काफी हद तक शांत और मानव के लिए कल्याणकारी है, जबकि दूसरा आमतौर से अत्यन्त विकराल और विनाशकारी है। पहला कृत्य है कुछ स्थानों पर गरम पानी के झरनों का फूट पड़ना और दूसरा है ज्वालामुखी उद्गार।

बीसवीं शताब्दी के आरंभ तक भूतापीय ऊर्जा के प्रतीकों – गरम पानी के झरनों, वाष्पमुखों (फ्यूमेरॉल) और उबलते दलदलों को प्रकृति के करिश्में ही माना जाता था। उस समय तक न केवल जनसाधारण, वरन् अधिकांश वैज्ञानिक भी यह मानने को तैयार नहीं थे कि भूगर्भ में ऊष्मा के रूप में अत्यन्त विशाल मात्रा में ऊर्जा संचित है।

भूगर्भ के बारे में जानकारियाँ प्राप्त करने का पहला गंभीर प्रयास, वर्ष 1904 में ब्रिटिश इंजीनियर सर चार्ल्स पारसंस ने किया। उन्होंने पृथ्वी की सतह में 12 मील (19.2 किलोमीटर) गहरा छेद करके भूगर्भ के ताप, दाब, चट्टानों की संरचना आदि के बारे में

जानकारियाँ प्राप्त करने की एक परियोजना बनाई थी। परन्तु कुछ कारणों से यह सफल नहीं हुई।

अन्वेषण द्वारा ज्ञात हुआ है कि भू तापीय ऊर्जा, जिसे भूवैज्ञानिक शब्दावली में पृथ्वी के ठोस कोड के औसत परिवेश ताप के ऊपर मौजूद ऊर्जा कहा जा सकता है, की मात्रा लगभग 8 x 10^{30} जूल है। यह ऊर्जा की विशाल मात्रा है। यदि आजकल पूरे विश्व में खर्च होने वाली ऊर्जा की कुल मात्रा की शब्दावली में कहें तो यह मात्रा उसकी 35 खरब गुना होगी। ऐसा अनुमान है कि भूतल से 5 किलोमीटर तक की गहराई में ही 140 x 10^{24} जूल ऊर्जा संचित है।

जैसे–जैसे हम पृथ्वी की सतह के नीचे भूगर्भ में जाते हैं, तापमान बढ़ता जाता है। परन्तु ताप में बढ़ोतरी की दर हर क्षेत्र में एक समान नहीं है। कहीं यह दर 12–15° सें. प्रति किलोमीटर है तो कहीं 60° सें. प्रति किलोमीटर और कहीं 500° सें. प्रति किलोमीटर से भी अधिक।

मध्य अंध महासागर में अफ्रीका के तट से कुछ दूरी पर स्थित है कैनरी द्वीप समूह। इसके लांजारोत क्षेत्र में ताप वृद्धि की दर जिसे "ताप प्रवणता" अथवा "भूतापीय प्रवणता" कहते है, बहुत अधिक है। वहाँ ताप प्रवणता को प्रति किलोमीटर के अनुसार न मापकर प्रति मीटर बल्कि प्रति सेंटीमीटर के अनुसार मापना होता है। लांजारोत क्षेत्र में स्थित मोंताना दल फ्यूगो नामक स्थान पर तो ताप प्रवणता 100° सें. प्रति मीटर है यानि 1,00,000° सें. प्रति किलोमीटर। इससे आप स्वयं सोच सकते हैं कि यह मान बहुत अधिक है। वहाँ धरती को उँगली से कुरेदने से भी इतनी अधिक गरमी निकलने लगती है कि उँगली जल जाए।

जिस प्रकार पृथ्वी के विभिन्न क्षेत्रों की ताप प्रवणता भिन्न–भिन्न है उसी प्रकार भूगर्भ से सतह पर आनेवाली ऊष्मा की दर भी विभिन्न क्षेत्रों में अलग–अलग है। कुछ स्थानों पर वह मात्र 30 कैलोरी प्रति वर्गमीटर है तो कुछ क्षेत्रों में 5000 कैलोरी प्रति वर्गमीटर से भी अधिक। साधारणतया यह ऊष्मा हमें महसूस नहीं होती क्योंकि पृथ्वी को सूर्य से प्राप्त होनेवाली ऊष्मा की मात्रा उससे कहीं अधिक है। पृथ्वी को औसतन 1.2 किवा. प्रति वर्गमीटर की दर से सौर ऊष्मा प्राप्त होती है।

भूगर्भ से निकलने वाली ऊष्मा के स्पष्ट प्रमाण हमें उन्हीं स्थानों पर मिलते हैं जहाँ वह किसी वाहक तरल के माध्यम से सतह पर पहुँचती है। ये वाहक तरल पानी, भाप, गैस, लावा आदि किसी भी रूप में हो सकते है। ये तरल पृथ्वी के गर्भ में से दरार, छिद्र वाष्पमुख आदि के रास्ते से निकलते हैं। इन रास्तों से, विशेष रूप से ज्वालामुखी उद्‌गारों में, निकलने वाली गैसों और लावा के माध्यम से बहुत बड़ी मात्रा में ऊष्मा बाहर निकलती है।

कैसे मापें भूगर्भ का तापमान?

भूगर्भ के ताप से मानव का परिचय आदि काल से रहा है। वस्तुतः इस ताप को वह विभिन्न रूपों में देखता आया है; कभी ज्वालामुखी विस्फोट के रूप में तो कभी गरम झरनों के रूप में, ग्रीनलैंड, अलास्का इत्यादि ठंडे देशों के निवासी (एस्कीमो) भूगर्भ में गहरे सुरंग बनाकर प्राचीन काल से रहते रहे हैं। और भूगर्भ के ताप की सहायता से अपने आप को उस प्रदेश की भीषण ठंड से बचाते रहे हैं।

भूपटल में बढ़ती गहराई के साथ तापमान में वृद्धि की दर 10° सेल्सियस से 50° सेल्सियस प्रति किलोमीटर पाई गई है जिसका औसत मान 30° सेल्सियस प्रति किलोमीटर होता है। अब प्रश्न उठता है कि पृथ्वी का भीतरी भाग गर्म क्यों है? कुछ वैज्ञानिकों का मानना है कि चूँकि पृथ्वी की उत्पत्ति सूर्य से हुई है। अतः यह प्रारंभ में सूर्य जितनी गरम (लगभग 6000° सेल्सियस) रही होगी। धीरे–धीरे विकिरण द्वारा पृथ्वी का तापमान कम होता गया। इससे पृथ्वी का ऊपरी भाग तो शीघ्र ठंडा हो गया, जबकि भीतरी भाग अवशिष्ट ताप के कारण अभी भी बहुत गरम है।

हाल ही में किए गए अध्ययनों से विदित हुआ है कि पृथ्वी से ताप विकिरण की दर 1.2×10^{-6} कैलोरी प्रति वर्ग सेंटीमीटर प्रति सेकेंड है। प्रसिद्ध ब्रिटिश भौतिकशास्त्री लॉर्ड कैल्विन ने 19वीं शताब्दी में पृथ्वी की आयु की गणना विकिरण द्वारा पृथ्वी से बाहर निकलने वाले ताप के आधार पर की थी। लार्ड कैल्विन का मानना था कि प्रारंभ में पृथ्वी का तापमान सूर्य के तापमान के तुल्य था। उसने यह भी मान लिया कि पृथ्वी की स्थिति के बाद बाहर से किसी भी तापीय ऊर्जा का प्रवेश नहीं हुआ।

प्रारंभ में पृथ्वी जब द्रवावस्था में थी तो उल्कापिंड उच्च संवेग के कारण भूसतह पर गिरने के बाद पृथ्वी के भीतर काफी गहराई तक घुस जाया करते थे तथा भूगर्भ के तापमान को बढ़ाने में अपना योगदान देते थे। आज से लगभग चार अरब पूर्व इसी प्रकार का एक विशाल उल्कापिंड अमेरिका के उत्तरी एरीजोना क्षेत्र में पृथ्वी से टकराया था जिसके कारण निर्मित विवर (क्रेटर) आज भी विद्यमान है। पृथ्वी पर इसके टकराव के कारण इतना ताप उत्पन्न हुआ था कि उल्कापिंड का लगभग 90 प्रतिशत अंश वाष्प बनकर तुरंत उड़ गया था। ऐसा अनुमान है कि इस उल्कापिंड का व्यास 79 मीटर था। यदा–कदा कुछ धूमकेतु भी पृथ्वी से टकराते रहे हैं। ऐसी घटनाएँ अतीत में कई बार घट चुकी हैं। जब–जब धूमकेतु पृथ्वी से टकराते हैं तो पृथ्वी पर महाप्रलय का दृश्य उपस्थित हो जाता है। इस कारण पृथ्वी पर उपस्थित तत्कालीन प्राणियों के जीवन का अस्तित्व खतरे में पड़ जाता है। आज से लगभग 7 करोड़ वर्ष पूर्व पृथ्वी से एक विशाल धूमकेतु का टकराव हुआ जिसके कारण उस काल में उपस्थित असंख्य प्राणी काल के मुँह में समा गए। इन प्राणियों में प्रमुख थे डायनासोर, जो इस पृथ्वी से पूरी तरह लुप्त हो गए।

सन् 1956 ई. में वर्हूगेन नामक भूविज्ञानी ने पृथ्वी के भीतर ताप के वितरण के बारे में गहन अध्ययन किए। उन्होंने पाया कि पृथ्वी के भीतर से भूसतह की ओर प्रवाहित होने वाले ताप का एक बहुत बड़ा भाग भूपटल (क्रस्ट) के भीतर उपस्थित रेडियोधर्मी तत्वों के विखंडन से प्राप्त होता है। वर्हूगेन ने यह अनुमान लगाया कि पृथ्वी से बाहर निकलने वाले ताप की पूरी मात्रा ग्रेनाइट की 30 किलोमीटर मोटी परत से प्राप्त हो सकती है। इससे यह निष्कर्ष निकाला गया कि भूपटल के नीचे उपस्थित प्रावर (मैंटल) नामक परत में गहराई के अनुसार तापमान वृद्धि की दर बहुत कम होनी चाहिए, अन्यथा विकिरण द्वारा पृथ्वी से बाहर निकलनेवाले ताप का परिमाण उस परिमाण से बहुत अधिक होता जो आज वास्तव में विकिरण द्वारा पृथ्वी से बाहर निकल रहा है।

अधिकांश वैज्ञानिकों की धारणा है कि प्रावर में गहराई के अनुसार तापमान में वास्तविक वृद्धि 1.2° सेल्सियस प्रति किलोमीटर है। इस आधार पर यह अनुमान लगाया गया है कि प्रावर की सबसे निचली सतह पर तापमान 4500° सेल्सियस से अधिक नहीं हो

सकता है। यह तापमान भू सतह से लगभग 2900 किलोमीटर की गहराई पर अनुमानित किया गया है।

सिलिकेट पदार्थों के लिए रुद्धोष्म प्रवणता (ऐडियाबेटिक ग्रेडियेंट) का मान 0.2 से 0.5° सेल्सियस प्रति किलोमीटर पाया गया है। यदि प्रावर में तापीय प्रवणता निश्चित रूप से रुद्धोष्म प्रवणता हो तो पेंदी तथा चोटी के बीच के तापमान में अंतर मात्र चंद सौ डिग्री का होगा न कि हजारों डिग्री का। इन तर्कों के आधार पर कई वैज्ञानिकों ने पृथ्वी की बाहरी परत अर्थात् भूपटल (क्रस्ट) की विभिन्न गहराईयों के लिए तापमान की गणनाएँ की हैं जिसे चित्र–23 में दर्शाया गया है।

पृथ्वी की सबसे भीतरी परत क्रोड (कोर) में तापमान वितरण के संबंध में भी विभिन्न वैज्ञानिकों के अलग–अलग विचार हैं। परंतु अधिकांश वैज्ञानिकों के मतानुसार क्रोड का तापमान 2700° से 4000° सेल्सियस के बीच है।

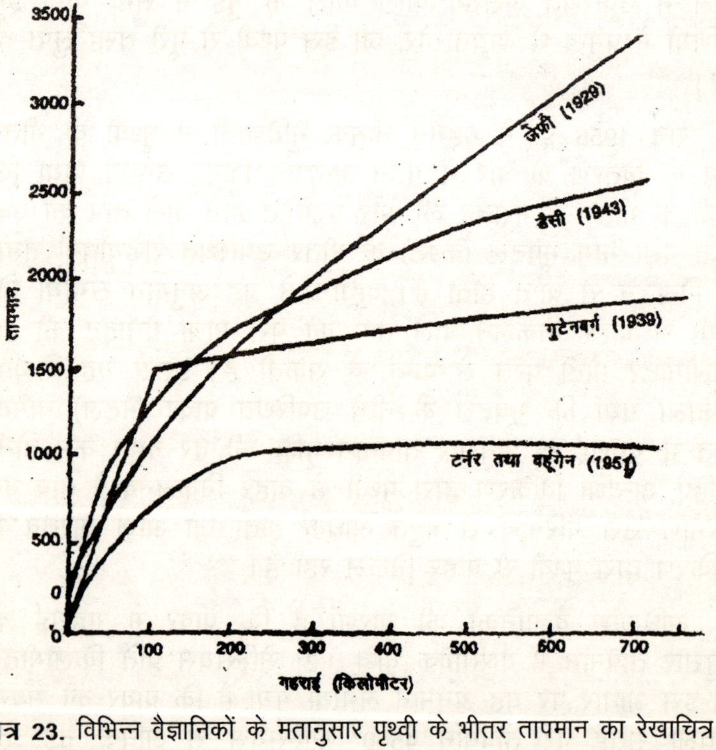

चित्र 23. विभिन्न वैज्ञानिकों के मतानुसार पृथ्वी के भीतर तापमान का रेखाचित्र

पृथ्वी से संबंधित कुछ रोचक आँकड़े

1. पृथ्वी का जन्म लगभग 460 करोड़ वर्ष पूर्व हुआ।
2. अतिघनत्व वाले क्रोड़ (Core) तथा मध्यम घनत्व वाली प्रावर लगभग 400 करोड़ वर्ष पूर्व बने। कम घनत्ववाली बाह्य पर्पटी लगभग 380 करोड़ वर्ष पूर्व बनी।
3. जल का व वायुमंडल का वर्तमान स्वरूप लगभग 200 करोड़ वर्ष पूर्व बना।
4. इसके बाद ही चट्टानों के अपरदन और अवसादों का शैल के रूप में जमा होने का चक्र प्रारंभ हुआ।
5. महाद्वीपों व समुद्रीय पर्पटी का जन्म इसके साथ प्रारंभ हुआ।
6. जीवन व उसके उपयुक्त परमाणुओं का जन्म 360 से 190 करोड़ वर्ष पूर्व हुआ। जीवाणु व शैवाल 300 करोड़ वर्ष पूर्व शैलों में पाए गए।
7. लगभग 80 करोड़ वर्ष पूर्व समुद्रीय जीवों का प्रादुर्भाव हुआ।
8. भूमि पर जीव का आगमन लगभग 40 करोड़ वर्ष पूर्व व मानव ने लगभग 1 लाख वर्ष पूर्व ही जन्म लिया।
9. पृथ्वी की त्रिज्या भूमध्य रेखा पर 6378 किलोमीटर एवं ध्रुवों पर 6357 किलोमीटर है।
10. पृथ्वी का द्रव्यमान 6×10^{27} ग्राम या 6×10^{19} टन है।
11. पृथ्वी का आयतन 1.1×10^{27} है।
12. पृथ्वी का औसत घनत्व 5.5 ग्राम/ सेमी^{3} है। परंतु इसके मुख्य संघटक सिलिकेटों का घनत्व 2.7 ग्राम/सेमी^{3} है। पृथ्वी का घनत्व ऊपर से नीचे की ओर बढ़ता जाता है।
13. पृथ्वी की सतह का क्षेत्रफल 5.1×10^{18} (सेमी)^2 है। इसका 29 प्रतिशत भाग महाद्वीपीय है।

14. महाद्वीपों की सतह की औसत ऊँचाई 1 कि.मी. है। सबसे ऊँची सतह 8.8 कि.मी. है।

15. महासागरों की औसत गहराई 4 कि.मी. है। सबसे अधिक गहराई 11.0 कि.मी. है।

16. पृथ्वी / चंद्रमा का द्रव्यमान का अनुपात 81.303 है।

17. पृथ्वी व चंद्रमा के बीच की औसत दूरी 3.844×10^5 कि. मी. है।

18. उष्णकटिबंधीय वर्ष 365 दिन 5 घंटे 48 मिनट 46 सेकेंड है।

19. नक्षत्रीय दिवस 365 दिन 6 घंटे 9 मिनट 10 सेकेंड है।

20. अयनीय कोण (Precessional angle) 23.5^o है।

21. अयनीय अवधि (Precessional Period) 26,000 वर्ष है।

22. महाद्वीपीय लिथॉस्फीयर की औसतन मोटाई 110 कि.मी. है।

23. महासागरीय लिथॉस्फीयर की औसतन मोटाई 75 कि.मी. है।

24. विवर्तनिक सक्रिय क्षेत्रों में प्राप्त लिथॉस्फीयर की मोटाई 20 कि.मी. है।

पेन्जीया (Pangea) का विघटन

(i) लगभग 22 करोड़ वर्ष पूर्व, 6 महाद्वीप एक साथ थे। उस समय इनका क्षेत्रफल 200,000 कि.मी. था।

(ii) लगभग 20 करोड़ वर्ष पूर्व इनमें विघटन प्रारंभ हुआ। इससे उत्तर अटलांटिक एवं हिंद महासागरों का बनना प्रारंभ हुआ।

(iii) लगभग 18 करोड़ वर्ष पूर्व भारत उपमहाद्वीप अंटार्कटिका से अलग हुआ।

(iv) 13.5 करोड़ वर्ष से 180 वर्ष से पूर्व के बीच इन महाद्वीपों के बीच की दूरी बढ़ती गई। इसके अलावा उत्तर अटलांटिक

महासागर 1000 कि.मी. चौड़ा बना। इसी समय दक्षिण अमेरिका अफ्रीका से अलग हुआ।

(v) लगभग 6.5 करोड़ वर्ष पूर्व उत्तर व दक्षिण अमेरिका के बीच का अलगाव पूरा हुआ तथा दक्षिण अटलांटिक 3000 कि.मी. चौडा बना। 6.5 करोड़ वर्ष पूर्व के बाद भी महाद्वीपों का विघटन चलता रहा तथा उसके फलस्वरूप आज की महाद्वीपीय स्थितियों का निर्माण हुआ।

(vi) इन पिछले 6.5 करोड़ वर्षों में तीन प्रमुख घटनाएँ हुई –

(अ) पनामा के पास दोनों अमेरिकन महाद्वीप जुड़े।

(ब) भारत का उर्ध्व दिशा में अपवाह सम्पूर्ण हुआ एवं

(स) ऑस्ट्रेलिया, अंटार्कटिका से अलग होकर उत्तर दिशा में गतिमान हुआ।

(vii) उत्तर–अमेरिका लगभग 8000 कि.मी. पश्चिम–उत्तर–पश्चिम में विस्थापी हुआ।

(viii) अफ्रीका व यूरेशिया दोनों का प्रत्यावर्तन क्रमशः पूर्व से पश्चिम तथा पश्चिम से पूर्व विपरीत दिशाओं में हुआ।

भारत का अपोढ़ (ड्रिफ्ट)

(1) लगभग 18 करोड़ वर्ष पूर्व भारत, अंटार्कटिका से अलग होकर उत्तर पूर्व दिशा में गतिमान हुआ।

(2) लगभग 6.5 करोड़ वर्ष पूर्व भारत, गरम लावा के स्रोत पर से (7° दक्षिण व 72° पूर्व) गुजरा और यह लावा पृथ्वी की सतह पर आकर जमा हुआ जिसके फलस्वरूप दक्षिण के पठार की उत्पत्ति हुई जिसमें ऊपरी सतह पर बेसाल्ट की परत है।

(3) इसी दौरान चेगाँस लकाद्वीप का निर्माण हुआ। भारत का उत्तरी–पूर्व दिशा में गतिमान होना जारी रहा। भारत 9000 किमी. की दूरी चलकर आज की वर्तमान स्थिति में आया। इसके लिए उसे 18 करोड़ वर्ष का समय लगा तथा यह 60° पश्चिम से पूर्व की दिशा में प्रत्यावर्तित भी हुआ।

(4) दक्षिण का पठार एक विशिष्ठ स्थान रखता है। इसके रेडियोमैट्रिक विधि से निकाली गई आयु लगभग 4 करोड़ से 6 करोड़ वर्ष तक की पायी गई। इसका आयतन 2×10^5 $(\text{मील})^3$ अनुमानित है। बेसाल्ट की ऊपरी परतों में लगभग 48 प्रकार के लावा विभिन्न समयों पर जमा हुए, पाये गए।

(5) ऐसा अनुमान है कि लगभग 6 करोड़ वर्ष पूर्व भारत का ड्रिफ्टींग उत्तर की दिशा में था। उस समय यूरेशिया लगभग 100 किमी. दक्षिण में था तथा भारत की उत्तरी सीमा यूरेशिया से लगभग 1000 किमी. दक्षिण में थी। इन 6 करोड़ वर्ष पूर्व से ही हिमालय के जन्म प्रारंभ हुआ तथा इसी दौरान इसको यह स्वरूप मिला।

पृथ्वी की संरचना मैग्नेटोटेल्युरिक विधि द्वारा

मेग्नेटोटेल्युरिक्स (एम.टी.) एक ऐसी प्राकृतिक विद्युत् चुम्बकीय भूभौतिकीय विधि है जिससे पृथ्वी की भीतरी सतहों की अवरोधकता मापी जाती है। इसके लिए पृथ्वी के वायुमंडल के बाहर अंतरिक्ष से प्राप्त की जानेवाली विद्युत् चुंबकीय तरंगों का प्रयोग किया जाता है। इन संकेतों को मैग्नेटिक पल्सेशन या चुंबकीय कंपन कहा जाता है। ये कंपन सौर वायु और पृथ्वी के चुंबक मंडल तथा चुंबक मंडल और आयनमंडल के बीच परस्पर प्रभाव के कारण उत्पन्न होते है। इनकी आवृत्ति 5 हट्र्ज से लेकर कई मिली हट्र्ज तक हो सकती है। प्राकृतिक विद्युत् चुंबकीय तरंगों की शक्ति बहुत अधिक होती है और वे 1000 कि.मी. तक पहुँच सकती है। पृथ्वी के अंदर इन तरंगों का पहुँचना और विभिन्न अवरोधों के द्वारा आनेवाले परिवर्तन के तीन प्रमुख कारण हैं – संरचना, तापमान तथा तरल पदार्थ की उपस्थिति।

एम.टी. का मूल सिद्धान्त परतदार माध्यम में सीधे सपाट विद्युत् चुंबकीय तरंगों के फैलाव तथा प्रसार से संबंधित है। इस परतदार माध्यम को सीधा, एक रूप तथा समदैशिक मान लिया जाता है। पृथ्वी की सतह पर चुंबकीय तथा विद्युत् क्षेत्र में उत्पन्न होने वाले परिवर्तनों के बीच के संबंधों अथवा अनुपात को मानने के लिए उपयोग में लाए जाने वाले प्राचल को इंपीडेन्स कहते हैं, जिन्हें फिर अवरोधकता और प्रावस्था मूल्यों में परिवर्तित किया जाता है। यह

पृथ्वी की अधोसतही चालकता के वितरण के बारे में प्राथमिक सूचनाएँ प्रदान करती है।

हमारे देश के राष्ट्रीय भूभौतिकीय अनुसंधान संस्थान, हैदराबाद में विगत् दो दशकों से इस विधि का प्रयोग किया जा रहा है। सन् 1987 में संस्थान ने नवीनतम उपकरण, डिजिटल वाइड बैंड स्टेट ऑफ आर्ट सिस्टम्स का आयात किया। इन्ही दिनों तकनीकी प्रगति के कारण से एम.टी. का विकास हुआ और विदेश में भी इस विधि का तेल तथा गैस की खोज में प्रयोग किया जा रहा था। सन् 1988–91 में गुजरात के सौराष्ट्र में किए गए एम.टी. मापन से भारत में प्रथम बार एम.टी. द्वारा हाइड्रोकार्बन की खोज की गयी।

हमारे देश के वैज्ञानिक देश में भूतापीय ऊर्जा की संभावनाओं के बारे में पता लगाने के लिए एम.टी. विधि का प्रयोग कर रहे हैं। वस्तुतः एम.टी. एक ऐसी प्रभावी भूभौतिकीय विधि है, जिसे अनेक प्रकार के कार्यो के लिए उपयोग में लाया जाता है।

जीवन के आधार रूप मे मिट्टी

पृथ्वी का ऊपरी भाग भू पपड़ी कहलाता है। इसे पृथ्वी की चमड़ी या त्वचा भी कहते हैं। इस पपड़ी की गहराई अलग–अलग स्थानों में भिन्न–भिन्न होती है। कहीं–कहीं पर यह 15–20 किलोमीटर मोटी होती है तो कहीं पर कुछ सेंटीमीटर। यह पपड़ी धीरे–धीरे जल, वायु तथा ताप के प्रभाव से छिन्न–भिन्न होने लगी, फलतः अंत में मिट्टी बनी। वस्तुतः पपड़ी से मिट्टी बनने की विकास क्रिया बहुत धीमी तथा जटिल भी है।

मिट्टी को प्रायः मृदा या भूमि तथा पृथ्वी की पुत्री के नाम से भी पुकारा जाता है। भू पपडी में मात्र दो तत्व ऑक्सीजन और सिलिकॉन कुल तत्वों का लगभग तीन चौथाई भाग लेते हैं। ऐसा प्रेक्षित किया गया है कि प्रथम 10 तत्वों की मात्रा लगभग 99% है, जबकि शेष अन्य सभी तत्व मात्र 1 प्रतिशत ही हैं। वस्तुतः इन्हीं तत्वों के संयोग से विभिन्न प्रकार के खनिजों की उत्पत्ति होती है और इन्हीं एक या एक से अधिक खनिजों के संयोग से शैल या चट्टानें बनती हैं। अतः स्वाभाविक है कि इन्हीं खनिजों के गुणों पर चट्टानों का रासायनिक संघटन निर्भर करेगा। भू पपड़ी की संरचना सारणी 5 में दी गई है।

सारणी 5. भू पपड़ी की संरचना

ऑक्सीजन	49-13%
सिलिकॉन	26-0%
ऐलुयुमिनियम	7-45%
आयरन	4-2%
कैल्सियम	3-25%
मैग्नीशियम	2-35%
पोटैशियम	2-35%
सोडियम	2-4%
हाइड्रोजन	1-0%
टाइटेनियम कार्बन क्लोरीन आदि	1.87%

पृथ्वी की पर्पटी में कार्बन की कुल मात्रा 4,584,200,000 मिलियन टन है, जो सारणी 6 में वर्णित की गई है –

सारणी 6. भू पर्पटी में कार्बन की मात्रा

जीवित पदार्थों में	7,00,000 मिलियन टन
मिट्टी में	4,00,000 मिलियन टन
पीट में	12,00,000 मिलियन टन
भूरे कोयले में	21,00,000 मिलियन टन
कोयले में	32,00,000 मिलियन टन
एंथ्रेसाइट में	6,00,000 मिलियन टन
अवसादी चट्टानों में	4,57,60,00,000 मिलियन टन

इसमें वायुमंडल का 22,00,000 मिलियन टन तथा समुद्री जल का 18,40,00,000 मिलियन टन कार्बन भी जोड़ा जाएगा।

भूमि की ऊपरी परतदार चट्टानों का घनत्व 2.5 ग्राम प्र.घ. सेमी. है। किन्तु नीचे की स्फटिक चट्टानों का घनत्व 3.0 ग्राम/घन सेमी. है। अधिक सघन द्रव्यवाली परतों में मिट्टी का घनत्व 3.5 ग्राम प्र.घ. सेमी. है। पृथ्वी के आंतरिक पदार्थों का घनत्व 12 ग्राम प्र.घ. सेमी. तक हो सकता है। इसका अनुमान उल्का पिंडों के आधार पर किया गया है।

चट्टानें–भू पपड़ी का लगभग 95% आग्नेय चट्टानों से, 4.9% अवसादी चट्टानों से तथा शेष 0.1% कायांतरित चट्टानों से मिलकर बना है। इन विविध चट्टानों के बारे में जानकारी निम्नवत् हैं।

आग्नेय चट्टानें

वस्तुतः ये सबसे प्राचीन चट्टानें हैं। अन्य चट्टानों की उत्पत्ति भी इन्ही से हुई है, इस कारण इन्हें प्राथमिक चट्टानें भी कहते हैं। इनका निर्माण ताप के कारण पदार्थों के पिघलने तथा उनके क्रिस्टलन (Crystalisation) से होता है। परंतु क्रिस्टलों का स्वरूप एवं संख्या आदि निश्चिंत नहीं होती है। इनमें परतों एवं गोल कणों का अभाव होता है। ये बहुत ही कठोर, सघन और संगठित होती है। जब पिघले हुए पदार्थ पृथ्वी के भीतर ही ठंडे होकर चट्टान बन जाते हैं तो इन चट्टानों को अंतस्थ आग्नेय चट्टान कहते हैं; जैसे – ग्रेनाइट, क्वाट्र्ज आदि। परंतु जब ज्वालामुखी उद्गार के समय पृथ्वी के गर्भ से पिघलता हुआ द्रव्य बाहर आता है तो ठंडा होकर वह शीघ्र ही ठोस पिंड का रूप धारण कर लेता है। ऐसी चट्टानों को बाह्यस्थ आग्नेय चट्टानें कहते हैं; जैसे – बेसाल्ट, डोलोराइट आदि। सिलिका की मात्रा के आधार पर आग्नेय चट्टानों को आम्लिक, उदासीन और भास्मिक चट्टानों में वर्गीकृत किया गया है।

अवसादी चट्टानें – विभिन्न प्राचीन चट्टानों के अपक्षय से प्राप्त सामग्री जब एक स्थान से दूसरे स्थान पर स्तरों में जमा होती जाती है तो अवसादी चट्टानें बनती है। यह कार्य हवा, जल आदि कारकों द्वारा सम्पन्न होता है। इन्हें परतदार चट्टानें भी कहते हैं। अवसादी चट्टानों के मुख्य उदाहरण हैं – बालू पत्थर, चूना पत्थर, सिल्ट पत्थर, शैल आदि।

कायांतरित चट्टानें – यह प्रेक्षित किया गया है कि ऊष्मा, दाब एवं द्रवों तथा गैसों के प्रभाव से आग्नेय तथा अवसादी चट्टानों के मूल रूप में जब परिवर्तन होता है तो कायांतरित चट्टानें बनती हैं। इस प्रकार इनके गुण मूल चट्टानों से भिन्न हो जाते हैं। प्रमुख मूल चट्टानों से बननेवाली रूपांतरित चट्टानों के उदाहरण सारणी 7 में दिए गए हैं।

सारणी 7. मूल चट्टानों से निर्मित रूपांतरित चट्टानें

मूल चट्टान	रूपांतरित चट्टान
बालू पत्थर	क्वार्टजाइट
स्लेटी पत्थर	स्लेट
चूना पत्थर	संगमरमर
पीट	कोयला
अभ्रक	शिष्ट
ग्रेनाइट	नीस

मिट्टी बनने की विचित्र प्रक्रिया – मिट्टी बनने के लिए उपर्युक्त सभी प्रकार की चट्टानों (शैलों) का अपक्षय होना होता है। शैलों व उनके खनिजों के विच्छेदन व विघटन को ही अपक्षय कहते है। अपक्षय के फलस्वरूप शैलों एवं खनिजों का सरलीकरण होता है। प्रमुखतः भौतिक तथा रासायनिक अपक्षय ही मूल पदार्थ के निर्माण के लिए उत्तरदायी होते हैं। भौतिक अपक्षय के अंतर्गत ताप, जल, हिमनद (ग्लेशियर), वायु जैसे कारक सम्मिलित हैं।

यह प्रेक्षित किया गया है कि शीत जलवायु वाले क्षेत्रों में कम ताप के कारण शैलों की दरारों में विद्यमान जल जम जाता है। इसके फलस्वरूप इनके आयतन में 9 प्रतिशत की वृद्धि हो जाती है और साथ ही प्रति वर्ग मीटर 1500 टन का बल लगता है; जिससे चट्टानें टूट जाती हैं।

बहते हुए जल में निलंबित अवसादों की उपस्थिति के कारण प्रवाह मार्ग में आनेवाली चट्टानों के किनारों का घर्षण होता रहता है। इसके साथ ही, बह रहे अवसादी कण भी आपसी घर्षण के कारण चूर्णित होते रहते हैं। समुद्र के किनारों पर जल की तरंग

क्रिया के फलस्वरूप शैल व उनके खंड टूटते रहते हैं। जल के अतिरिक्त वायु भी चट्टानों के भौतिक अपक्षय में महत्वपूर्ण भूमिका निभाती है। तेज वायु में वह शक्ति होती है कि बड़े–बड़े पर्वतों से टकराकर उनके उभरे हुए शैलों को तोड़ दे और छोटे–छोटे शिलाखंडों तथा पत्थरों को उड़ाकर दूर–दूर तक ले जाए। मरुस्थलीय क्षेत्रों में बालू के बड़े–बड़े टीलों को बनाने में वायु का ही योगदान रहता है। यह अपने साथ धूल तथा पत्थर के छोटे–छोटे टुकड़ों को उड़ाकर दूर–दूर तक ले जाती है। ये पदार्थ परस्पर रगड़ खाकर धीरे–धीरे कणों मे बदल जाते हैं।

रासायनिक अपक्षय में जल की तथा ऑक्सीजन की उपस्थिति महत्वपूर्ण होती है। जल के जुड़ने या निकलने से शैल निर्बल पड़ते जाते हैं। ऑक्सीजन की अधिकता होने पर आयरन, मैंगनीज और सल्फाइड युक्त खनिजों का अपक्षय होता है। इसके विपरीत पानी की अधिकता तथा ऑक्सीजन की कमीवाली स्थिति में अपचयन क्रिया द्वारा चट्टानों का अपक्षय होता है। जल की विलायकता यद्यपि मंद होती है, परंतु वातावरण में उपस्थित कार्बन डाइ–ऑक्साइड से कार्बोनिक अम्ल (H_2CO_3) तथा गंधक (सल्फर) के ऑक्सीकरण से गंधक का अम्ल (H_2SO_4) बन जाने से इसकी विलायकता बढ़ जाती है।

यह देखा गया है कि भौतिक तथा रासायनिक कारकों के अतिरिक्त पौधों, पशुओं एवं स्वयं मनुष्य के प्रभाव भी चट्टानों के अपक्षय में सक्रिय भूमिका निभाते हैं। आर्द्र–उष्ण कटिबंधों या उपोष्ण कटिबंधों में सर्वाधिक अपक्षय होता है। इन भागों में खनिज पूरी तरह विघटित हो जाते हैं और उनका विलेय पदार्थ दूर–दूर तक चला जाता है। क्षारीय आग्नेय चट्टानों की सतह पर आयरन, ऐलुयुमिनियम और कभी–कभी मैंगनीज के ऑक्साइड बचे रहते हैं और सिलिका अंश नीचे गहराई तक चला जाता है। अम्लीय शैल क्वार्ट्ज (सिलिका) भी छोड़ जाते हैं। इस प्रकार जिन शैलों या खनिजों में 60–70 प्रतिशत तक सिलिकन रहता है उनके अपक्षय से नाममात्र का (5%) सिलिका बचता है, शेष भाग आयरन और ऐल्युमिनयम के ऑक्साइड का होता है, जो ऊपरी भाग में होता है। इस प्रकार से लौहमयी (लेटराइटी) रक्तिम मिट्टियों का निर्माण होता है। शीतोष्ण जलवायु में अपक्षय की तीव्रता तथा उष्ण कटिबंध का उच्च ताप रासायनिक अपक्षय की गति को कई गुना बढ़ा देता

है। रासायनिक अपक्षय के उत्पाद शीत प्रदेशों में तेजी से नहीं हट पाते है। शुष्क तथा अर्धशुष्क जलवायुवाले प्रदेशों में अपक्षय की तीव्रता शीतोष्ण प्रदेशों से बहुत कम होती है। जलाभाव के कारण विलेय लवण नीचे नहीं जा पाते, फलस्वरूप सतह पर ही कैल्सियम तथा मैग्नीशियम के कार्बोनेट संचित होते रहते हैं। और शैलों के आयरन, मैंगनीज के यौगिकों के विलयित होने की स्थिति नहीं आ पाती है।

वस्तुतः अपक्षय द्वारा मृदा निर्मायक पदार्थ का निर्माण होता है और उसके बाद उसकी विकास प्रक्रिया आरंभ होती है। समय के साथ मृदा निर्मायक पदार्थ का संस्ततीकरण होता है। समस्त मिट्टियों में विघटन की यह क्रिया एक जैसी होती है और जब विकास क्रम रुक जाता है तो मृदा की एक विशिष्ट तस्वीर तैयार हो जाती है।

इस प्रकार एक ओर तो मिट्टी का निर्माण होता है तो दूसरी ओर चट्टानों का अपक्षय। इस तरह बड़े–बड़े पर्वत भी धीरे–धीरे लुप्त हो जाते हैं; परंतु वे साथ–साथ मिट्टी को भी जन्म देते हैं। वस्तुतः मृदा या मिट्टी का निर्माण अत्यन्त ही मंद प्रक्रिया है। अतः हजारों वर्षों में मृदा या मिट्टी की ऊपरी पतली परत (स्तर) का निर्माण होता है।

मिट्टी की पहचान – कालचक्र के साथ शैलों के अपक्षय से प्राप्त मृदा पदार्थ का संस्तरीकरण होता रहता है। यह संस्तरीकरण ही मृदा विकास का परिचायक है। सारी मृदाओं में यह विकास क्रिया एक जैसी चलती है तो मृदा की एक विशिष्ट रूपावली तैयार हो जाती है, जिसे मृदा परिच्छेदिका या **Soil Profile** कहते हैं। वस्तुतः यह किसी भी मृदा की अपनी निजी विलक्षणता है और उसकी निजी पहचान या अस्मिता है।

मृदा परिच्छेदिका मूल पदार्थ पर विभिन्न प्रक्रमों के कार्यशील होने से बनती है। संस्तरों का बनना मिट्टी के विकास का वैसा ही सूचक है जैसे मनुष्य में नए दाँतों का निकलना उनकी आयुवृद्धि का सूचक है। परिच्छेदिका में ऐसे संस्तरों की संख्या (चित्र 24) प्रायः तीन होती है जिन्हें ए (A), बी (B) तथा सी (C) नाम दिए गए हैं।

वैज्ञानिकों ने जिस मृदा में तीनों संस्तर (A, B, C) पाए जाते हैं उसे आदर्श मृदा की संज्ञा दी है। इन संस्तरों की मोटाई में भी बहुत भिन्नता पाई जाती है। उष्ण कटिबंधों में मृदा की गहराई शीतोष्ण कटिबंधों की अपेक्षा अधिक होती है। मिट्टी का सबसे ऊपरी संस्तर A कहलाता है। इसी में खेती की जाती है। वस्तुतः यही मृदा का सबसे महत्वपूर्ण संस्तर है। जब भूमिक्षरण के फलस्वरूप यह संस्तर बह जाता है तो मृदा की उर्वरता विनष्ट हो जाती है और नीचे का स्तर निकल जाता है, जिसे अवमृदा कहते हैं।

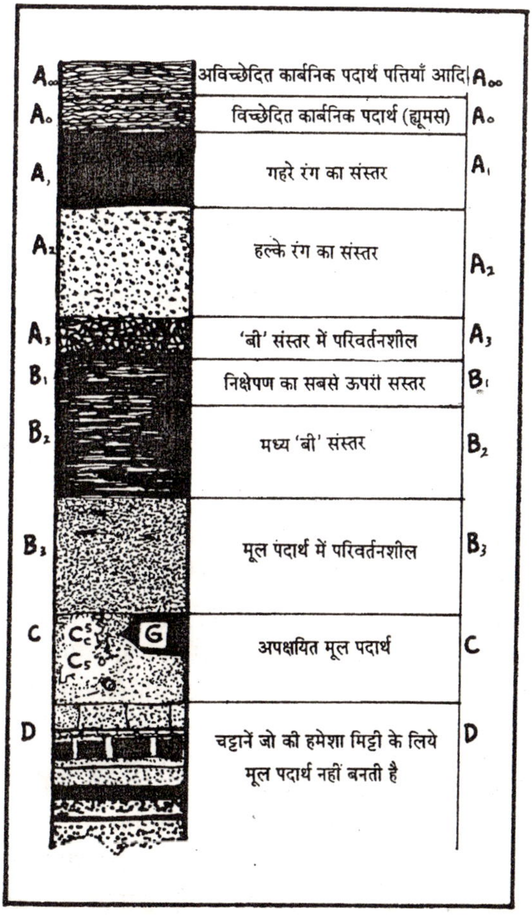

चित्र 24. मृदा परिच्छेदिका

मृदा के विकास में जल सहायक

वस्तुतः 'ए' संस्तर मृदा की वह ऊपरी सतह है, जिसमें पौधों की पत्तियों, तनों तथा जड़ों का संचय होता है। पौधों के अवशेष पदार्थों से युक्त इस संस्तर का विकास 2.5 सेमी. से भी कुछ कम से लेकर 50 सेमी. तक या इससे भी अधिक होता है। इसे 'निक्षालन स्तर' भी कहते हैं क्योंकि वर्षा जल के द्वारा इससे अनेक पदार्थ जल में विलेय होकर नीचे की ओर चले जाते हैं। इस परत में अधिकतम निक्षालन होता है तथा कार्बनिक पदार्थों के कारण इसका रंग काला होता है।

मृदा का 'बी' संस्तर "संचयन स्तर" कहलाता है, जिसमें ए संस्तर में उपस्थित पदार्थ निक्षालित होकर यहाँ आकर संचित हो जाते हैं। यह संस्तर 'निक्षेपण संस्तर' भी कहलाता है। यह साधारणतया अधः मृदा यर अवमृदा (Sub Soil) कहलाती है।

'सी' संस्तर मूल शैल का संस्तर है, जिसकी ऊपरी सतह में थोड़ा बहुत परिवर्तन आ जाता है। इसका रंग, भूरा या बादामी होता है। इसे 'मूल संस्तर' भी कहते हैं। इस संस्तर में पत्थर या चट्टान और इनसे बने बड़े–बड़े कण पाए जाते हैं।

मिट्टी की रूग्णता एवं उपचार

वस्तुतः मिट्टी की रुग्णता से तात्पर्य उसकी भौतिक, रासायनिक अथवा जैविक गुणवता में किसी प्रकार से ह्रास आने से है। लवणीय एवं क्षारीय मिट्टियों में भौतिक दशा बिगड़ने से बीजों का अंकुरण एवं कृषि उत्पादन दोनों ही दुष्प्रभावित होते हैं। इसी प्रकार लगातार मल–मूत्र के मिट्टी में मिलने पर मृदा के सारे रंध्र या छिद्र बंद हो जाते हैं, फलतः मिट्टी के भीतर वायु एवं जल का संचरण ठीक से नहीं हो पाता है।

सामान्यतया मिट्टी में जैव अंश बढ़ाने, मिट्टी का पी.एच. मान बदलने तथा प्रदूषित मिट्टियों में मृदा शोधक फसलें उगाने से मिट्टी की दशा का सुधार किया जा सकता है। वर्मी कम्पोस्ट के रूप में केंछुओं को मिट्टी में छोड़कर भी इसकी रुग्णता को दूर किया जा सकता है। रूस में किए गए कुछ प्रयोगों से विदित होता

है कि कुछ फसलों, जैसे – टिमोथी घास मिट्टियों की रुग्णता दूर करने में सहायक हैं।

मिट्टी का सजीव संसार

मिट्टी मृत नहीं है, उसका जीवित संसार है। मिट्टी भी मानव की तरह ही साँस लेती है तथा मिट्टी में सूक्ष्म जीवों की उपस्थिति इसी बात का पुष्ट प्रमाण है। विभिन्न प्रकार के कार्बनिक पदार्थों का विच्छेदन इन्हीं सूक्ष्म जीवों द्वारा सम्पन्न होता है। मिट्टी में पौधे तथा सूक्ष्म जीव निरंतर सक्रिय रहते हैं, जिनसे मिट्टी में लगातार परिवर्तन होते रहते हैं। इसी कारण मिट्टी को एक गतिशील पिंड भी माना जाता है। ये जीव मिट्टी के विशेष कार्यों एवं गुणों को भी प्रभावित करते हैं।

मिट्टी के सजीव जगत् में पौधों की जड़ें, केंचुए, सूक्ष्म प्रोटोजोआ, गोलकृमि तथा जीवाणु, कवक, एक्टीनोमाइसिटीज और शैवाल जैसे सूक्ष्म पौधे होते हैं। इसके अलावा कुछ प्रकार के चूहे, संधिपाद प्राणी (मकड़ी की तरह के कीट, कनखजूरे और काँतरे आदि)। और गेस्ट्रोपोड (घोंघे) मृदा में निवास करते हैं। एक अनुमान के अनुसार प्रति ग्राम मृदा में विद्यमान सब जीवों की कुल आबादी अरबों में गिनी जाती है और प्रति एकड़ जैव भार पाँच टन तक हो सकता है। एंजाइमों, कार्बन डाइ ऑक्साइड और जैव कार्बनिक पदार्थ के उत्पादन के कारण मृदा के सजीव पदार्थ अनेक रूपांतरण पैदा करते हैं। इस कारण पादपों को पोषक तत्व आसानी से सुलभ रूपों में प्राप्त हो जाते हैं और पौधों की अधिक अच्छी वृद्धि के लिए वांछित मृदा संरचना बन जाती है, जो स्थायी हो जाती है।

वैज्ञानिकों ने प्रति ग्राम मृदा में औसतन जीवाणु 1 अरब, एक्टीनोमाइसिटीज 1 करोड़, कवक 10 लाख और शैवाल 1 लाख आँके हैं। मृदा में ये सूक्ष्म वनस्पतियाँ एक समान अनुपात में नहीं होती। अतः हल की गहराई तक प्रति एकड़ कुल जीवभार सूक्ष्म वनस्पतियों की संख्या के क्रम से नहीं होता है।

एक अनुमान के अनुसार, जंगल की एक ग्राम मृदा में 10 लाख से अधिक एक ही प्रकार के जीवाणु (बैक्टीरिया), लगभग 1,00,000 यीस्ट कोशिकाएँ तथा 50,000 कवक तंतु (जाल) के हिस्से विद्यमान

रहते हैं। एक ग्राम उर्वर कृषि मृदा में 2.5 बिलियन से अधिक जीवाणु (बैक्टीरिया), 40,000 कवक, 50,000 शैवाल तथा 30,000 प्रोटोजोआ पाए जाते हैं। इन सूक्ष्म जीवों द्वारा विभिन्न पोषक तत्वों; यथा – नाइट्रोजन, फास्फोरस, पोटाश, सल्फर, आयतन, मैंगनीज आदि, का परिवर्तन उच्च पौधों द्वारा उपयोग किए जाने वाले रूपों में होता रहता है। इसके फलस्वरूप पौधे अपनी वृद्धि कर मनुष्य के लिए उपयोगी सामग्री उपलब्ध कराते हैं। मिट्टी के सूक्ष्मजीवों को चित्र 25 में दर्शाया गया है।

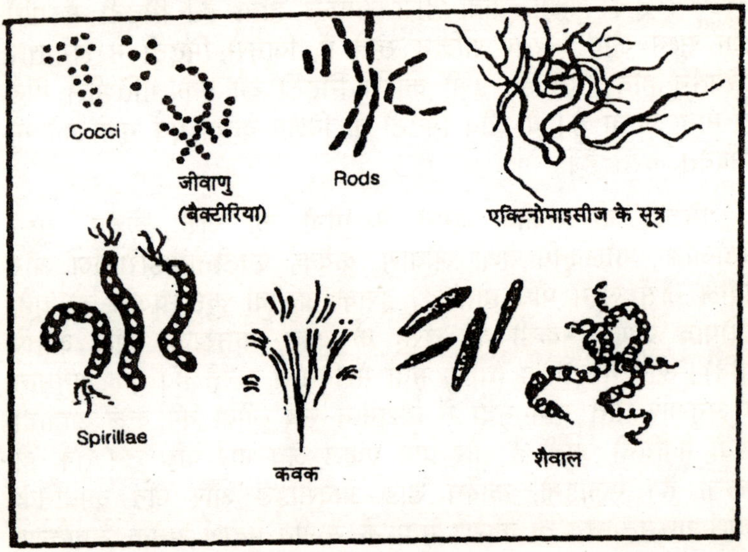

चित्र 25. मिट्टी के सूक्ष्मजीव

एक्टीनोमाइसिटीज बहुत से प्रतिजैविक पदार्थ (Antibiotic) उत्पन्न करते हैं। मृदा में सौंधी गंध का राज यही एक्टीनोमाइसिटीज से उत्पादित प्रतिजैविक पदार्थ ही है। वर्तमान में लगभग 500 प्रतिजैविक पदार्थ एक्टीनोमाइसिटीज से प्राप्त किए गए हैं। इनमें प्रमुख हैं – स्ट्रेप्टोमाइसीन, औरोमाइसीन, टेरामाइसीन तथा निओमाइसीन।

मिट्टी का क्षरण

सम्पूर्ण देश में भू क्षरण के कारण होनेवाली मिट्टी की क्षति का अनुमान लगाना बहुत कठिन है। कुछ दशकों पूर्व लगाए गए एक

अनुमान के अनुसार करोड़ों टन मिट्टी इस कारण नष्ट हो जाती है। इस क्षरित मिट्टी के साथ लाखों टन पोषक तत्व, यथा – नाइट्रोजन, फास्फोरस एवं पोटैशियम भी चले जाते हैं; जिनकी मूल्य भी करोड़ों रुपयों में होता है।

हमारे देश आज लगभग 15 करोड़ हेक्टेयर भूमि पर खेती की जा रही है। परंतु यदि भूमि के कटाव (क्षरण) की दर यही रही तो आगामी 20 वर्षों में हम लगभग इतनी ही भूमि को गँवा देंगे। एक आकलन के अनुसार सारे विश्व में प्रतिवर्ष लगभग 50 से 70 लाख हेक्टेयर उर्वरा भूमि नष्ट हो रही है। इसी प्रकार सम्पूर्ण देश भर के मकान बनाने में जितनी मिट्टी ईंट के काम आती है उससे अधिक मिट्टी की उपजाऊ सतह प्रत्येक छह माह में बह जाती है।

वैज्ञानिकों के अनुसार शिवालिक की पहाड़ियों में अत्यधिक पशुचारण के कारण हर वर्षा ऋतु के समय छः सेंटीमीटर ऊपरी मिट्टी गायब हो जाती है, जबकि इसे बनाने में प्रकृति को लगभग 2400 वर्ष लगते हैं।

शहरीकरण के कारण भी उत्तम कृषि योग्य भूमि नष्ट हो रही है। भवनों और डामर की सड़कों के नीचे जमीन फँसती जा रही है। मकानों के लिए ईंट बनाने में भी काफी कृषि योग्य भूमि नष्ट हो रही है। एक मोटे अनुमान के अनुसार शहर में 5 लोगों के एक परिवार के लिए एक अच्छा मकान बनाने में लगने वाली ईंटों के लिए लगभग 120 टन मिट्टी की आवश्यकता पड़ती है। वर्तमान शहरी आबादी को ही बसाने के लिए भविष्य में लगभग 300 करोड़ टन मिट्टी (अधिकांश ऊपरी सतह की) खोदकर निकालनी पड़ेगी।

फैलनेवाली मिट्टियाँ

यह प्रेक्षित किया गया है कि कुछ गहरे भूरे से लेकर काले रंग की मिट्टियाँ नमी परिवर्तन से फूलती–सिकुड़ती हैं। इन्हें काली मिट्टियाँ (Black Soil, Regur) कहा जाता है। मृदाओं के फैलने और सिकुड़ने के कारण परोक्ष या अपरोक्ष रूप से क्षति पहुँचती है। इनमें मकानों का धँसना, टूटना, गिरना, सड़क का बैठ जाना, बड़े–बड़े बाँधों का टूट या धँस जाना, रेलों की पटरियों के नीचे की जमीन धँसने से पटरियों का टेढा हो जाना प्रमुख है। रेल की पटरियों के टेढ़े हो जाने से बरसात के दिनों में रेल दुर्घटनाओं की

संभावनाएँ बढ़ जाती हैं। कभी–कभी इन मृदाओं में जल की मात्रा अधिक होने पर ये बहुत फूल जाती हैं, जिससे इनमें फँसकर विशालकाय हाथियों की भी मृत्यु हो जाती है। वस्तुतः एक बार इनमें फँस जाने के बाद निकल पाना असंभव सा हो जाता है। इस प्रकार ऐसी मृदाओं से जान–माल की भी काफी क्षति उठानी पड़ती है।

फैलने वाली मृदाएँ कृषि कार्यों के लिए अनुपयुक्त होती हैं। ऐसी मिट्टियों मे जल की मात्रा अधिक होने से इनकी जुताई–गुड़ाई करना भी असंभव सा हो जाता है। ऐसी मिट्टियाँ भारी होती है और इनकी संरचना भी खराब होती है। इसके विपरीत, सूख जाने पर ये बहुत कठोर हो जाती हैं। यदि किसी प्रकार ऐसी मिट्टियों में खेती कर ली जाए तो फसलों की उपज पर प्रतिकूल प्रभाव पड़ता है। आधुनिक वैज्ञानिकों के अनुसार ये मिट्टियाँ ज्वालामुखी विस्फोट से निकले हुए लावा के जम जाने से बनी हैं।

इस प्रकार की मिट्टियाँ 10° से 25° उत्तरी अक्षांश और 37° से 80° पूर्वी देशांतरों के बीच पाई जाती हैं। भारत के क्षेत्रफल के लगभग पाँचवें भाग पर मुख्यतः काली या उससे मिलते–जुलते रंग की मिट्टी पाई जाती है। ये गुजरात से अमरकंठक और बेलगाँव से गुना तक लगभग 5–1/2 लाख वर्ग किलोमीटर क्षेत्र में फैली हैं। महाराष्ट्र के अधिकांश भाग (विदर्भ, खानदेश, मराठवाड़ा), गुजरात (सूरत, बड़ोदरा और भरूच जिलों में) के मध्यवर्ती और पश्चिमी मध्यप्रदेश (मुख्यतः नर्मदा की घाटी के कुछ भाग, विंध्याचल पर्वत और सतपुड़ा के पठार पर), उडीसा के दक्षिणी भाग, कर्नाटक के उत्तरी जिलों (बीजापुर, गुलबर्गा, बीदर, बेलगाँव, धारवाड़, रायचूर जिलों), आंध्रप्रदेश के दक्षिणी और तटवर्ती भाग (आदिलाबाद, वारंगल, खम्माम, महबूबनगर और कर्नूल जिलों), तमिलनाडु (सलेम, दक्षिणी अर्काट, रामनाथपुरम्, कोयंबटूर तथा तिरुनरवैली जिलों) राजस्थान (बूंदी, कोटा, झालावाड़ और टौंक जिलों) तथा उत्तरप्रदेश के बुलंदशहर संभाग (जालौन, हमीदपुर, बाँदा और झाँसी जिलों) में मिलती हैं।

वस्तुतः इस मिट्टी का क्षेत्र भारतवर्ष के अतिरिक्त विश्व के अन्य देशों में भी बहुतायत से मिलता है। जिन देशों में यह मिट्टी

पाई जाती है उनमें मुख्य हैं – रूस, अमेरिका, दक्षिणी अफ्रीका, इजराइल, स्पेन, जावा, सुमात्रा, आस्ट्रेलिया, ब्रह्मदेश, कनाडा, इथोपिया, ईरान, मैक्सिको, जिंबाब्वे, तुर्की, अर्जेंटाइना, सूडान, मोरक्को, इंडोनेशिया आदि।

हमारे देश में भिन्न–भिन्न स्थानों के सर्वेक्षण से ज्ञात हुआ है कि भूमि में इस मिट्टी की गहराई एक जैसी नहीं है। यह मिट्टी पृथ्वी की सतह से लगभग 8–10 मीटर की गहराई तक भी पाई जाती है। अधिक गरमी होने पर मिट्टी की नमी कम हो जाती है और सूखकर चिटक जाती है। इस प्रकार भूमि में 5 से.मी. या उससे भी अधिक चौड़ी तथा दो–दो, तीन–तीन मीटर गहरी दरारें पड़ जाती है; किंतु बरसात के दिनों में अधिक पानी मिलने के कारण भूमि सामान्य सी दिखने लगती है।

मरुस्थल – वस्तुतः मरुस्थल का शाब्दिक अर्थ है मृत भू–भाग। अर्थात् वह भू भाग जिसमें सतही जल का अभाव हो। इसके साथ ही वहाँ की मिट्टी में जैविक तत्वों एवं आर्द्रता का अभाव हो। सम्पूर्ण पृथ्वी के क्षेत्रफल का लगभग 35 प्रतिशत भाग रेगिस्तान या मरुस्थल से प्रभावित है। यह क्षेत्र मुख्य रूप से शुष्क तथा अर्द्धशुष्क क्षेत्रों में पाया जाता है। प्रत्येक वर्ष वर्षा की मात्रा में हुई कमी तथा दोषपूर्ण जल वितरण के परिणामस्वरूप इस क्षेत्र का प्रसार हो रहा है। मरुस्थल के निकट की उपजाऊ भूमि बहुधा इसकी चपेट में आ जाती है। ऐसी कृषि भूमि में, जहाँ सिंचाई का एकमात्र स्रोत वर्षा का जल होता है, वहाँ रेगिस्तान के फैलने का खतरा सर्वाधिक होता है। वर्षा के अभाव में फसलें नष्ट हो जाती हैं, मवेशी मर जाते हैं, जल के स्रोत सूख जाते है; फलतः ऐसे क्षेत्रों में मानव का रहना दुष्कर हो जाता है।

विश्व में सर्वप्रथम वर्ष 1918 में आस्ट्रिया के डॉ. ब्लादीमीर कोपेन ने बताया कि विश्व के 1456 लाख वर्ग किमी. भू भाग का 28 प्रतिशत क्षेत्र 250 मिमी. से कम वर्षा वाला तथा 14 प्रतिशत 250–500 किमी. वर्षा वाला शुष्क क्षेत्र है। मैकगिनीज (1968) ने संपूर्ण शुष्क क्षेत्र को वर्षा की मात्रा के आधार पर तीन क्षेत्रों में वर्गीकृत किया –

(i) 60–100 मिमी. वर्षा वाला क्षेत्र,

(ii) 100–250 मिमी. वर्षा वाला क्षेत्र, तथा

(iii) 250–500 मिमी. वर्षा वाला क्षेत्र।

संयुक्त राष्ट्र संघ द्वारा आयोजित नैरोबी सम्मेलन (1977) में विश्व के संपूर्ण मरु प्रदेश के लिए एक मानचित्र तैयार किया गया; जिसके अनुसार आस्ट्रेलिया के 75 प्रतिशत, अफ्रीका के 34 प्रतिशत, एशिया के 31 प्रतिशत, अमेरिका के 19 प्रतिशत तथा यूरोप के 2 प्रतिशत भाग में रेगिस्तान के प्रसार का संकट व्याप्त है। वैज्ञानिकों का अनुमान है कि विश्व में प्रतिवर्ष ब्रिटेन के आधे क्षेत्रफल के बराबर भूमि रेगिस्तान में बदल जाती है और 85 करोड़ से अधिक लोग अकाल एवं सूखे की त्रासदी से जीवन व्यतीत करते हैं। एक सर्वेक्षण प्रतिवेदन के अनुसार विश्व में प्रतिवर्ष 2 करोड़ 60 लाख डालर की क्षति कृषि उत्पादन में हो रही है। इसके साथ ही पर्यावरण में असंतुलन से कीमती प्राणियों व वनस्पतियों के लुप्त हो जाने का खतरा दिन–प्रतिदिन बढ़ता जा रहा है। विश्व के मरुस्थलीय क्षेत्रों को चित्र 26 में दर्शाया गया है।

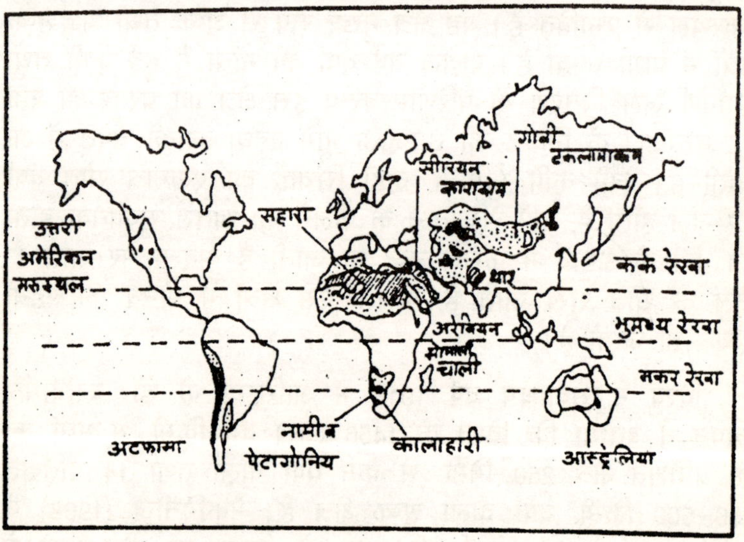

चित्र 26. विश्व के मरु क्षेत्र

विश्व के महाद्वीपों में मरुस्थलों के विस्तार को निम्नवत् सारणी 8 में दर्शाया गया है।

सारणी 8. विश्व के प्रमुख मरुस्थलों का विस्तार

क्र.सं.	मरुस्थल का नाम	क्षेत्रफल (वर्ग किमी.)	सम्मिलित देश
1	सहारा	84,00,000	अल्जीरिया, चाउ, लीबिया, माली, सूडान, मोरीतानिया, नाइजर, ट्यूनीशिया, मिस्र, मोरक्को।
2	आस्ट्रेलिया	15,00,000	आस्ट्रेलिया
3	अरबेरियन	13,00,000	दक्षिणी अरेबिया, सऊदी अरब, यमन, अरबलखाली, सीरिया, नफूद
4	गोबी	10,40,000	मंगोलिया, चीन
5	कालाहारी	5,20,000	वोत्सवान
6	तकला मकन	3,20,000	सीक्यांग, चीन
7	सोनोरन	3,10,000	ऐरीजोना, मैक्सिको, कैलिफोर्निया (यू.एस.ए.)
8	नामिब	3,10,000	नामीबिया (द.पू. अफ्रीका)
9	काराकुम	2,70,000	तुर्कमानिस्तान
10	थार	2,60,000	भारत व पाकिस्तान
11	सोमाली	2,60,000	सोमालिया
12	आटाकामा	1,80,000	उत्तरी चिली
13	काजिल कुम	1,80,000	उज्बेकिस्तान
14	दश्त ऐ लुत	52,000	पूर्वी ईरान
15	मोजाब	35,000	दक्षिणी कैलिफोर्निया
16	वेसितो डे सेचुरा	26,000	उत्तर–पश्चिम पेरु

विश्व में मरुस्थल बिखरे हुए नहीं हैं, वरन् दो असतत पट्टियों में फैले हुए हैं। एक उत्तरी गोलार्द्ध में और दूसरा दक्षिणी गोलार्द्ध में। ये मोटेतौर पर कर्क रेखा तथा मकर रेखा के साथ–साथ पाए जाते हैं। ये पृथ्वी की सतह का 1/3 भाग घेरे हुए हैं, जबकि सतह के 0.7 प्रतिशत भाग में रेत के टीले पाए जाते हैं। रेगिस्तान का सबसे विशाल क्षेत्र पृथ्वी के चारों ओर 30° दक्षिण अक्षांशों के बीच

दो चौड़ी पट्टी में पाया जाता हैं। उत्तरी गोलार्द्ध में अफ्रीका का सहारा, अरेबिया, सीरिया जोर्डन, इराक, अफगानिस्तान, बलूचिस्तान, पाकिस्तान और भारत के मरुस्थल हैं, जबकि दक्षिणी गोलार्द्ध में दक्षिणी अफ्रीका का कालाहारी, आस्ट्रेलिया और पश्चिमी अर्जेंटाइना के मरुस्थल सम्मिलित हैं।

वस्तुतः रेगिस्तान दो प्रकार के होते हैं – गरम और ठंडे। राजस्थान का रेगिस्तान (थार) गरम तथा अंतःस्थलीय प्रकार का है। किसी क्षेत्र या स्थान को कितनी मात्रा में वर्षा का जल प्राप्त होता है, के आधार पर भारतीय रेगिस्तान को मुख्य रूप से शुष्क तथा अर्द्धशुष्क भागों में विभाजित किया गया है। भारत का 12–13 प्रतिशत क्षेत्रफल शुष्क क्षेत्र में और 29.13 प्रतिशत क्षेत्रफल अर्द्धशुष्क क्षेत्र के अंतर्गत आता है।

भारत में राजस्थान प्रदेश में मरुभूमि का क्षेत्रफल 1.91 लाख वर्ग किमी. है, जो देश की कुल मरुभूमि का 61 प्रतिशत है। विशेष रुप से राजस्थान के पश्चिमी क्षेत्र के 12 जिले इससे सर्वाधिक ग्रस्त हैं। गुजरात तथा कच्छ का मरुस्थल भी विस्तृत क्षेत्र में फैला हुआ है। इन क्षेत्रों में तापमान जहाँ दिसंबर व जनवरी माह में जमाव बिन्दु के नीचे पाया जाता है, वहीं जून में यह बढ़कर 50–55 से. तक पहुँच जाता है। वर्षा का वार्षिक औसत 37.5 सेमी है तथा वायु का औसत वेग 16 किमी. प्रति घंटे से अधिक होता है।

राजस्थान में रेत के टीलों की लंबाई 100 मीटर से अधिक देखी गई है। जब यहाँ भीषण आँधियाँ चलती हैं तो रेत के टीलों का स्थानांतरण समतल मैदानी क्षेत्रों तक हो जाता है, जिससे जनजीवन बुरी तरह से प्रभावित होता है।

रेगिस्तान के निर्माण एवं विस्तार में मानवीय भूमिका

वैज्ञानिकों का मानना है कि पुरानी दुनिया के अधिकांश रेगिस्तान मानवनिर्मित हैं, अर्थात् उनके बनने में मनुष्य के विनाशकारी कार्यकलाप विशेष रूप से उत्तरदायी हैं; जलवायु तो केवल ऐसी परिस्थितियाँ उत्पन्न करती हैं जिनके परिणामस्वरूप ये परिवर्तन संभव होते हैं। सहारा के विशाल मरुस्थल प्रदेश में ऊँट और बकरियाँ का प्रवेश तथा चरना दो ऐसे कारण थे जिनसे

मरुभूमि की मूल वनस्पतियों पर दुष्प्रभाव पड़ा है। सहारा से जुड़े एक छोटे से क्षेत्र पर जानवरों के चरने व प्रवेश पर रोक लगा देने से बड़े उत्साहपूर्वक परिणाम प्राप्त हुए हैं। उस क्षेत्र की लुप्तप्राय वनस्पतियाँ पुनः उग आई तथा क्षेत्र पूर्व की तरह हरा–भरा हो गया। भारतीय विशेषज्ञों के अनुसार तथा पुरातात्विक प्रमाणों के आधार पर यह सिद्ध हो चुका है कि आज से लगभग 75,000 वर्ष पहले थार के रेगिस्तानी क्षेत्र में प्रचुर वर्षा होती थी। यहाँ कई झीलें, नदियाँ और विशाल वन थे। समुद्र का विस्तार भी इस क्षेत्र में था। साँभर, पचपदरा की झीलें तथा ऋग्वैदिककालीन सरस्वती नदी का अस्तित्व भी सिद्ध हो चुका है। बड़े–बड़े विशाल डायनासौर के कंकाल इस क्षेत्र की प्राकृतिक संपन्नता की पुष्टि करते हैं। ऐसा अनुमान किया जाता है कि राजस्थान में रेगिस्तान का प्रसार एकाएक न होकर सतत् विनाशकारी प्रक्रियाओं के फलस्वरूप संभव हुआ है। इसमें मुख्य रूप से तीन कारण उत्तरदायी हैं –

(अ) **जलवायु संबंधी क्रियाएँ** – वर्षा, तापमान, नमी के पारस्परिक संबंधों के बिगड़ने से।

(ब) **प्राकृतिक संसाधनों का अत्यधिक दोहन** – वनों के नष्ट होने, भूमि क्षरण, भू क्षारीयता के बढ़ने, भू जल का अत्यधिक दोहन, वाष्पीकरण, जलाक्रांति, मिट्टी की नमी, कार्बनिक खादों की अनुपलब्धता तथा अखाद्य घासों का विकास।

(स) **भौतिक, जैविक एवं खनिज संबंधी भूमि परिवर्तन** – संवेदनशील तथा प्रभावित क्षेत्रों में मामूली सा परिवर्तन वातावरण को प्रभावित करता है।

उपर्युक्त प्रमुख कारणों के सहकारक अन्य कारण भी हैं; जैसे – मनुष्य तथा पशुओं की जनसंख्या में व्यापक वृद्धि, वनों से लकड़ी की व्यापक कटाई, कार्बनिक पदार्थों की प्रभावित क्षेत्रों में अनुपलब्धता, पर्यावरण संतुलन की अनदेखी कर कृषि कार्य करना, भूमि का दोषपूर्ण प्रबंध, प्रशासनिक स्तर पर विभिन्न विभागों में समन्वय का अभाव, दीर्घकालिक नीति की कमी, मरुभूमि के अध्ययन का संकुचित क्षेत्र, विभिन्न मरुभूमि सुधार कार्यक्रमों में स्थानीय लोगों का सहयोग न लेना आदि कुछ ऐसे कारण हैं, जो कुछ हद तक मरुभूमि के विस्तार को बढ़ा सकते हैं।

जलवायु संबंधी तथा भू–आकृतिक कारकों के साथ ही मरुस्थलीकरण का एक प्रमुख कारक है – रेगिस्तान में मानव जनसंख्या तथा उसके पालतू पशुओं की संख्या में एवं उनके कार्यकलापों में भारी बढ़ोतरी। लगभग 2,90,000 वर्ग किमी. क्षेत्रफल में फैले थार मरुस्थल में जनसंख्या वृद्धि ने वहाँ के पर्यावरण के संतुलन को डगमगा दिया है। राजस्थान के रेगिस्तानी प्रदेश में 1901 में जो मानव जनसंख्या मात्र 34.2 लाख थी वह सन् 2001 में 6 करोड़ से अधिक पहुँच गई। इसी प्रकार से पशुओं, विशेषकर भेड़ों व बकरियों की संख्या भी संख्या भी कई गुना बढ़ गई है; जिसका दुष्प्रभाव यह है कि वनस्पतियाँ नष्ट होती जा रही हैं तथा मरुभूमि का विस्तार हो रहा है।

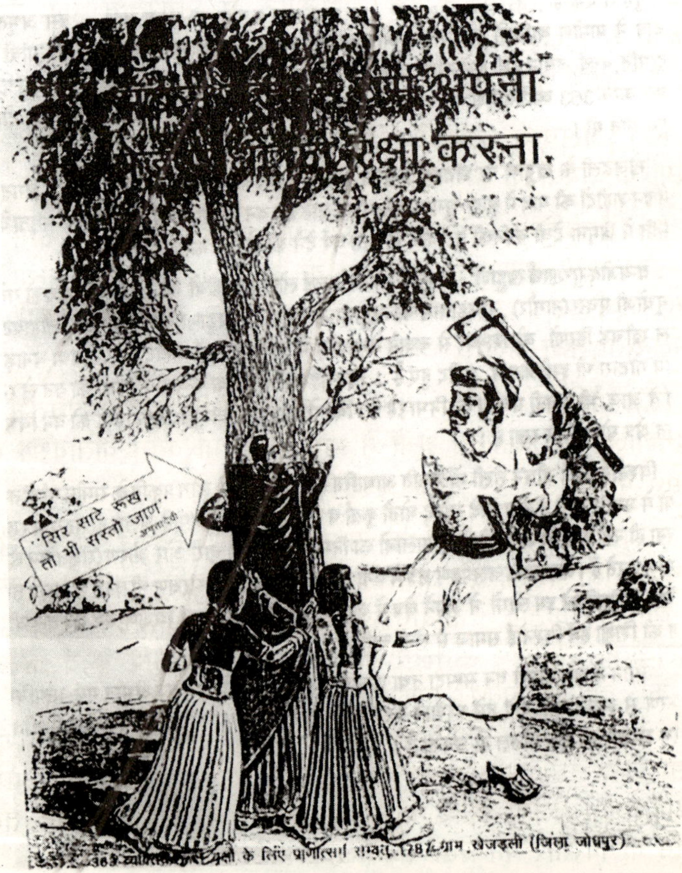

चित्र 27. वृक्षों हेतु अमृतादेवी का बलिदान

मरुस्थल नियंत्रण – हमारे देश में रेगिस्तान के विस्तार को रोकने के लिए जन जागृति का इतिहास बहुत पुराना है। आज से 277 वर्ष पूर्व 1730 में जब औरंगजेब का शासन था तब जोधपुर के महाराणा अभयसिंह ने अपना महल बनाने के लिए विश्नोइयों के खेजड़ी गाँव से हरे वृक्ष काटने का आदेश दिया। जब महाराजा के आदमी कुल्हाड़ियाँ लेकर गाँव में पहुँचे तो पुरुष ही नहीं, औरतें भी हरे वृक्षों से लिपट गई (चित्र 27)। राजा के आदमियों ने पेड़ों के साथ–साथ 69 पुरुषों एवं 294 औरतों का वध कर डाला। अतः प्राण देकर पेड़ बचाना अपने आप में सृष्टि के सम्मुख प्रेरणादायक उदाहरण है। यद्यपि विश्व के इतिहास में बलिदान के तो एक से बढ़कर एक उदाहरण है परंतु वृक्षों की रक्षा के लिए एक–एक करके 363 व्यक्ति शहीद हो जाए, ऐसा विलक्षण उदाहरण तो विश्व में खोजने पर भी नहीं मिलेगा। इस खेजड़ली वृक्ष रक्षार्थ बलिदान में "अमृतादेवी" का नाम सर्वोपरि आता है।

भारत सरकार के कृषि मंत्रालय के तहत कार्यरत जोधपुर स्थित केंद्रीय रुक्ष अनुसंधान संस्थान (काजरी) एवं अन्य संस्थानों ने भी मरुस्थल के प्रसार को रोकने, जल संरक्षण, उन्नत बीज किस्में विकसित करने, पशुपालन में उन्नत तरीके विकसित कर जनमानस को लाभान्वित किया है।

पृथ्वी पर मानव का पदार्पण

पृथ्वी पर मानव की उत्पत्ति के प्रमाण वे असंख्य जीवाश्म, कंकाल और पाषाण उपकरण हैं जो आज हमें मिट्‌टी के नीचे की परतों में बिखरे हुए मिल जाते हैं। फिर भी इनके आधार पर निश्चित रूप से यह बता पाना असंभव है कि मनुष्य की उत्पत्ति सर्वप्रथम कब हुई? पुरामानव वैज्ञानिकों ने अपनी शोधों के आधार पर बताया है कि मानव प्रथम स्तनियों (First Primates) का ही वंशज है। उनके अनुसार, आज से लगभग 65 मिलियन वर्ष पूर्व अफ्रीका के घने उष्णकटिबंधीय जंगलों में मानव की उत्पत्ति हुई, क्योंकि इसी क्षेत्र से प्रथम उच्च स्तनियों के अवशेष प्राप्त हुए हैं। इसके पश्चात् निरंतर उद्विकासीय प्रगति करते हुए अनेक विकसित प्रजातियाँ अस्तित्व में आईं। उच्च स्तनियों के बाद नरवानरों (Apes) का आगमन हुआ।

नरवानरों के पश्चात् के मानव उद्विकास क्रम में पाँच अवस्थाएँ दृष्टिगत होती हैं –

आस्ट्रेलोपिथेकस, होमो हैबिलिस, होमोइरेक्टस, नियंडरथल होमो सैपियंस सैपियंस। लगभग 40 लाख वर्ष पूर्व अफ्रीका में आस्ट्रेलोपिथेकस का उद्‌भव हुआ। यह पूर्णतया प्रकृति पर निर्भर था। और फल इत्यादि खाकर ही अपना काम चलाता था। धीरे–धीरे उसने पाषाण उपकरणों का भी उपयोग करना सीख लिया। लगभग 10 लाख वर्ष पूर्व होमो इरेक्टस या सीधा वानर मानव उद्विकास क्रम में उत्पन्न हुआ, जो सीधे होकर अपने दो पैरों पर चलने–फिरने में सक्षम था। फलतः वह अफ्रीका से बाहर के क्षेत्रों में भी प्रव्रजन करने लगा।

मानव उद्विकास की अगली कड़ी नियंडरथल मानव की थी, जिसने लगभग 1 लाख 35 हजार वर्ष पूर्व तक अपनी उपस्थिति बनाए रखी। इस अवस्था में मानव सांस्कृतिक रूप से बहुत विकास कर चुका था और स्थायी आवास, शिकार की उत्तम प्रणाली, अग्नि का प्रयोग और शवाधान आदि का जानकार हो गया था। लगभग 35 हजार वर्ष पूर्व मानव आधुनिक हुआ, जो शारीरिक बनावट में अब तक का सबसे विकसित जीव था और बौद्धिक क्षमता में भी काफी सबल था। इसी की अत्यन्त विकसित अवस्था होमो सैपियंस, सैपियंस है, जो सुसंस्कृत और सुसभ्य जीवन बिताने लगी। धातुओं का प्रयोग, कृषिकार्य व पशुपालन, नगरों का विकास, राजनीतिक व सामाजिक संगठन आदि का भी उसने विकास किया।

ग्रिफिथ टेलर मानव का मूल स्थान या उद्‌गम क्षेत्र (Craddle Land) मध्य एशिया को मानते हैं, जहाँ से चारों दिशाओं में उसका प्रव्रजन होता गया। वस्तुतः जैसे–जैसे मानव की प्रजाति का विकास होता गया, वह एशिया से बाहर निकलता गया। इस प्रकार मध्य एशिया में पाई जाने वाली प्रजाति सबसे अधिक विकसित है और हम इससे जैसे–जैसे दूर हटते जाएँगे, वहाँ अधिक पुरानी या कम विकसित प्रजातियाँ दिखाई पड़ेगी।

पृथ्वी पर जनसंख्या के वितरण पर भूमि की बनावट, उच्चावच, जलवायु, संसाधनों की उपलब्धता आदि का प्रभाव पड़ता है। इसके अलावा सांस्कृतिक, सामाजिक व राजनीतिक तत्वों का भी जनसंख्या वितरण पर प्रभाव दृष्टिगत होता है। किसी क्षेत्र के आर्थिक विकास

का उच्च स्तर भी जनसंख्या को आकर्षित करता है। मनुष्य प्रारंभ से ही उपयुक्त स्थानों की तलाश में प्रव्रजन करता रहा है। अतः जनसंख्या वितरण पर ऐतिहासिक तत्व भी प्रभाव डालते हैं। विश्व में सर्वप्रथम जनगणना कार्य स्वीडन में 1748 में सम्पन्न किया गया। तत्पश्चात् 1769 में नार्वे और डेनमार्क में जनगणना कार्य किया गया था; परंतु 1881 से यह नियमित एवं व्यवस्थित ढंग से होने लगा।

विश्व का विहंगम दृश्य : हमारा यह विश्व, महाद्वीपों तथा द्वीपों से बना है। इसमें सागर, झीलें, नदियाँ, मैदान, झरने तथा पर्वत हैं। जिन विशाल भूखंडों से विश्व की रचना हुई है वे महाद्वीप (Continent) कहलाते हैं। महाद्वीपों की संख्या सात हैं। इनके नाम हैं – एशिया, यूरोप, अफ्रीका, उत्तरी अमेरिका, दक्षिणी अमेरिका, आस्ट्रेलिया तथा अंटार्कटिका। यूरोप एशिया से मिला होने से एशिया तथा यूरोप मिलकर यूरेशिया कहलाते हैं। इन महाद्वीपों विषयक रोचक जानकारी निम्नवत् हैं।

एशिया – यह महाद्वीपों में सबसे बड़ा महाद्वीप हैं तथा इसकी सबसे अधिक जनसंख्या है। इसमें सर्वाधिक प्राकृतिक संसाधन हैं। इसका क्षेत्रफल 4,49,00,000 वर्ग किमी., उत्तर से दक्षिण तक अधिकतम दूरी 8,700 क़िमी., पूर्व से पश्चिम की दूरी 9700 किमी. एवं जनसंख्या लगभग 2600 मिलियन हैं।

यूरोप – यह सबसे छोटा महाद्वीप है। इसका क्षेत्रफल 1,04,53,000 वर्ग किमी., उत्तर से दक्षिण की दूरी 6,400 किमी., पश्चिम से पूर्व की दूरी 4,800 किमी. एवं जनसंख्या 700 मिलियन हैं।

अफ्रीका – यह अंधकारमय महाद्वीप के नाम से प्रसिद्ध है क्योंकि 1900 ई. के पूर्व इसकी ठीक से खोज नहीं हुई थी। इसमें विशाल मरुस्थल, जंगल तथा दुर्गम नदियाँ हैं। इसका क्षेत्रफल 3,03,00,000 वर्ग किलोमीटर, उत्तर से दक्षिण की दूरी 8,000 किमी., पूर्व से पश्चिम की दूरी 7,600 किमी. तथा जनसंख्या लगभग 460 मिलियन हैं। इसका क्षेत्रफल यूरोप से तीन गुना है किंतु जनसंख्या आधी है; अर्थात् यह अत्यंत विरल बसा हुआ है।

उत्तरी अमेरिका – आज से 500 से अधिक वर्ष पूर्व यूरोपियों द्वारा इसकी खोज हुई। इसके पूर्व यह आबादी रहित था; परंतु अब

यह सबसे शक्तिशाली महाद्वीप है। इसका क्षेत्रफल 2,49,00,000 वर्ग किमी., उत्तर से दक्षिण की दूरी 7,200 किमी., पूर्व से पश्चिम की दूरी 6,400 किमी. तथा जनसंख्या 380 मिलियन है।

दक्षिणी अमेरिका – आज भी यह दुर्गम है, इसके कुछ हिस्से मानव के लिए अप्रवेश्य हैं। इसका क्षेत्रफल 1,75,40,000 वर्ग किलोमीटर, उत्तर से दक्षिण की दूरी 7,640 किमी, पूर्व से पश्चिम की दूरी 5,150 किमी. तथा जनसंख्या लगभग 250 मिलियन से अधिक है।

आस्ट्रेलिया – यह ऐसा महाद्वीप है जो एक देश है। इसका क्षेत्रफल 76,87,000 वर्ग किमी., उत्तर से दक्षिण की दूरी 3,200 किमी. तथा पूर्व से पश्चिम की दूरी 3,900 किमी. तथा जनसंख्या 14 मिलियन हैं।

ऐंटार्कटिका – यह दक्षिणी ध्रुव के आसपास का हिम से ढका क्षेत्र है, जिसका क्षेत्रफल 1,30,00,000 वर्ग किलोमीटर एवं सर्वाधिक लंबाई 4,350 किमी. हैं।

विश्व के विशाल पर्वत

विश्व के 9 विशाल पर्वत हैं जिनकी ऊँचाई निम्नवत् सारणी 9 में दर्शायी गई हैं।

सारणी 9. विश्व के विशाल पर्वत

एवरेस्ट	8,848 मीटर
गाडविन ऑस्टिन	8,610 मीटर
कंचनजंगा	8,586 मीटर
माउंट कम्यूनिज्म	7,495 मीटर
एकांकेगुआ	6,960 मीटर
मैककिनले	6,194 मीटर
कोटोपैक्सी	5,896 मीटर
किलिमंजारो	5,895 मीटर
मांट ब्लांक	4,810 मीटर

इस प्रकार विश्व की विशाल नदियों, जल प्रपात तथा बड़े द्वीप समूहों के बारे में जानकारी क्रमशः सारणी 10, 11 एवं 12 में दी गई है।

सारणी 10. विश्व की विशाल नदियाँ

नदी	देश	लंबाई (किमी.)
नील	मिस्र	6,700
अमेजन	ब्राजील	6,500
मिसीसिपी मिसौटी	उत्तरी अमेरिका	6,020
यांगट्जेक्यांग	चीन	5,980
येनिसी	रूस	5,870
आमूर	रूस	5,780
प्लेटा	अर्जेंटीना	4,860
ह्वांगहो	चीन	4,840
कोंगो	एंगोला	4,630
लीना	साइबेरिया	4,400
मेकैंजी	कनाडा	4,240
मीकाँग	वियतनाम	4,180
नाइजर	नाइजीरिया	4,100
पराना	द. अमेरिका	3940
मरे डार्लिंग	आस्ट्रेलिया	3710
सेंट लारेंस	उ. अमेरिका	3050

सारणी 11. विश्व के विशाल जलप्रपात

एन्जैल	वेनिजुला	807 मीटर
इटाटिंगा	ब्राजील	628 मीटर
ओरमोलू	नार्वे	563 मीटर
पिलाओ	ब्राजील	524 मीटर
रिबॉन	अमेरिका	491 मीटर
रोरामिया	गुआना	457 मीटर
क्लीव गर्त्त	न्यूजीलैंड	450 मीटर

सारणी 12. विश्व के बड़े द्वीप समूह

ग्रीनलैंड	21,76,000 वर्ग किमी.
न्यूगिनी	8,20,653 वर्ग किमी.
बोर्नियो	7,43,241 वर्ग किमी.
मैडागास्कर	5,96,000 वर्ग किमी.

ध्रुवीय प्रदेश – ऐंटार्कटिका

सर्वप्रथम 1911 में नार्वे के खोजी रोल्ड एमुंडसेन ने इसकी खोज की थी। अफ्रीका, एशिया तथा आस्ट्रेलिया के सामने बहुत दूर दक्षिणी ध्रुव के आसपास स्थित यह प्रायद्वीप हिम से ढका रहता है। यह हिम कहीं–कहीं मीलों मोटी है। यहाँ सबसे कम तापमान रहता है। इस महाद्वीप का क्षेत्रफल यूरोप या आस्ट्रेलिया से बड़ा है, किंतु यह पशुओं या वृक्षों से एक तरह से विहीन है। इसकी सतह भी उबड़–खाबड़ है तथा इसको घेरने वाले समुद्र हैं–अटलांटिक, पैसिफिक तथा हिंद महासागर। यह सर्दियों में बर्फ से आच्छादित रहता है, अतः जहाज नहीं चल पाते है। तटीय जलों में ह्वेल तथा सील मछलियाँ, पेंग्विन तथा अन्य समुद्री पक्षी पाए जाते हैं। यह प्रायद्वीप खनिज संपदा में धनी है।

इस प्रदेश का अंटार्कटिका नाम इसकी स्थिति के कारण ही पड़ा, क्योंकि यह पृथ्वी के एकदम उत्तरी भाग में स्थित आर्कटिक क्षेत्र के एकदम विपरीत, पृथ्वी के दक्षिणी भाग में, स्थित है। वस्तुतः अंटार्कटिक का शाब्दिक अर्थ भी आर्कटिक के विपरीत ही है।

ऐंटार्कटिका समुद्र तल से 7000–8000 फीट की ऊँचाई के साथ विश्व का सबसे ऊँचा महाद्वीप है। एशिया महाद्वीप (लगभग 3000 फीट) दूसरे नंबर पर है। यहाँ का सर्दियों का तापमान –128.6° फारेनहाइट (-89.2° सें.) होता है। यहाँ पर पौधों की लगभग 800 किस्में पाई जाती हैं, जिनमें से 350 लाइकेन की हैं। इसके अलावा मॉस, लिबवर्ट, गोल्ड्स और अन्य कवक, डाइटम भी पाए जाते हैं। यहाँ पाए जानेवाले प्रमुख कीटों और जानवरों में एकैरिना, मालापोगा, कोलेंबोल, एनोप्लूटा आदि हैं, जिसमें केवल तीन ही ऐसी हैं जो इस महाद्वीप में अधिक मात्रा में प्रजनन करती

हैं। यहाँ के प्रमुख स्तनधारी सील (चित्र 28), पोरपोइन, डालफिन तथा ह्वेल हैं।

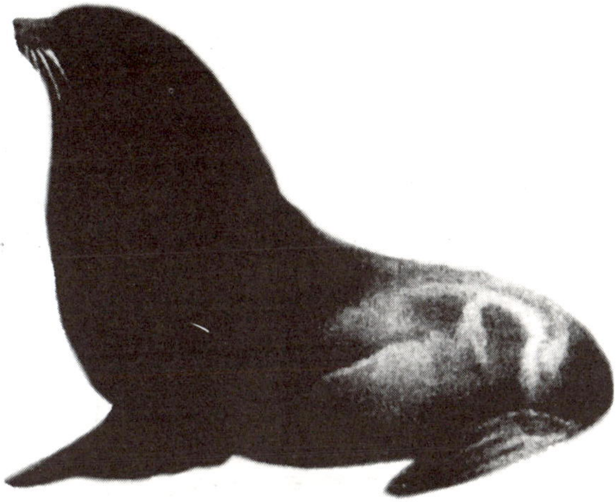

चित्र 28. ऐंटार्कटिक पर सील

पृथ्वी पर स्थानों की स्थिति व समय

विषुवत् वृत्त – यह विदित ही है कि उत्तरी ध्रुव तथा दक्षिणी ध्रुव हमारी पृथ्वी के काल्पनिक अक्ष के दो सिरे माने गए हैं। इसी कक्ष पर हमारी पृथ्वी परिक्रमण करती है। इन दोनों ध्रुवों के मध्य पृथ्वी की सतह पर अनेक लगातार बिन्दुओं की कल्पना की जा सकती हैं। इन सभी बिन्दुओं को मिलाती हुई एक रेखा पृथ्वी को घेरती है। वह विषुवत् रेखा कहलाती है। इस विषुवत् वृत्त की लंबाई 40,000 किमी. है। यह वृत्त पृथ्वी पर खींचे जा सकने वाले सभी वृत्तों से बड़ा है। इस पर हमारी पृथ्वी का व्यास काल्पनिक अक्ष से अनुमानतः 45 किमी. बड़ा है। यह विषुवत् वृत्त हमारी पृथ्वी का विभाजक है। यह पृथ्वी को दो बराबर हिस्सों में बाँटता है। इसके उत्तरवाला आधा भाग उत्तरी गोलार्द्ध और दक्षिणवाला आधा भाग दक्षिणी गोलार्द्ध कहलाता है।

उष्ण कटिबंध – पृथ्वी के जिस क्षेत्र में मध्यान्ह में सूर्य कभी न कभी ठीक सिर के ऊपर देखा जा सकता है, वह उष्ण कटिबंध कहलाता है। यहाँ सबसे अधिक गरमी पड़ती है। इस कटिबंध की

उत्तरी सीमा कर्क वृत्त कहलाती है। यह 21 जून के दिन मध्यान्ह में सूर्य ठीक सिर पर होने वाले स्थानों को मिलाता है। कर्क वृत्त उत्तरी गोलार्द्ध में विषुवत् वृत्त से 23 1/2° कोण से बनी दूरी पर स्थित है। इस पर स्थित सभी स्थान विषुवत् वृत्त से समान दूरी पर हैं इसलिए दोनों एक दूसरे के समानांतर है (चित्र 29)।

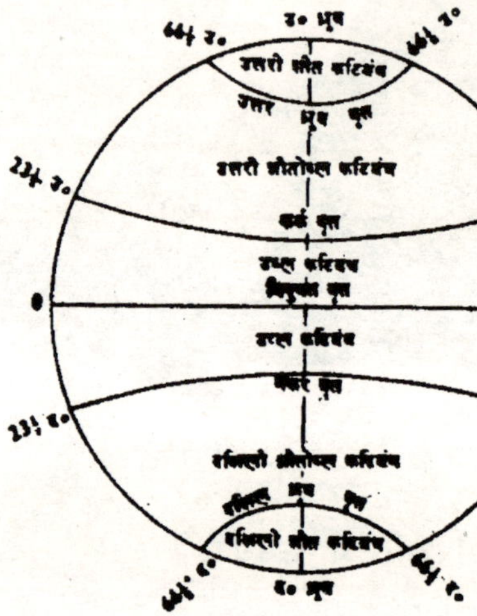

चित्र 29. उष्ण कटिबंध

उष्ण कटिबंध की दक्षिणी सीमा मकर वृत्त कहलाती है। इस पर 22 दिसंबर के दिन मध्यान्ह में सूर्य ठीक सिर पर होता है। मकर वृत्त दक्षिणी गोलार्द्ध में विषुवत् वृत्त से 23 1/2° कोण से बनी दूरी पर स्थित है। यह भी विषुवत् वृत्त के समानांतर है।

शीत कटिबंध – ध्रुवों से 23 1/2° कोण से बनी दूरी पर स्थित स्थानों का हमारे लिए बहुत महत्व है। हर गोलार्द्ध में इन स्थानों को मिलाने वाला वृत्त ध्रुववृत्त कहलाता है। उत्तरी गोलार्द्ध में इसे उत्तर ध्रुव वृत्त अथवा आर्कटिक वृत्त कहते है। यह विषुवत् वृत्त से 66 1/2° उत्तर में स्थित है। इस पर सबसे बड़ा दिन होता है, जो 21 जून को होता है।

इसी प्रकार दक्षिणी गोलार्द्ध में ध्रुववृत्त को दक्षिण ध्रुववृत्त अथवा ऐंटार्कटिक वृत्त कहते है। यह विषुवत् से 66 1/2° दक्षिण में है। इस पर सबसे बड़ा दिन 22 दिसंबर को होता है। इस दिन उत्तरी गोलार्द्ध में सबसे बड़ी रात (22 दिसंबर) होती है।

ध्रुवीय क्षेत्र में सूर्य क्षितिज से अधिक ऊपर नहीं आता है। इसलिए इसकी किरणें उस क्षेत्र पर बहुत तिरछी पड़ती हैं और उनसे बहुत कम गरमी मिल पाती है। इस कारण धुवीय क्षेत्र विश्व के सबसे ठंडे प्रदेश कहलाते हैं जो शीत कटिबंध के नाम से प्रसिद्ध हैं।

उष्ण कटिबंध और शीत कटिबंध के मध्य में एक और उष्ण कटिबंध है। इस पर न अधिक गरमी पड़ती है और न अधिक सर्दी। इसलिए उत्तरी व दक्षिणी गोलार्द्धों में यह शीतोष्ण कटिबंध के नाम से प्रसिद्ध है। यह उत्तरी गोलार्द्ध में कर्क वृत्त और उत्तर ध्रुव वृत्त के मध्य स्थित है और दक्षिणी गोलार्द्ध में यह मकर वृत्त और दक्षिण ध्रुव वृत्त के मध्य में है।

अक्षांश तथा देशांतर रेखाएँ

हमें किसी स्थान की स्थिति जानने के लिए अक्षांश की ही सहायता लेनी पड़ती है। चूँकि पृथ्वी एक गोला है, अतएव इसे 360 अंशों में विभाजित किया गया है। ये रेखाएँ उत्तर से दक्षिण को जाती हैं। चूँकि 24 घंटे में पृथ्वी पूरा एक चक्कर लगा लेती है, अर्थात् 360 अंश घूम जाती है इसलिए 360 अंश/24 यानि प्रत्येक घंटे में 15 देशांतर घूमती है। इस तरह पृथ्वी पर प्रत्येक स्थान का अपना स्थानीय समय (Local Time) होता है।

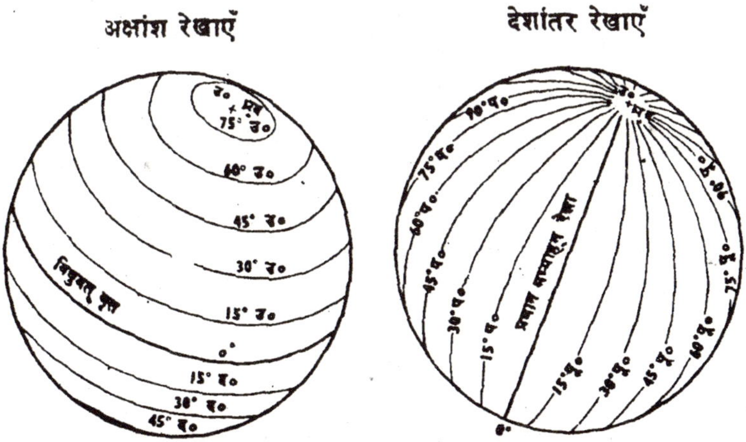

चित्र 30. अक्षांश व देशांतर रेखाएँ

इस समय को उस अवधि से नापा जाता है जब सूर्य आकाश में सर्वोच्च स्थान पर होता है। चित्र 30 में एक वृत्त में उत्तर–दक्षिण दिशा में खींचे गए कई अर्द्धवृत्त हैं, ये अर्द्धवृत्त जो एक ध्रुव को दूसरे ध्रुव से मिला रहे हैं, देशांतर रेखा या मध्यान्ह रेखा कहलाते हैं, क्योंकि इस पर स्थित सभी स्थानों में एक ही समय पर मध्यान्ह होता है।

सरलता की दृष्टि से 0° देशांतर यानि प्राइम मेरीडियन, जो ग्रीनविच (इंग्लैण्ड) से होकर गुजरता है, समय के लिए स्वीकार किया गया है। फलतः यदि कोई व्यक्ति ग्रीनविच से 180° पश्चिम दिशा मे जाए तो उसे अपनी घड़ी 12 घंटे पीछे करनी होगी। इसी तरह पूर्व दिशा में जाने पर 12 घंटे आगे करनी होगी। इस प्रकार अंतरराष्ट्रीय तिथि रेखा पर एक दिन का अंतर आ जाता है।

कुछ महत्वपूर्ण अक्षांश

0° – भूमध्य या विषुवत् रेखा (Equator)

23 1/2° – उत्तरी अक्षांश – कर्क रेखा (Tropic of Cancer)

23 1/2° – दक्षिणी अक्षांश – मकर रेखा (Tropic of Capricorn)

66 1/2° – उत्तरी अक्षांश – आर्कटिक वृत्त (Arctic Circle)

66 1/2° – दक्षिणी अक्षांश – अंटार्कटिक वृत्त (Antarctic Circle)

चित्र 31 में अक्षांश तथा देशांतर रेखाओं का जाल दिखाया गया है। इसकी सहायता से ग्लोब पर किसी भी स्थान की स्थिति बड़ी आसानी से जानी जा सकती है। सागर में भी किसी जहाज की ठीक स्थिति उस स्थान के अक्षांश व देशांतर से मालूम करके जानी जा सकती है।

एक नजर जलमंडल पर

एक आकलन के अनुसार समस्त भूपटल पर औसतन 36,000 घनमील वर्षा होती है, जिसमें से 3,520 घनमील वर्षा बहकर समुद्रों

में पहुँचती है। शेष वाष्पीकृत होकर आकाश में लौट जाती है या फिर छिद्रों से भूपटल के भीतर प्रविष्ट होकर भूगर्भ जल को जन्म देती है।

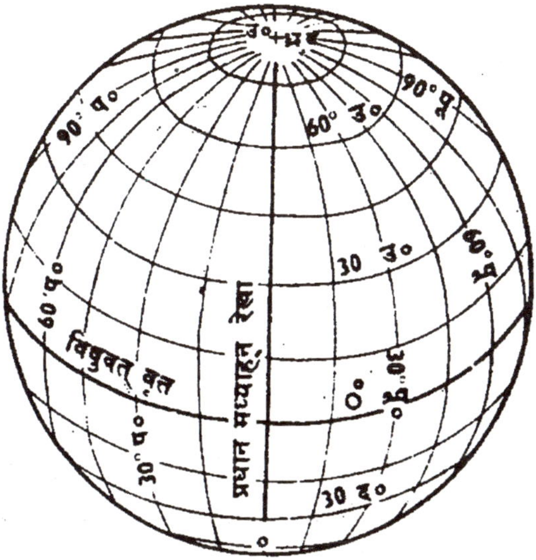

चित्र 31. अक्षांश व देशांतर रेखाओं का जाल

जलमंडल – जैसा कि विदित है पृथ्वी के धरातल का 71% भाग जलाच्छादित है; अर्थात् पृथ्वी के कुल क्षेत्रफल 50.995 करोड़ वर्ग किमी. में से 36,105 करोड़ वर्ग किमी. क्षेत्र पर महासागरों या सागरों का विस्तार है। इस संपूर्ण जलीय भाग के अतिरिक्त ध्रुवीय प्रदेशों में जमी बर्फ, धरातल के नीचे एकत्रित अधोभौतिक जल और महाद्वीपों के मध्य स्थित झीलों, नदियों, तालाबों आदि के जल को सम्मिलित रूप से जलमंडल कहते हैं। चूँकि जल, ठोस, द्रव और गैसीय तीनों रूपों में रहता है, अतः जलमंडल धरातल पर ही नहीं; वरन् उसके ऊपर और नीचे भी विस्तृत है। वायुमंडल में मिलनेवाला जलवाष्प इसी जलमंडल का हिस्सा है। परंतु भूगोल में इसके अंतर्गत मुख्यतः महासागरीय जल को ही सम्मिलित करते है। पृथ्वी पर चार महासागर हैं। इनके अलावा अनेक विशाल आकारवाली झीलें या सागर भी हैं, जिनमें कुछ प्रमुख हैं – भूमध्य सागर, बैरिंग सागर, ओखोटस्क सागर, जापान सागर, पूर्वी चीन सागर, मलय सागर तथा कैस्पियन सागर आदि।

सागर पृथ्वीमंडल का विशाल नियंत्रक है, ताप का स्थायीकरण यंत्र है। वस्तुतः यह सूर्य शक्ति का एक बचत खाता है। यदि महासागर न हों तो हमारा संसार अत्यधिक विषम ऊष्मा से त्रस्त हो जाए; क्योंकि जो जल पृथ्वी के धरातल के तीन चौथाई भाग में फैला है, विलक्षण गुणों से युक्त है। वह ऊष्मा को शोषित करता है और अद्‌भुत रीति से विसर्जित करता है।

वायुमंडल महासागर को गरम या ठंडा करता है। यह भाप उड़ाने की क्रिया के द्वारा भाप ग्रहण करता है और इस प्रकार क्षारों को समुद्र में ही छोड़ देता है; जिससे समुद्र की क्षारता बढ़ती है। वायु का जो पुंज पृथ्वी को आवृत किए हुए है उसके परिवर्तनशील भार के साथ वायुमंडल समुद्रतल पर भिन्न–भिन्न दाब डालता है। समुद्रतल भारी दाब के क्षेत्रों में दब जाता है और उसकी क्षतिपूर्ति के लिए जहाँ दाब कम होता है, समुद्र ऊपर उछल पड़ता है।

वायुमंडल के ताप तथा आर्द्रता पर समुद्र का प्रभाव बहुत अधिक है। एक निश्चित भार के जल को 1° सें. गरम करने में जितनी ऊष्मा व्यय होती है उससे 300 गुना कम ऊष्मा, वायु के उतने ही भार को गरम करने के लिए पर्याप्त है। एक घनमीटर परिमाणवाले जल को 1° सें. ठंडा करने पर जितनी ऊष्मा विसर्जित होती है उससे 3,000 घनमीटर वायु गरम हो सकती है।

लहरें – जब से पृथ्वी का जन्म हुआ है तभी से आकाश के चलते–फिरते पिंड (हवाएँ) पृथ्वी के तल पर आगें पीछे झपटते रहे हैं और जब से किसी सागर का जन्म हुआ तब से जल पर हवाओं के गुजरने से कंपन होते रहे हैं। वस्तुतः ये ही लहरें हैं; जो हवा के कार्य के परिणाम हैं।

झील – झील, जल के छोटे या बड़े भाग हैं, जिनका महासागर से संबंध नहीं होता है। अन्य शब्दों में, ये महाद्वीपों के आंतरिक भाग में स्थित जलखंड है। इनमें भी नदियों का जल गिरता है तथा इनसे कई नदियाँ निकलती हैं। तथा इनका आकार कुछ सौ वर्ग मीटर के तालाब से लेकर हजारों वर्ग किमी. के आंतरिक सागर के समान विशाल भी हो सकता है; परंतु उल्लेखनीय है कि झील स्थायी जलखंड नहीं होती हैं, वरन् उनकी तली में मलबे के निरंतर निक्षेपण के फलस्वरूप वे उथली होती जाती हैं और कुछ समय पश्चात् लुप्त हो जाती हैं।

जल के स्वाद के आधार पर झीलों को दो भागों में वर्गीकृत किया गया है –

(1) मीठे या ताजा जल की झील – जैसे – उत्तरी अमेरिका की महान् झीलें; चाड झील, अल्बर्ट झील आदि।

(2) खारे जल की झील – इसके कई रूप हो सकते हैं; जैसे–

(अ) क्षारीय झील (Alkaline lake) (ब) कड़वी झील (Bitter lake) (स) बोरेक्स झील (Borax lake) (द) मिश्रित झील (Mixed lake)।

उत्पत्ति के आधार पर भी झीलों को कई वर्गों में बाँटा जाता है; यथा – हिमानीकृत झील, नदीकृत झील तथा ज्वालामुखीय झील आदि।

भू धरातल का प्रायः 1.8% भाग झीलों से घिरा है। क्षेत्रफल की दृष्टि से कैस्पियन झील विश्व की विशालतम झील है। उत्तरी अमेरिका की सुपीरियर झील (82,400 वर्ग किमी.), अफ्रीका की विक्टोरियान्याजा झील, उत्तरी अमेरिका की मिशिगन झील आदि विश्व की अन्य विशाल झीलें हैं। झीलों में साइबेरिया की बैकाल झील सबसे गहरी (1,741 मीटर) है। अपवाहरहित स्थिर जलवाली झीलों का जल लवणयुक्त होता है। कैस्पियन सागर, मृत सागर तथा युटाह की "ग्रेट साल्ट लेक" खारे पानी की झील के प्रमुख उदाहरण है। भू धरातल पर विद्यमान झीलों में 60% अलवण झीलें हैं और शेष 40% खारे पानी की झीलें हैं। चिल्का लेक भी चर्चा का विषय बन रही है; परंतु अब ये दोनों झीलें पक्षी विहार का क्षेत्र बन चुकी हैं। विश्व की प्रमुख झीलों का विवरण निम्नवत् सारणी 13 में दिया गया है।

सारणी 13. विश्व की प्रमुख झीलें

क्र.सं.	सागर/झील	स्थिति	क्षेत्रफल (वर्ग किमी)
1.	कैस्पियन सागर	कजाखस्तान	3,94,300
2.	सुपीरियर	स.रा. अमेरिका के मध्य कनाडा	82,414
3.	विक्टोरिया	पूर्वी अफ्रीका	69,485
4.	अटल सागर	कजाखस्तान – उज्बेकिस्तान	66,460

5.	ह्यूटन	स.रा. अमेरिका / कनाडा	59,596
6.	मिशिगन	स.रा. अमेरिका	58,000
7.	चाड	मध्य अफ्रीका	44,380
8.	न्यासा	द.पू. अफ्रीका	40,295
9.	बैकाल	रूस	31,500
10.	टांगानिका	पूर्वी अफ्रीका	32,890
11.	ग्रेट बियर	कनाडा	24,680
12.	ग्रेट स्लाव	कनाडा	23,565
13.	हरी	स.रा. अमेरिका – कनाडा	19,310
14.	टिटीकाका	पेरू	7,270

भारत की सबसे बड़ी नमक की झील – सांभर झील

देश के 27° अक्षांश उत्तर तथा 75° देशांतर पूर्व में जयपुर जिले में सांभर कस्बे के उत्तर–पश्चिम से दक्षिण–पूर्व तक फैली भारत की सबसे बड़ी नमक की झील सांभर झील है। इसका क्षेत्रफल 190 वर्ग किलोमीटर है। यह जयपुर से 90 किमी. की दूरी पर है। यहाँ विगत 1700 वर्षों से नमक बनाया जा रहा है। इस झील की लंबाई 22.5 किमी. तथा चौडाई 3.2 से 11.2 किमी. है।

स्वतंत्रता के पूर्व इस झील से देश की 14% नमक की पूर्ति होती थी और 1950 तक स्थानीय व्यापारी इससे निर्मित नमक को बाहर भेजते रहे। आज स्थिति यह हो चुकी है कि कुल नमक उत्पादन का मात्र 5% नमक सांभर झील से आता है। इस क्षेत्र को 1876 में रेल से जोड़ा गया था और 1947 तक जयपुर तथा जोधपुर के तत्कालीन महाराजा द्वारा इसकी व्यवस्था की जाती थी।

सांभर क्षेत्र में बाढ़ या वर्षा का पानी भूमि पर गिरते ही खारे पानी के रूप में भूमि से फूट निकलता है; परंतु आश्चर्य की बात यह है कि 50 मीटर दूरी पर स्थित देवयानी स्थान पर मीठा जल प्राप्त है।

नमक उत्पादन के दौरान नमक के क्यार का समतल क्यार में नमक की ढेरियाँ बनाना, नमक को छोटी लाइन के समूहगारों पर

उतारना, उसकी गंदगी दूर करना और लदान जैसी क्रियाएँ संपन्न की जाती हैं। झील क्षेत्र में कच्चे कुएँ बनाकर नमकीन पानी निकालकर क्यारियों में भरा जाता है और एक सप्ताह में 5 सेमी. मोटी चाँदी सी चमकीली परत जम जाती है। वर्षा ऋतु के अतिरिक्त पूरे वर्ष नमक बनाने के अनुकूल दशा रहती है। अनुमान है कि प्रतिवर्ष 2,50,000 टन से अधिक नमक उत्पन्न होता है और सांभर झील के लवणीय भंडार के 5 मीटर की परत में 5 करोड़ 50 टन नमक होगा। सांभर नमक समुद्री नमक से दुगुना लवणीय बताया गया है। नमक का रंग सफेद, गुलाबी और सिलेटी होता है। इसकी सतह पर उगी शैवाल पक्षियों को आकृष्ट करती है।

नदी तंत्र की व्यापकता

एक आकलन के अनुसार कुल ताजा पानी का 75% हिमचादरों तथा ग्लेशियर में, 24.5% भू जल के रूप में तथा शेष (0.03%), जो अत्याल्पांश है, नदियों के रूप में विद्यमान है। इससे अधिक जल झीलों (0.3%) तथा मिट्टी में (0.06%) पाया जाता है।

भारत का कुल भौगोलिक क्षेत्रफल 3.28 मिलियन वर्ग किलोमीटर है, जिसमे नदी बेसिन का क्षेत्रफल 3.05 मिलियन वर्ग किलोमीटर है। शेष भाग पहाड़ी तथा मरुस्थली है। एक अनुमान के अनुसार भारत को 400 मिलियन हेक्टेयर सतही जल प्राप्त होता है। विश्व का वार्षिक संपूर्ण नदी प्रवाह 37,000 घन किलोमीटर है। भारतीय नदियों का अंश 1,645 घन किलोमीटर है, अर्थात् विश्व के कुल नदीजल का 4.44% है।

किसी नदी को जितने क्षेत्रफल से जल प्राप्त होता है वह बेसिन क्षेत्रफल कहलाता है। भारत में कुल 13 प्रधान नदी बेसिन हैं। फिर मध्यम नदी बेसिन तथा लघु नदी बेसिन हैं। इन सभी की संख्या मिलाकर 113 तक पहुँच जाती है। भारत की तीन प्रमुख नदियों – ब्रह्मपुत्र, गंगा तथा सिंध को हिम से जल प्राप्त होता है। मध्यप्रदेश में 3, बिहार, कर्नाटक में दो और विंध्य तथा अरावली में एक–एक नदी बेसिन है। महाराष्ट्र में 5 नदी बेसिन, कनार्टक, गुजरात तथा राजस्थान में 4–4, आंध्रप्रदेश, बिहार, उडीसा में तीन–तीन, पश्चिम बंगाल, केरल, तमिलनाडु, असम, सिक्किम, अरूणाचल, नागालैंड, उत्तरप्रदेश, पंजाब, दिल्ली, जम्मू कश्मीर तथा हिमाचल

प्रदेश में एक–एक नदी बेसिन हैं। 17 नदियों का कुल बेसिन क्षेत्रफल 63,500 वर्ग किलोमीटर हैं, जो अरब सागर में गिरती हैं। 24 नदियों का कुल बेसिन क्षेत्रफल 2,10,596 वर्ग किलोमीटर है, जो बंगाल की खाड़ी में गिरती हैं। शेष 4 नदियाँ भारत से निकलकर राष्ट्रीय सीमा पार कर जाती हैं।

ब्रह्मपुत्र, गंगा, महानदी तथा ब्राह्मी नदियाँ उच्च वर्षावाले क्षेत्रों से होकर बहती हैं। इसका औसत वार्षिक उद्गार (Annual dischagre) 0.47 एमसीएम/ किमी.^{2} है। ये सतत प्रवाहित हैं। कृष्णा, सिंधु, तापी, नर्मदा तथा गोदावरी मध्यम वर्षावाले क्षेत्रों से होकर बहती हैं। और इनका औसत वार्षिक उद्गार 0.26 एमसीएम/किमी^{2} है। शेष चार नदियाँ – कावेरी, माही, साबरमती तथा पेन्नार कम वर्षावाले क्षेत्रों से होकर बहती हैं और इनका उद्गार 0.06–0.24 एमसीएम/ किमी.^{2} है।

नदियों में गंगा सबसे पवित्र नदी है। लंबाई तथा बेसिन क्षेत्रफल कीं दृष्टि से यह सबसे बड़ी है। इसका बेसिन क्षेत्रफल समस्त बेसिन का 34.30% है। इसके किनारे अनेक शहर बसे हैं। इसके फलस्वरूप नदी प्रदूषण बढ़ा है। इसमें घरेलू कूड़े–कचरे का योगदान औद्योगिक कचरे से अधिक है।

साधारणतया नदी का उद्गम पर्वतीय अंचल से ही होता है। जिन नदियों में वर्षभर जल प्रवाहित होता है उन्हें स्थायी नदी कहते हैं। नदियों में वर्षा का जल ही मुख्य रूप से प्रवाहित होता है, अतः वर्ष के कुछ महीनों में, विशेषकर ग्रीष्म ऋतु में, उनमें अतिक्षीण जलधारा रह जाती है। इस प्रकार की नदी को "आंतरायिक नदी" कहते हैं। नदी पर्वतीय क्षेत्र से निकलकर मैदानी प्रदेशों में प्रवाहित होती है, अंत में अधिकांश नदियाँ समुद्र में मिल जाती हैं। इस प्रकार की नदी को समुद्री नदी कहते है। कुछ नदियाँ अंत में मरुस्थल झील या अनूप में विलीन हो जाती है। इन्हें "महाद्वीपीय नदी" कहते हैं।

नदियों की अद्‌भुत विकास यात्रा

ऐसी मान्यता है कि मानव जीवन के विकास की विभिन्न अवस्थाओं के अनुरूप नदी तंत्र के विकास की भी चार प्रमुख अवस्थाएँ होती हैं। ये चारों अवस्थाएँ क्रमशः प्रारंभिक अवस्था

(Infant Stage), तरुणावस्था (Youth Stage), प्रौढावस्था (Mature Stage) एवं वृद्धावस्था (Old Stage) हैं। इन चारों अवस्थाओं में नदी का व्यवहार भी भिन्न–भिन्न होता है। नदी अपनी प्रारंभिक अवस्था में अधिक वेग से बहती है, जिसके कारण V आकृति की घाटियों का निर्माण होता है। इनके अलावा जलप्रपात, क्षिप्रिंका (Rapids), सोपानीपात (Cascade), महाखड्ड (George), गंभीर खड्ड (Canyon), एवं तंग घाटियों (Narrow Valleys) का भी निर्माण करती हैं।

तरुणावस्था में नदी का अपहरण भी होता है। भारत में नदी अपहरण के कारण ही सरस्वती नदी विलुप्त हो गई। अरुण नदी (कोशी नदी की सहायिका नदी, भागीरथी (गंगा की सहायिका नदी) एवं साँपी नदी (ब्रह्मपुत्र की सहायिका नदी) इस प्रक्रम के प्रमुख उदाहरण हैं। प्रौढावस्था में नदी उतरकर मैदानों में आ जाती है। यहाँ प्रवणता में अपेक्षाकृत कमी होने के कारण नदी का वेग कम हो जाता है और अपरदन एवं परिवहन क्षमता का ह्रास होता है, फलतः निक्षेपों के जमा होने से जलोढ शैक एवं जलोढ पंखों का निर्माण होता है। नदी द्वारा लाए निक्षेपों के जमा होने से कभी–कभी नदी का मार्ग भी अवरुद्ध होने लगता है, फलतः नदी मार्गच्युत होकर घुमावदार मार्ग से प्रवाहित होती है। इस स्थिति को विसर्पण भी कहते हैं। मंथर गति से प्रवाहित होते हुए जब नदी अपने घाटी तल को क्रमागत अपरदन के कारण प्रायः समतल कर देती है एवं अंततः समुद्र में जाकर विलीन हो जाती है, यह नदी की वृद्धावस्था कहलाती है।

नदी की विलक्षण परिवहन क्षमता

नदी की परिवहन क्षमता उसके वेग के पँचम घात की समानुपाती होती है। अतः यदि नदी का वेग दुगुना हो जाए तो नदी की परिवहन क्षमता 32 गुना (2^5) बढ़ जाती है। पृथ्वी की सब प्रमुख नदियाँ मिलकर प्रतिवर्ष प्रायः 80,000 लाख टन अपरदित पदार्थ थल भाग से समुद्रों में परिवहित करती है। भारत की प्रमुख नदियों में गंगा नदी 20,000 टन, ब्रह्मपुत्र नदी प्रायः 10 लाख टन एवं सिंधु नदी 10 लाख टन गाद प्रतिदिन परिवहित करती है। नदी का वेग जल के आयतन के घनमूल के अनुपात में बढ़ता है। अतः यदि वर्षा

में नदी के जल का आयतन आठ गुना बढ़ जाए तो उसका वेग दुगुना हो जाएगा। प्रमुख नदियों द्वारा हिंद महासागर में मिलाए जानेवाले जल व अवसाद की मात्रा को सारणी 14 में दर्शाया गया है।

सारणी 14. प्रमुख नदियों द्वारा हिंद महासागर में मिलाए जाने वाले जल तथा अवसाद की मात्रा

नदी	पानी की मात्रा (घन किमी.)	अवसाद (करोड़ टन)
गंगा	367	1450
ब्रह्मपुत्र	383	725
सिंध	175	435
इरावती	425	300

झरनें : थलाकृति विशेषताओं के कारण भू जल स्तर कई जगहों पर प्रतिच्छेदित हो जाता है एवं इन स्थानों से भूमिगत जल स्वतः ही धरातल पर प्रवाहित होता है। ऐसे झरनों को भौम जल स्तर झरना कहते हैं। कभी–कभी आनतप्रवेश्य शैल संस्तरों के दृश्यांश स्थल पर भी झरने उत्पन्न होते है। इन अप्रवेश्य शैल संस्तर होता है, जो जल को नीचे रिसने से रोकता है, स्थलों पर आनत प्रवेश्य शैल संस्तर के नीचे अतः प्रवेश्य शैल संस्तर में अंतःस्रावित जल अवनति की ओर संचरित होता है एवं दृश्यांश स्थल से धरातल पर प्रवाहित होता है। ऐसे झरनों को गुरुत्व झरने (Gravity Spring) कहते हैं। विभंगों से या भ्रंशतलों से भी कभी–कभी भूमिगत जल की धारा प्रवाहित होती है। ऐसे झरने संरचनात्मक झरने कहलाते हैं।

इसी प्रकार गीजर (Geysers) विशेष प्रकार के उष्ण या गरम झरने होते हैं। उष्ण झरनों (Hot Springs) में गरम जल का प्रवाह निरंतर होता है; परंतु गीजर में समय के निश्चित अंतराल में तप्त जल और भाप विस्फोट के साथ निकलती है। इस जल का तापमान प्रायः 80° से 100° सें. तक होता है, जो फुहारे की तरह निकलता है। यलोस्टोन पार्क के "जाइंट गीजर" में जल एवं भाप की धारा प्रायः 40 मीटर की ऊँचाई तक जाती है। इसी पार्क में 'ओल्ड फेथफुल गीजर' से प्रायः 65 मिनट के अंतराल पर तप्त जल एवं

भाप निकलती है। आइसलैंड के 'ग्रेट गीजर' से 24 से 30 घंटे के अंतराल में केवल 10 मिनट के लिए प्रायः 30 मीटर ऊँची तप्त जलधारा निकलती है, जिसका तापमान प्रायः 80 से 82° सें. होता है।

झरनों के जल में रासायनिक द्रव्य कुछ मात्रा में अवश्य ही घुले रहते हैं। साधारणतः कैल्सियम, मैग्नीशियम एवं सोडियम के क्लोराइड, सल्फेट तथा बोरेक्स आदि जल में घुले रहते हैं। झरनों के इस प्रकार के जल को खनिज जल कहते हैं। रासायनिक द्रव्यों के घुले रहने से यह विशेष प्रकार से उपयोगी होता है। यह स्वास्थ्यप्रद तथा कई रोगों के लिए औषधीय गुणों से युक्त होता है। खनिज जल को बोतलों में भरकर अन्यत्र भेजने की व्यवस्था की जाती है। इसे स्पा–उद्योग (Spa Industry) कहते हैं। खनिज जल से त्वचा संबंधी रोग, गठिया, वातरोग आदि भी ठीक हो जाते हैं।

कभी–कभी शैल गुहिकाओं में भूमिगत जल में घुले रासायनिक द्रव्यों का निक्षेपण होता है। बहुधा सिलिका अथवा कैल्साइट के निक्षेप बनते हैं। इसमें सिलिका और कैल्साइट के क्रिस्टल परिधि से केन्द्र की ओर इस प्रकार व्यवस्थित होते हैं कि वे बहुत ही मनमोहक लगते हैं। इनके शीर्ष केन्द्र की ओर व्यवस्थित होते है; जिससे कंधे जैसी संरचना दिखाई देती है। ऐसी ही सिलिका और कैल्साइट से भरी गुहिकाओं को जियोड (Geode) कहते हैं।

भारत के प्रमुख जलप्रपातों में कनार्टक राज्य की शारावती नदी पर जोग जलप्रपात (गेरगोहा जलप्रपात) सबसे बृहत् जलप्रपात है। यह जलप्रपात प्रायः 225 मीटर ऊँचा है। चेन्नई में कावेरी नदी का शिव समुहम जलप्रपात (ऊँचाई 90 मीटर), कर्नाटक राज्य में बेलगांव में गोकाक नदी का गोकाक जलप्रपात 54 मीटर ऊँचा है। महाराष्ट्र का महाबलेश्वर का येन्ना जलप्रपात 180 मीटर ऊँचा है। जलप्रपात को चित्र 32 में दर्शाया गया है।

जलमग्न पर्वत : इनकी तुलना महाद्वीपों के अतीत एवं वर्तमान पर्वतों से की जाती है। पृथ्वी की पपड़ी स्थल की अपेक्षा सागर के नीचे अधिक स्थायी नहीं है। अतः जब तक पृथ्वी है तब तक ये पर्वत जीवित रहेंगे। इतना ही नहीं, इनकी आयु पृथ्वी के किसी भी पर्वत से अधिक है।

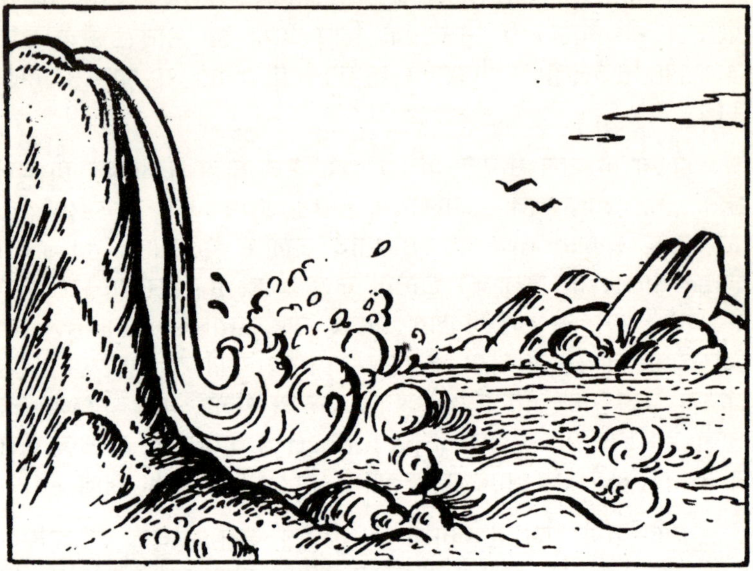

चित्र 32. जलप्रपात

सागरों के भीतर हजारों किलोमीटर लंबी पर्वतमालाएँ प्राप्त हुई हैं। इन पर्वतमालाओं के केन्द्र में ज्वालामुखी तथा भूकंप दोनों ही अत्यंत सक्रिय रहते हैं। उनकी चुंबकीयता असाधारण होती है और ऊष्मा प्रवाह सामान्य से अधिक होता है।

अनुमान है कि समस्त महासागरों के भीतर पर्वत श्रेणियों की पूरी लंबाई 60 हजार किलोमीटर और औसत चौड़ाई कई सौ किलोमीटर है। इन पर्वतों के शिखर समुद्र की फर्श से 3,000 मीटर से ऊँचे हैं – कहीं तो स्थल के सर्वोच्च शिखर एवरेस्ट से भी ऊँचा पर्वत समुद्र में छिपा रहता है।

सागर एवं इसकी संपदा – इस विषयक विस्तृत जानकारी इस पुस्तक के अक्षय निधि : सागर खंड में दी गई है।

हिमनद (Glaciers) – हिमनदों (चित्र 33) का हमारी पृथ्वी के मौसमों को नियंत्रित करने में बहुत बड़ा योगदान है। यदि किसी कारण ध्रुव प्रदेशों का सारा हिमं पिघलकर पानी बन जाए तो विश्व के भौगोलिक रूप में ही नहीं, आर्थिक और राजनैतिक जीवन में भी भारी परिवर्तन हो जाएँगे। तथा ऐसी भयंकर हलचल होगी कि जीवन अस्त–व्यस्त हो जाएगा। हिम के पिघलने से सागर जल का

तल 50 मीटर ऊपर उठ जाएगा और सभी महाद्वीपों के सघन जनसंख्यावाले उर्वर तटीय मैदान जलमग्न हो जाएँगें। फलतः विस्थापित लोगों के पुनर्वास तथा सांस्कृतिक, औद्योगिक संसाधनों के पुनर्स्थापन की विकट समस्या उत्पन्न होगी। ऐसी अवधारणा है कि इससे मौसम ऐसा बदलेगा कि जहाँ हरियाली थी वहाँ संभवतः सूखा होगा और जहाँ रेत का सागर लहराता था वहाँ लहलहाते खेत होंगे।

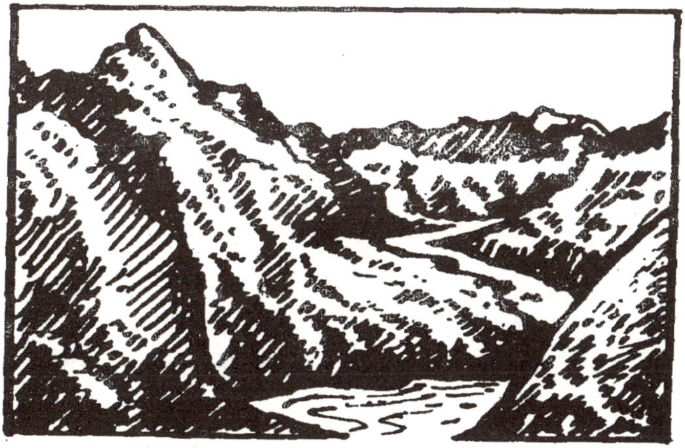

चित्र 33. हिमनद

हिमरेखा – हिम आवरण की वह निम्नतम सीमा जिसके नीचे ग्रीष्म ऋतु में हिम पिघलने लगती है, हिमरेखा कहलाती है। विभिन्न क्षेत्रों में हिम रेखा की ऊँचाई भिन्न–भिन्न होती है। ध्रुवीय प्रदेशों में भूमध्यरेखा की ओर हिम की ऊँचाई भिन्न–भिन्न होती है। ध्रुवीय प्रदेशों में भूमध्य रेखा की ऊँचाई दक्षिणी ग्रीनलैंड में प्रायः 900 मीटर, दक्षिणी नार्वे तथा दक्षिणी अलास्का में 1500 मीटर, आल्पस में 2700 मीटर से 2800 मीटर, काकेशस में 2700 से 3600 मीटर, मध्य एशिया में 3000 से 5500 मीटर, हिमालय, तिब्बत एवं अफ्रीका के भूमध्यरेखीय क्षेत्र में 4800 से 6000 मीटर तथा दक्षिणी अमेरिका के एंडीज पर्वत क्षेत्र में प्रायः 600 मीटर है।

हिमचादर – द्वीपों तथा महाद्वीपों के विशाल क्षेत्र में फैली हुई बर्फ की अधिक मोटी परत को ही हिमचादर कहते है। इसका विस्तार लंबे चौड़े क्षेत्र में होता है तथा लगभग पूरा महाद्वीप या द्वीप इससे ढका रहता है। अंटार्कटिका और ग्रीनलैंड इसके ज्वलंत

उदाहरण हैं। ग्रीनलैंड का कुल क्षेत्रफल 20 लाख वर्ग किमी है,। जिसमें से 18.7 लाख वर्ग किमी. क्षेत्र हिमचादर से ढका है। दक्षिणी ध्रुव प्रदेश में विश्व की सबसे बड़ी हिमचादर है, जो प्रायः 180 लाख वर्ग किमी. क्षेत्र में फैली हुई है।

भौम जल या भूमिगत जल

विज्ञान की वह शाखा जिसमें पृथ्वी की सतह के नीचे जल की उपस्थिति वितरण एवं संचालन का अध्ययन किया जाता है, भू जल या भौमजल विज्ञान कहलाता है। भूमिगत जल का सीधा संबंध भूविज्ञान (भू भौतिकी, भू रसायन, भूगर्भ) जल विज्ञान तथा मौसम विज्ञान से रहता है। वर्तमान काल में भौमजल, जलापूर्ति का प्रमुख साधन है। इसका उपयोग सिंचाई कार्यों, उद्योगों में, नगर एवं ग्रामीण क्षेत्रों में लगातार बढता जा रहा है। भूगर्भ विज्ञान, जल विज्ञान आदि से भू जल के उद्‌गम स्रोतों की जानकारी प्राप्त होती है। भू विज्ञान, भू भौतिकी आदि से नये स्रोतों की खोज में सहायता मिलती है तथा तरल यांत्रिकी के सिद्धान्तों से जल के संभरण व संचलन पर प्रकाश डाला जाता है।

सामान्यतः वर्षा के बाद कुओं में जल स्तर बढ़ जाता है – अर्थात् भौमजल का मुख्य स्रोत वर्षा है। दूसरे शब्दों में वर्षा के जल का वह भाग, जो शैल तथा मृदा में समाविष्ट होकर, गुरुत्व के प्रभाव से शैलों के संतृप्त मंडल में पहुँच जाता है, भू जल या भौमजल कहलाता है। पृथ्वी के अंदर जब यह भू जल अंदर जाता है, तो यह अंदर ही अंदर प्रवाहित होता है। पृथ्वी के अंदर की शैल संरचनाओं, शैलों की संचयन क्षमता, पानी की गति आदि के कारण जलाशयों का पानी भी भौमजल का स्रोत बन जाता है। भू जल गहराई में जाकर शैलों में उपस्थित सभी रंध्रों एवं दरारों को संतृप्त कर देता है। इस संतृप्त भाग को संतृप्त मंडल कहते हैं। संतृप्त भाग की ऊपरी सतह को जलस्तर या Water table कहते हैं। जल स्तर के ऊपर के भाग को वातन मंडल (Zone of aeration) कहते हैं। वातनमंडल की शैलों के रंध्रों में आण्विक आकर्षणों के कारण जल रुक जाता है। इसे अधिभौमजल (Vadose Water) कहते हैं। भौमजल स्तर वर्षा ऋतु में ऊपर उठ जाता है तथा गरमी में गहराई में चला जाता है। ग्रीष्मकाल के जलस्तर को स्थायी जल स्तर

(Permanent Water table) कहते हैं। जल स्तर सामान्यतः पृथ्वी की सतह की स्थलाकृति का अनुसरण करता है।

भूमिगत जल निरंतर गतिमान रहता है। यह जल गुरुत्व के कारण नदियों तथा सागर की ओर बढ़ता है। यह जल छिद्रों के कारण सूक्ष्म धाराओं के रूप में प्रवाहमान होता है। इस प्रवाह की गति शैलों की पारगम्यता तथा जलस्तर की अभिनति पर निर्भर करती है। हमारे देश के मेघालय राज्य के चेरापूंजी क्षेत्र में विश्व में सबसे अधिक वर्षा होने का कीर्तिमान है (1000 सेंमी. औसत वर्षा)। परंतु वहाँ भूजल बहुत नीचे चला गया है। वस्तुतः इसके दो प्रमुख कारण हैं – पहला तो चेरापूंजी पर गिरने वाला वर्षा का पानी अत्यधिक ढलान के कारण बह जाता है और दूसरा है चेरापूंजी की भूगर्भीय एवं भूआकृति। ये कुछ इस प्रकार की है कि समूचे क्षेत्र में चूना पत्थर की एक मोटी परत का आवरण है – इस परत के अंदर छिद्रों की कमी रहती है, जिसके कारण वर्षा के पानी का जमीन में रिसाव नहीं हो पाता है।

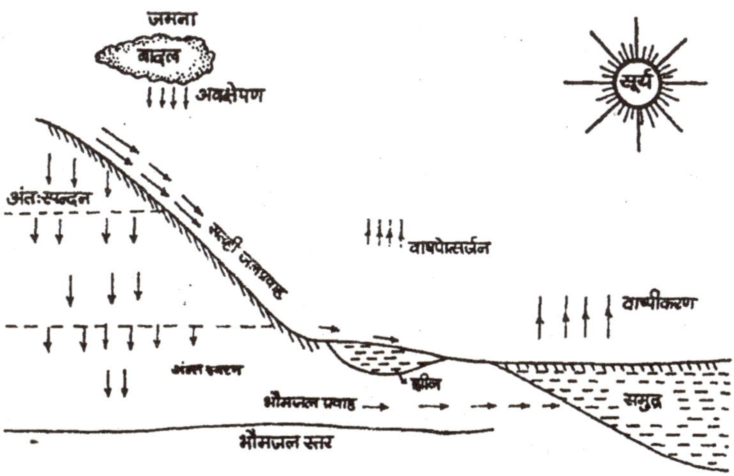

चित्र **34.** जल चक्र

जल चक्र – सूर्य के प्रभाव से समुद्रों, तालाबों, झीलों का पानी वाष्प बनकर वायुमंडल में जाता है। यह वाष्प आकाश में सर्दी के प्रभाव से बादल का रूप धारण कर लेती है। बादल बरसकर पुनः पृथ्वी पर लौट आता है। इस पानी का कुछ भाग पृथ्वी के अंदर "अंतरस्पंदन" क्रिया के माध्यम से शैल समूहों में प्रवेश पाता

है। यही जल भौमजल का रूप लेकर पारगम्य रंध्रों से प्रवाहित होकर प्राकृतिक या कृत्रिम बहावों से पुनः जल स्रोतों में पहुँचता है। इस प्रकार महासागर से वायुमंडल–थल के बीच एक परिसंचरण तंत्र बनता है, जो कि निरंतर चलता रहता है (चित्र 34)।

भू जल स्रोतों की खोज

यद्यपि जल स्रोतों की खोज प्राचीनकाल से ही होती आई है। वैज्ञानिक विधियों से जल स्रोतों की खोज के लिए आधार सामग्री प्राप्त करने के लिए दो अवस्थाएँ हैं –

(1) **प्रारंभिक अध्ययन** – सुदूर संवेदन विधियों में भू आलोक चित्रों की सहायता से भू जल संबंधी महत्वपूर्ण जानकारी मिल जाती है। इसके द्वारा संरचना, अवसादन, अंतःसरण आदि की जानकारी मिलती है। किसी क्षेत्र विशेष में भू जल की स्थिति की खोज मूलभूत निम्न मापदंडों पर निर्भर करती है।

(अ) जल संतृप्त शैलों की उपस्थिति या अनुपस्थिति की पहचान करना, (आ) भू जल का निर्धारण, (इ) भौम जल संबंधी विशिष्ट जानकारियाँ, जैसे – मिट्टी, वनस्पति, जलोत्सारण प्रकार, भूजल स्तर, पारगम्यता, सरंध्रता एवं अन्य भू वैज्ञानिक संरचनाएँ।

उक्त सभी के बारे में हवाई मानचित्रों एवं आकाशीय उपग्रहों से जानकारी मालूम की जा सकती है। तथा इन सबके सूक्ष्म विश्लेषण के बाद यह निर्धारण करना आसान हो सकता है कि जल संतृप्त शैल कौन–कौन से हैं? तथा इस तरह के शैलों की उपस्थिति से किस प्रकार की भू संरचना बनती है।

(2) **विस्तृत सर्वेक्षण** – इसके अंतर्गत भू वैज्ञानिक एवं भू भौतिकीय विधियों का प्रयोग किया जाता है। भू भौतिकीय विधियाँ, भौमजल व शैलों के भौतिकगुणों पर आधारित होती है। जल व संचयन हेतु किन संरचनाओं की आवश्यकता होती है? चट्टानों में भू जल कितनी गहराई पर उपलब्ध है तथा संचयन क्षमता कितनी है, ये सब विस्तृत सर्वेक्षण में किया जाता है।

भू भौतिकीय विज्ञान के अंतर्गत भौतिक विज्ञान के प्रतिपादित सिद्धान्तों का प्रयोग कर किसी स्थान विशेष की भू संरचना का ज्ञान

प्राप्त किया जाता है। इसके अंतर्गत भौतिक गुणों का उपयोग किया जाता है। प्राप्त भू संरचना का उपयोग खनिज, तेल, पेट्रोलियम व भू जल स्रोतों का पता लगाने में करते हैं। आधुनिक उपकरणों, नवीनतम व्याख्या विश्लेषण की तकनीकों के कारण भू जल अन्वेषण में भू भौतिकीय विधियों का उपयोग बढ़ गया है।

भौमजल हेतु विभिन्न भू संरचनाओं में विभिन्न भू जलीय अवस्थाओं के विस्तृत एवं सफल सर्वेक्षण किए गए हैं। भूभौतिकीय विधियों से भू पर्पटी में स्थित भौतिक गुणों की विसंगतियों की पहचान कर परोक्ष रूप से भू जल स्रोतों का अनुमान किया जाता है। पृथ्वी की सतह के नीचे पाये जानेवाले जल स्रोत संबंधित विभिन्नक, विच्छिनता, अपेक्षीरण रेखा और संरचनात्मक या विवर्तनीक आकृतियों की तुलनात्मक परोक्ष व्याख्या करना भू भौतिकीय सर्वेक्षणों का प्रमुख उद्‌देश्य रहता है। भू जल स्रोतों के सर्वेक्षण के लिए भू भौतिकीय विधियों में विद्युत् अवरोधक, विद्युत चुंबकीय, एवं चुंबकीय विधियाँ प्रमुख है। इसमें सतही, आकाशीय एवं भूमिगत इन तीनों विधियों से यथोचित जानकारी प्राप्त की जाती है।

सुनामी उत्पात – इस विषयक विस्तृत जानकारी इस पुस्तक के आगामी सागर खंड में दी गई है।

सूखा तथा बाढ़ – सूखा तथा बाढ़ हमारे देश के लिए कोई नई बात नहीं है। वर्तमान काल में पर्यावरणीय परिवर्तनों का सूखे और बाढ़ जैसी आपदाओं से गहरा संबंध है। हमारे देश के भिन्न–भिन्न क्षेत्रों में सूखे और बाढ़ की आवृत्ति भी अलग–अलग है।

सारणी 15. सूखे की आवृत्ति संबंधी चार्ट

क्र.सं.	देश का जलवायवीय क्षेत्र	सूखे की आवृत्ति
1.	असम	15 वर्ष में एक बार
2.	प. बंगाल, मध्यप्रदेश, कोंकण, तटवर्ती आंध्र, महाराष्ट्र, केरल, बिहार, उड़ीसा	5 वर्ष में एक बार
3.	द. कनार्टक, पूर्वी उ.प्र., विदर्भ	4 वर्ष मे एक बार
4.	गुजरात, पूर्वी राजस्थान, पश्चिमी उ.प्र., तमिलनाडु, कश्मीर, रायल सीमा	3 वर्ष में एक बार
5.	पश्चिमी राजस्थान	5 वर्ष में 2 बार

राष्ट्रीय पैमाने पर बड़े सूखों में विगत शताब्दी का 1877 का सूखा भयंकरतम था। इस शताब्दी में 1918, 1965, 1972 और 1979 तथा 1987 में भयंकर सूखे पड़ चुके हैं। पिछली बार 1987 में देश के 407 जिलों में से 262 जिले सूखे की चपेट में थे। उक्त सूखे में उत्तर प्रदेश, बिहार, गुजरात, राजस्थान, तमिलनाडु, उड़ीसा, नागालैंड, हरियाणा, दिल्ली, आंध्रप्रदेश, कनार्टक, केरल और पांडिचेरी सहित 13 राज्य सूख के चपेट में थे (सारणी 15)।

सूखे की तरह बाढ़ की आवृत्ति भी लगातार बढ़ रही है। बाढ़ और सूखे में देश की धन–जन की अपार हानि होती है, जिसकी पूर्ति में कई–कई वर्ष लग जाते हैं और देश का विकास अवरुद्ध हो जाता है। एक अनुमान के अनुसार, पिछले 25 वर्षों की बाढ़ों में देश के औसतन 768 करोड़ रूपयों की प्रतिवर्ष बरबादी हुई है। अकेले 1983 में 36 मिलियन हेक्टेयर फसल चौपट हुई। 50 मिलियन पीड़ितों में लगभग 2000 लोग काल कवलित हुए। बाढ़ नियंत्रण एवं राहत कार्यों पर भी अरबों रुपयों की राशि खर्च करनी पड़ती है।

वन क्षेत्र – हमारे देश में 1952 में लागू की गई राष्ट्रीय वन नीति के अनुसार देश की धरती का कम से कम 33 प्रतिशत क्षेत्र वनों से आच्छादित होना चाहिए। उसमें भी पहाड़ी क्षेत्रों का कम से कम 60 प्रतिशत तथा मैदानी क्षेत्रों का कम से कम 20 प्रतिशत हिस्सा वनों से ढका होना चाहिए। वस्तुतः इस समय देश में सघन वन लगभग 10 प्रतिशत भूमि पर ही बचे हैं। हमारी सरकार का तथा जन समुदाय का भी दायित्व है कि वह 1952 की अपनाई गई वन नीति पर अमल करते हुए देश की एक तिहाई भूमि पर वनों का विकास करें। तथा जिन क्षेत्रों में वन खेती के लिए काम में लिए जा रहे हैं, वहाँ बाग–बगीचों के विकास को बढ़ावा दिया जाना चाहिए। ग्रामीण क्षेत्रों में व्यावसायिक वृक्ष प्रजातियों के स्थान पर देशी फलों के वृक्षों को लगवाकर स्वच्छ पर्यावरण के विकास में योगदान किया जा सकता है।

पृथ्वी के गरमाने से मंडराता संकट

पृथ्वी की सतह के तापमान में निरंतर वृद्धि हो रही है और जलवायु में परिवर्तन भी आशा के विपरीत तेजी से हो रहे हैं। यह परिवर्तन विश्व के पारितंत्र पर मंडराते एक संकट की ओर समूचे

विश्व का ध्यान आकर्षित कर रहा है। इसे हम 'ग्लोबल वार्मिंग' या गरमाती धरती कहते हैं। वस्तुतः ग्लोबल वार्मिंग का अर्थ है – पृथ्वी के तापमान में ग्रीन हाउस या हरित गृह गैसों का बढ़ता प्रभाव, जिससे पृथ्वी का वातावरण दिन–प्रतिदिन गरमाता जा रहा है।

हरितगृह प्रभाव से तात्पर्य है – पृथ्वी के वायुमंडल में कुछ विशेष गैसों की मात्रा का इस सीमा तक बढ़ जाना कि पृथ्वी से ऊष्मा बाहर न निकल सके। उदाहरण के तौर पर हम अपने घर के बगीचे को काँच की छत और काँच की दीवार से ढँक दें तो क्या होगा? काँच की इन दीवारों से होते हुए सौर विकिरण वाटिका के अंदर तो पहुँच जायेंगे परंतु ये विकिरण पृथ्वी से परावर्तित होकर काँच से बाहर आने का प्रयास करेंगे तो काँच द्वारा उनका बारंबार परावर्तन होने से वे काँच के आवरण के भीतर ही बने रहेंगे जिससे भीतर का वायुमंडल गरम होता जायेगा। इस घटना को हरितगृह प्रभाव (Green House Effect) कहते हैं। काँच की दीवारों जैसा गुण यह वायुमंडलीय कार्बन डाइऑक्साइड भी दर्शाती है। सौर विकिरण वायुमंडल में उपस्थित कार्बन डाइऑक्साइड से पारगत होकर पृथ्वी पर पहुँच जाते है परंतु पृथ्वी जब उष्मीय विकिरणों अर्थात् अवरक्त तरंगों को परावर्तित करती हैं तो उन्हें वायुमंडलीय कार्बन डाइऑक्साइड द्वारा अवशोषित कर लिया जाता है जिससे भूतल और उसे परिवेष्टित किए वायुमंडल का ताप बढ़ता जाता है। मोटेतौर पर किए गए आकलन के अनुसार त्वरित औद्योगिकीकरण के दुष्प्रभावों के फलस्वरूप प्रतिवर्ष वायुमंडल की कार्बनडाइ ऑक्साइड की मात्रा में 0.3% की वृद्धि होती जा रही है।

यदि हम विगत चार दशकों में वायुमंडल में कार्बनडाइ ऑक्साइड के अभिवाह पर दृष्टि डालें तो हमें विदित होता है कि सन् 1960 के लगभग वायुमंडल में इस गैस का आयतन 320 पी.पी. एम. था जो सन् 1990 में बढ़कर 360 पी.पी.एम. के लगभग हो गया। अर्थात् अब तक कार्बनडाइऑक्साइड की वृद्धि दर 0.5 प्रतिशत वार्षिक रही है। वैज्ञानिकों का अनुमान है कि सन् 2050 तक कार्बनडाइऑक्साइड की मात्रा लगभग तक दुगनी हो जाएगी। कार्बनडाइऑक्साइड के अतिरिक्त मीथेन, नाइट्रस ऑक्साइड और क्लोरोफ्लोरो कार्बन भी पृथ्वी को गरमाने में सहायक हैं।

पृथ्वी के तापमान को बढ़ानेवाली इन गैसों के उत्पादन में अमेरिका तथा रूस का क्रमशः 36 एवं 17% योगदान है। ग्लोबल वार्मिंग के कारण जलवायु में आशा के विपरीत परिवर्तन हो रहे हैं। ओजोन परत के क्षरण से भी पृथ्वी पर तापमान के बढ़ने का खतरा है। पृथ्वी के लिए ओजोन परत एक सुरक्षा का कार्य करती है और पृथ्वी पर हानिकारक पराबैंगनी किरणों को आने से रोकती है। ओजोन परत के क्षरण के कारण पराबैंगनी किरणें पृथ्वी पर सीधे आयेंगी जिससे पृथ्वी के तापमान में वृद्धि होगी और अनेक रोगों के फैलने की आशंका बनी रहेगी। गरमी व प्रदूषण के कारण हैजा, डेंगू, मलेरिया एवं अन्य रोग तेजी से फैलेंगे। इस समय भारत में मौसम का असामान्य व्यवहार इस ओर एक संकेत मात्र है।

धरती के गरमाने से न केवल मनुष्य व जीव–जंतु वरन् पौधे भी अत्यधिक प्रभावित होते हैं। अमेरिका के स्कैंफर्ट विश्वविद्यालय की डॉ. वर्जिनिया वाल्वार्ट ने ज्ञात किया है कि पराबैंगनी किरणें व अत्यधिक तापमान से मक्का के पौधों का डी.एन.ए. क्षतिग्रस्त हो जाता है। दूसरी ओर समुद्री वनस्पति के नष्ट होने से समुद्री जीवों का आहार खतरे में पड़ जायेगा। जूप्लैकटन की संख्या में कमी होने से मछलियाँ जीवित नहीं रह पायेंगी, जिससे समुद्र द्वारा प्राप्त होनेवाले तथा इस भोजन पर निर्भर रहनेवाली मानव आबादी के लिए खाद्य का बहुत बड़ा संकट उत्पन्न हो जायेगा।

वैज्ञानिकों का मानना है कि बढ़ते तापमान से हिमनद पिघल रहे हैं तथा भविष्य में यह स्थिति और विकट हो जाएगी। अतः आज यह नितांत आवश्यकता बन गयी है कि हम पृथ्वी को 'ग्लोबल वार्मिंग' के दुष्प्रभाव से बचाने के लिए जीवाश्म ईंधन की खपत को कम करें, वनों के विनाश को रोकें, वातावरण में कार्बन डाइ ऑक्साइड तथा ग्रीन हाउस गैसों को बढ़ने से रोकें, सौर तथा पवन ऊर्जा के उपयोग को अधिक बढ़ावा देवें।

अक्षय निधि - सागर

समुद्र सदा से ही मानव समाज को प्रभावित करता रहा है। तटीय प्रदेशों में निवास करनेवालों का पूरा जीवन ही समुद्र पर निर्भर करता है। जिस प्रकार प्रकृति के विविध रूपों में उषाकाल, संध्याकाल, कल–कल करती नदियों का स्वर, वनों–निकुंजों में चहचहाते पक्षीगण, सभी को आकर्षित करते हैं, उसी प्रकार समुद्र का सौन्दर्य भी कवि हृदय मनुष्य को अपनी ओर खींचता है। समुद्र की उत्ताल तरंगों का उठना–गिरना लहरों का तटों से टकराना और वापस जाना, उसका विस्तार आदि सभी दृश्य कवि के मानस को उद्वेलित करते हैं। वस्तुतः सागर से आशय खारेपानी के विशाल भंडार से है तथा महासागर, सागर से बड़ी फैली विशाल जलराशि से है।

भारत की आर्थिक व्यवस्था में समुद्रों का महत्वपूर्ण योगदान है। लगभग 7500 किलोमीटर लंबी तटरेखा तथा 200 समुद्री मील तक का 21 लाख वर्ग किलोमीटर का अनन्य आर्थिक क्षेत्र सजीव एवं निर्जीव संपदा का स्रोत है जिस पर देश की 25 प्रतिशत जनसंख्या निर्भर है। एक आकलन के अनुसार विश्व की कुल खाद्य एवं ऑक्सीजन की खपत का लगभग 20 प्रतिशत हिस्सा समुद्र से ही प्राप्त होता है।

हमारे सौर मंडल के सजीव ग्रहों में सर्वोत्तम स्थान प्राप्त हमारी पृथ्वी की लगभग दो तिहाई से अधिक सतह समुद्र से ढकी हुई है।

पृथ्वी के अधिकांश भू भाग पर महासागरीय जल होने के कारण ही मानव जीवन एवं उनसे निर्मित समाज समुद्र से एक नैसर्गिक संबंध स्थापित किए हुए है। मानव समाज सभ्यता के प्रारंभ से ही विभिन्न क्षेत्रों में समुद्र से पूर्णरुप से प्रभावित रहा है।

महासागर प्रारंभ से ही मनुष्य के लिए कई प्रकार से उपयोगी रहे हैं। रासायनिक जैविक और खनिज संपदाओं से सम्पन्न महासागर एक ऐसी अमूल्य धरोहर है जिनके बारे में जानकारी प्राप्त करके मानव समाज़ लाभान्वित हो सकता है। वस्तुतः अब सागर ही हमारे लिए एक शेष स्रोत है जिस पर हम पूर्णतया निर्भर हो सकते हैं। पृथ्वी में प्राकृतिक पारिस्थितिक संतुलन बनाए रखने के अलावा इस विशाल जल पिंड में प्राणी जगत् के सर्वाधिक जीव निवास करते हैं। और इसमें खाद्य, औषधि, खनिज ऊर्जा इत्यादि के भंडार भरे पड़े हैं। सागर के गर्भ में छिपे अपार संसाधनों का उचित दोहन और उनका संरक्षण एक अति महत्वपूर्ण कार्य हैं। विशाल और गहरे समुद्रों की जानकारी प्राप्त करना भी अपने आप में चुनौतीपूर्ण कार्य है। परंतु वैज्ञानिकों ने अपने सामर्थ्य, शक्ति, साहस, सूझबूझ और कठिन परिश्रम से इन चुनौतियों पर विजय प्राप्त की है। वर्तमान में हम आधुनिक तकनीक का प्रयोग कर समुद्र के गर्भ में छिपे विभिन्न खाद्य पदार्थों, खनिज संपदा, बहुधात्विक पिंडिकाओं, पेट्रोलियम, तेल एवं प्राकृतिक गैस इत्यादि बहुमूल्य पदार्थो को बड़ी सुगमता तथा सरलता से दोहित कर, मानव कल्याण के उत्थान का मार्ग प्रशस्त करने में समर्थ हैं। समुद्र का विज्ञान भी बड़ा रोचक है तथा हर किसी को इसके रहस्य जानने की जिज्ञासा रहती है। तो आइए ! इनके बारे में जानें।

समुद्र की उत्पत्ति – समुद्र की उत्पत्ति के बारे में जानकारी प्राप्त करने के लिए चित्र 35 में पृथ्वी की सतह पर संपूर्ण भूभाग एवं जलमात्र की स्थिति को विभिन्न समय कालों में, जैसे – अंतिम कार्बोनिफेरस काल से लेकर इओसिन काल एवं वर्तमान में प्रारंभिक प्लीस्टोसिन काल तक दर्शाया गया है। वेगनर की परिकल्पना के अनुसार कई हजार वर्ष पूर्व, लगभग कार्बोनिफेरस काल के दौरान, विभिन्न महाद्वीपीय खंड पैंजिया से टूटकर अलग–अलग दिशाओं में विस्थापित होने शुरु हुए।

ऐसी संकल्पना है कि वर्तमान काल के विभिन्न महाद्वीपीय खंड वस्तुतः एक समुचित भूभाग के समान थे, जो कि चारों ओर से जल से घिरा हुआ था। समुचित भूखंड भाग पैंजिया एवं संपूर्ण जलभाग "पैंथालसा" कहलाया। महाद्वीपीय खंडों का पैंजिया से टूटकर अलग होना तथा उनके विभिन्न दिशाओं में विस्थापन का मूल कारण गुरुत्वाकर्षण बल, उत्प्लावन बल एवं सूर्य तथा चंद्रमा द्वारा उत्पन्न ज्वार भाटीय बलों को माना गया है। इन द्वीपों के विस्थापन के फलस्वरूप ही समुद्र की उत्पत्ति मानी गयी है।

वैज्ञानिक शोध के आधार पर विदित हुआ है कि महाद्वीपीय खंड गुरुत्वाकर्षण एवं उत्प्लावन बलों के परिणामस्वरूप विषुवत् रेखा की ओर विस्थापित होते हैं, जबकि ये सूर्य तथा चंद्रमा कें ज्वारभाटीय बलों के परिणामस्वरुप पश्चिम दिशा की ओर विस्थापित होते हैं।

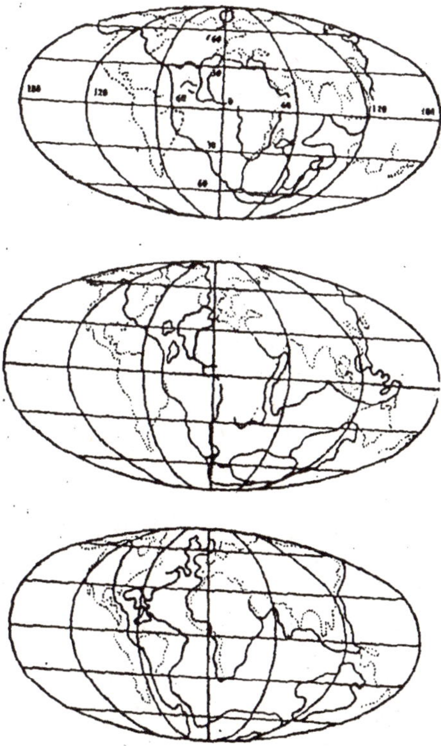

अंतिम कार्बोनिफेरस काल

इओसिन काल

प्रारम्भिक प्लीस्टोसिन काल

चित्र 35. पैंजिया का टूटना एवं महाद्वीपों का विस्थापन।

बिन्दु वाली रेखा महाद्वीपों तथा समुद्र की वर्तमान स्थिति को दर्शाती है।

विभेदक गुरुत्वाकर्षण बल एवं उत्प्लावन बलों के परिणामस्वरूप "पैंजिया" सर्वप्रथम दो वृहत् खंडों में विभाजित हुआ। उत्तरी भाग "लॉरेशिया" एवं दक्षिणी भाग "गोंडवानालैंड" कहलाया। इन दोनों विशाल महाद्वीपों के मध्य का जल भाग 'टेथिस सी' कहलाया। क्रीटेशस काल में गोडवानालैंड पुनः विभिन्न खंडों, जैसे – भारतीय महाद्वीप, मेडागास्कर, आस्ट्रेलिया एवं अंटार्कटिका आदि में विघटित हुआ। भारतीय महाद्वीप की उत्तर दिशा में विस्थापित होने के कारण 'हिंद महासागर का उद्भव हुआ। इसी प्रकार उत्तरी एवं दक्षिणी अमेरिका के पश्चिम दिशा में विस्थापन के फलस्वरूप 'अटलांटिक महासागर' का उद्भव हुआ। उत्तरी अमेरिका लॉरेशिया से विघटित हुआ, जबकि दक्षिणी अमेरिका अफ्रीका से विघटित हुआ था। उत्तरी ध्रुवों से महाद्वीपीय खंडों के पलायन के उपरांत "आर्कटिक एवं उत्तरी महासागर" का उद्भव हुआ। इस प्रकार पैंथालसा का शेष भाग 'प्रशांत महासागर' के नाम से जाना गया।

सबसे प्राचीन महासागर

महासागरों में सबसे बड़ा और सबसे पुराना प्रशांत महासागर है। यह महासागर पृथ्वी के क्षेत्रफल के 35.25% भाग पर फैला हुआ है। इसकी सर्वाधिक चौड़ाई 16,880 किलोमीटर और सर्वाधिक गहराई 11,516 मीटर (मिंडानाओ डीप) है। इसमें द्वीपों का सर्वाधिक संगुटीकरण है, जो मोटेतौर पर तीन समूहों में है – माइक्रोनेशिया, मेलोनेशिया और पॉलीनेशिया।

अटलांटिक महासागर – यह दूसरा सबसे बड़ा महासागर है जो पृथ्वी के क्षेत्रफल के 20.9% भाग को घेरे हुए है। इसकी गहराई 8,381 फीट (मिलवाकी डीप) है।

हिन्द महासागर – यह तीसरा सबसे बड़ा महासागर है। यह कन्याकुमारी से दक्षिणी ध्रुव अंटार्कटिका तक फैला है। यह पृथ्वी के कुल धरातल क्षेत्र के 14.65% भाग में है। इसकी गहराई 7,725 मीटर (प्लेनेट डीप) है।

आर्कटिक महासागर – वस्तुतः इसमें जलपोत नहीं चल सकते हैं। यह उत्तरी ध्रुव के चारों ओर फैला है और शीतकाल में पूर्णतया बर्फ से जमा रहता है। यह वर्ष के शेष भाग में अपने ही हिम से ढका रहता है। फिर भी, इसका पृथक् अस्तित्व है और 1,30,00,000 वर्ग किलोमीटर से अधिक का इसका क्षेत्रफल इसे महासागर कहने के लिए बाध्य करता है।

एक नया सागर – सागर में नहाने के शौकीन लोग जब पानी में डुबकी लगाते हैं तो उन्हें अनेक बार गरम पानी के नीचे एकदम ठंडा पानी मिल जाता है। मोटेतौर पर एक खास गहराई पर पानी का तापमान एकदम बहुत कम हो जाता है। वैज्ञानिक इस गहराई को "थर्मोक्लाइन" कहते है। अतः ऐसा आभास होता है कि यहाँ से एक नया समुद्र शुरू हो रहा है। मछली पकड़ने वालों के लिए यह बहुत महत्वपूर्ण है क्योंकि अनेक प्रजातियों की मछलियाँ थर्मोक्लाइन के ऊपर गरम पानी में ही पायी जाती हैं।

ऐसा विदित होता है कि विभिन्न स्थानों के थर्मोक्लाइन को जोड़ने वाली कल्पित रेखा के नीचे सागर इस प्रकार व्यवहार करता है मानो वह एक 'स्वतंत्र सागर' हो और ऊपर के सागर से उसका कोई संबंध न हो। इस निचले सागर में भी लहरें उठती हैं जो गति में सतही लहरों से धीमी होती हैं। फिर भी वे बहुत दूर तक असर करती हैं। ये लहरें समुद्र के अधस्तल में धाराओं के बीच बाधा आ जाने से, ठंडे और गरम जलों के मिलने से और संभवतः तेज हवाओं के चलने से भी उत्पन्न होती है।

समुद्र का पौराणिक महत्व – विष्णु पुराण के अनुसार सात समुद्र हैं – लवण, इक्षु, मदिरा, घृत, दधि, दुग्ध तथा मीठे जल के समुद्र। भारत के पौराणिक ग्रंथों में समुद्र की महिमा का व्यापक वर्णन मिलता है। भगवान् विष्णु ने अपने प्रमुख दस अवतारों में से दो अवतार (मत्स्यावतार एवं कूर्मावतार) समुद्र में ही लिए (चित्र 36 एवं 37) थे। रामायण के सुंदरकाण्ड में उल्लेख मिलता है कि जब हनुमानजी सीता की खोज में समुद्र के ऊपर से उड़ते हुए जा रहे थे तब समुद्र ने अपने गर्भ में स्थित स्वर्ण पर्वत मैनाक को हनुमानजी के लिए तल के ऊपर आने की सलाह दी थी। इससे यह सिद्ध होता है कि सागर के गर्भ में स्वर्ण के साथ साथ अनेक बहुमूल्य धातुएँ भी मौजूद हैं।

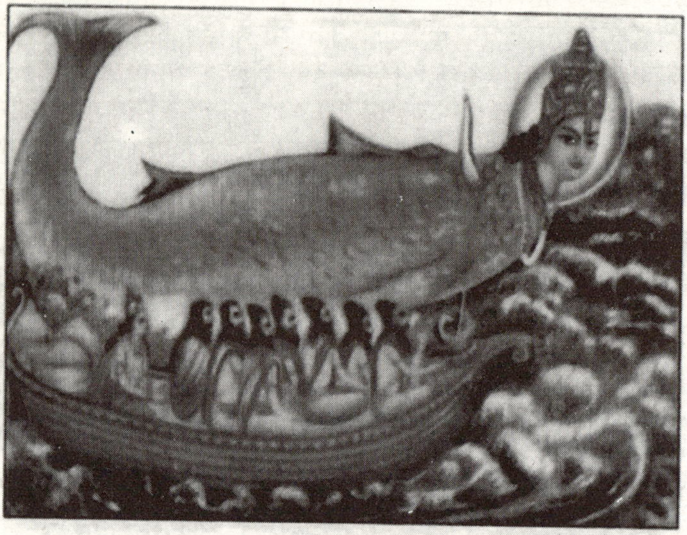

भगवान् मत्स्य

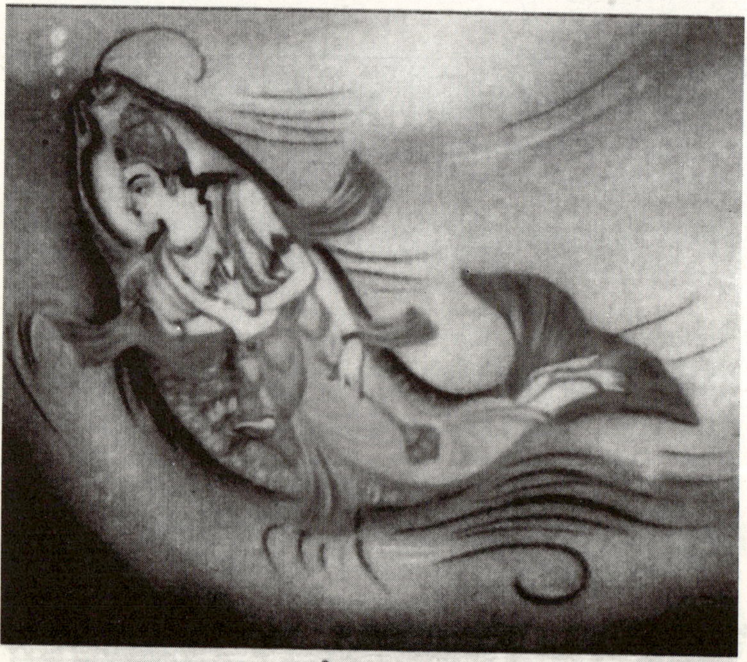

श्री मत्स्यावतार

चित्र 36. मत्स्यावतार

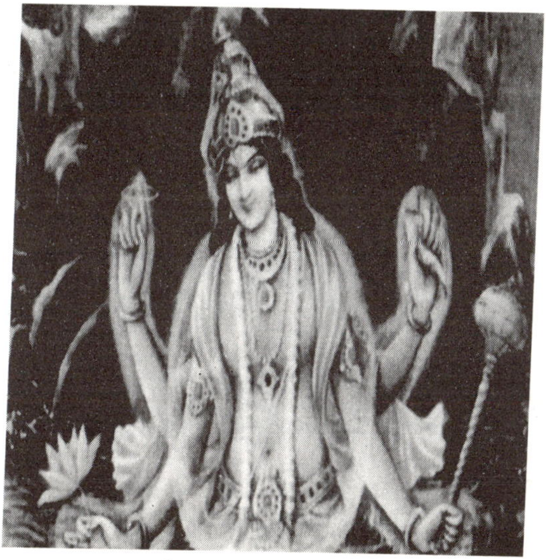

चित्र 37. कूर्मावतार

सागर के सामरिक महत्व को समझकर भगवान् राम ने भारत और लंका के बीच पत्थर के सेतु का निर्माण कराया था, जिसे आधुनिक अंतरिक्ष वैज्ञानिकों ने आज भी समुद्र तल के कुछ नीचे स्थित माना है। इसका चित्र (चित्र 38) पहले संयुक्त राज्य अमेरिका के एक नासा उपग्रह द्वारा लिया गया था। तत्पश्चात् भारत के अंतरिक्ष वैज्ञानिकों द्वारा भारतीय सुदूर संवेदन उपग्रह पी–4 द्वारा 19 जनवरी 2000 को राम सेतु का चित्र लिया गया था (चित्र 39)।

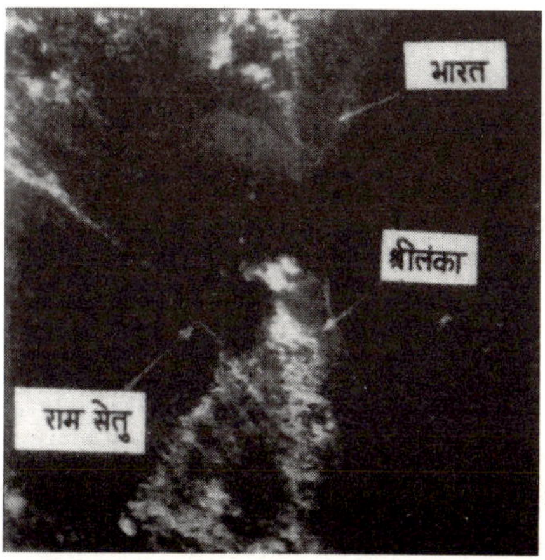

चित्र 38. अमेरिका के नासा के उपग्रह द्वारा लिया गया रामसेतु का फोटो

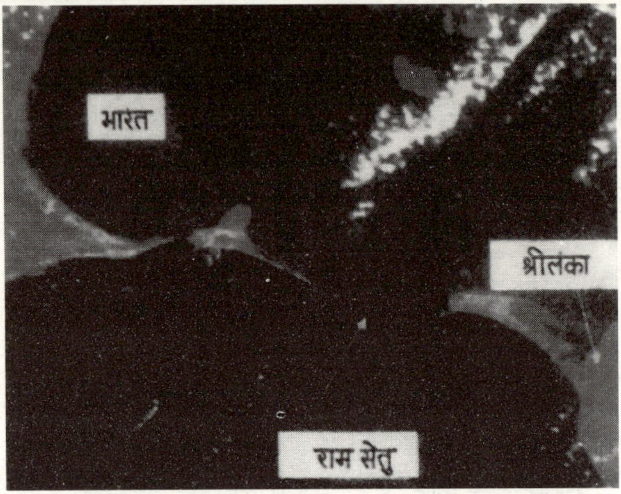

चित्र **39.** आई आर द्वारा लिया गया रामसेतु का फोटो

वैज्ञानिक परिप्रेक्ष्य में समुद्र मंथन

भारत के पौराणिक ग्रंथों में समुद्र मंथन संबंधी देव–दानव संग्राम की जानकारी मिलती है। वस्तुतः समुद्र मंथन भी विज्ञान सम्मत है। मंथन के समय वासुकि नाग का रस्सी के रूप में तथा मंदराचल पर्वत को मथानी के रूप में प्रयोग किया गया था। आज भली भाँति ज्ञात है कि समुद्र में अनेक पर्वत श्रृंखलाएँ पाई जाती हैं, जो ज्वालामुखी सक्रिय क्षेत्रों में स्थित हैं। इसके साथ ही पृथ्वी का ऊपरी पटल प्लेटों का बना हुआ है, जिन्हें अंतरतल की ऊष्मीय तरंगें चलायमान रखती हैं। वैज्ञानिकों के अन्वेषणों द्वारा ज्ञात हुआ है कि इन पर्वत श्रृंखलाओं में अनेक खनिज पदार्थ पाए जाते हैं। अतः पौराणिक मंदराचल पर्वत एवं वासुकि के तुलनात्मक रूप में प्लेटों, उनका ऊष्मा से मंथन एवं पर्वत श्रृंखलाओं के जन्म का ज्ञान होता है। समुद्र मंथन से निम्न चौदह रत्न प्राप्त हुए – श्री (लक्ष्मी), मणि (सीप), रंभा (अप्सरा), वारुणी, अमिय (अमृत), शंख, ऐरावत (हाथी), कल्पवृक्ष, चंद्रमा, कामधेनु, धनु (धनुष), धनवंतरि, विष एवं घोड़ा।

समुद्र मंथन (चित्र 40) से सर्वप्रथम विष की प्राप्ति हुई थी। यह विष और कुछ नहीं वरन् जल का मल था। वर्तमान संदर्भ में यह

विष मानवीय कार्यकलापों तथा औद्योगिकीकरण द्वारा समुद्री प्रदूषण के रूप में उभरकर आया है जो समुद्री जैव संपदा के लिए विष तुल्य है। भगवान् शिव के विषपान के बाद कल्पवृक्ष की प्राप्ति हुई। कल्पवृक्ष की समानता मानवोपयोगी विविध समुद्री वनस्पतियों से की जा सकती है। समुद्री शैवाल कई महत्वपूर्ण उत्पादों के स्रोत के रूप में उभरी है। इनका उपयोग खाद्य, रासायनिक उर्वरक एवं औषधि निष्कर्षण के रूप में हो रहा है। तटीय क्षेत्र में पाया जानेवाला बहुपयोगी नारियल तो मानव के लिए वरदान है। अतः कल्पवृक्ष समुद्री वनस्पतियों के समान उपयोगी एवं समानार्थक प्रतीत होता है।

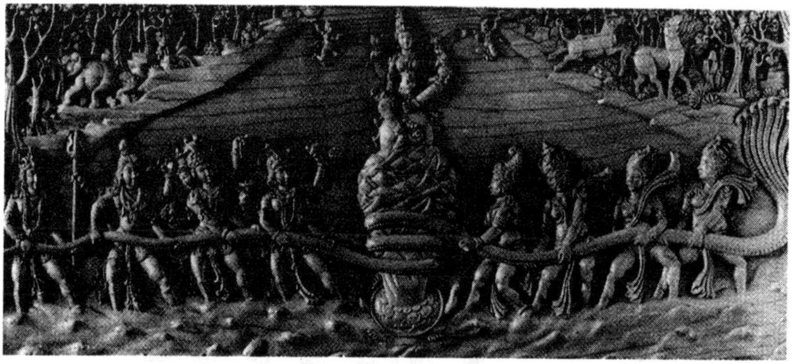

चित्र 40. समुद्र मंथन

कामधेनु को समुद्रीगाय (**Dugong**) भी कहा जाता है। वस्तुतः यह जैविक संपदा का प्रतीक है। सामुद्रिक जैव संपदा मानवजाति के भरण–पोषण में समर्थ है। समुद्र से प्राप्त मत्स्य, झींगा एवं शुक्ति आज भी तटीय प्रवासियों का मुख्य आहार हैं।

ऐरावत तथा उच्चैश्रवा संभवतः हाथी एवं अश्व के समान समुद्री जीवों का वर्णन है। ह्वेल मछली एक स्तनधारी वर्ग की यानी हाथी की जाति की है। डॉल्फिन मछलियाँ समुद्र में अश्व की भाँति जल विहार करती हैं। इस तरह के जीव समुद्री जैविक संतुलन में महत्वपूर्ण भूमिका निभाते हैं। वरुण को जल का द्योतक माना गया है, जो जीवन की उत्पत्ति का मूल कारण है। लक्ष्मी समृद्धि की सूचक है। समुद्र में हाल ही में अनेकानेक खनिज खोजे गए हैं, जो समुद्री भू–भौतिकीय प्रक्रियाओं के फलस्वरूप उत्पन्न हुए हैं। समुद्रतटीय बालू में सोने, हीरे, इल्मेनाइट, जिरकॉन, इत्यादि धातुओं

के भंडार बहुतायत प्राप्त हुए हैं। अतएव जैविक एवं भौतिक संपदाओं की प्राप्ति मानव की सुख संपदाओं की प्रतीक है।

समुद्र मंथन के फलस्वरूप धन्वंतरि अमृत कलश के साथ प्रकट हुए। धन्वंतरि वैद्य के रूप में प्रसिद्ध है। प्राचीनकाल से मोती, शंख और सीपियों का उपयोग औषधि के रूप में किया जाता है। आज समुद्री जीवों, वनस्पतियों तथा प्रवालों से महत्वपूर्ण औषधि सार प्राप्त किए जाते हैं, जिनका उपयोग बहुत से रोगों के निवारण में किया जा रहा है। रोग निदान, जो कि अमृत तुल्य है, को अमृत की संज्ञा देकर समुद्र मंथन को पूर्ण रूप से वैज्ञानिक कहा जा सकता है।

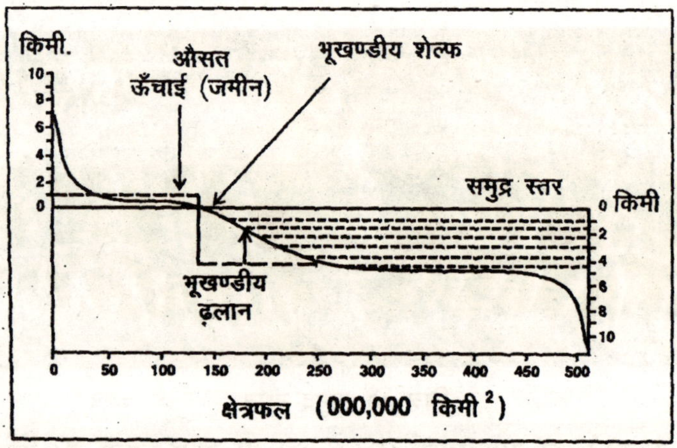

चित्र 41. समुद्र तल की आंतरिक संरचना

समुद्र तल की आंतरिक संरचना

यह सर्वविदित है कि समुद्री जल एवं समुद्री सतह अनेक प्रकार से मानव समाज के लिए कल्याणकारी है। एक तरफ जहाँ समुद्री जल अपनी कोख में विभिन्न खाद्य पदार्थों, वनस्पतियों इत्यादि को समाहित रखता है, तो दूसरी तरफ समुद्र का महत्व विशालकाय जलयानों आदि के आवागमन के माध्यम का कार्य करता है। इसी प्रकार समुद्री तल की महत्ता भी बेमिसाल है जो कि अपनी गर्त में विभिन्न बहुमूल्य खनिज पदार्थों, पेट्रोलियम तेल, प्राकृतिक गैस आदि को छुपाए रखता है। इन बहुमूल्य और अति उपयोगी पदार्थों को समुद्र तल के गर्त से ढूंढ निकालने के लिए समुद्र तल

की संरचना के बारे में समुचित जानकारी आवश्यक है। चित्र 41 में समुद्र तल की आंतरिक संरचना को दर्शाया गया है।

उपर्युक्त चित्र से स्पष्ट होता है कि खनिज एवं पेट्रोलियम पदार्थों को मद्देनजर रखते हुए समुद्र तल को मुख्यतया दो महत्वपूर्ण भागों में विभाजित कर सकते हैं। समुद्र तल का प्रथम भाग 'भूखंडीय शेल्फ' है जो कि भूखंड एवं समुद्र के संगम पर पाया जाता है। इस शेल्फ का झुकाव बहुत उथला होता है। समुद्र तल का दूसरा भाग 'भूखंडीय ढाल है, जो भूखंडीय शेल्फ के अंतिम सिरे से प्रारंभ होकर समुद्र के अंदर की ओर विस्तृत रूप से फैलता है। इस भाग का झुकाव अपेक्षाकृत अधिक ऊर्ध्वाधर होता है।

अनुसंधान परिणामों से विदित हुआ है कि खनिज एवं पेट्रोलियम आदि की बहुतायत मात्रा समुद्र के इन्हीं दो प्रमुख भागों में समाहित हैं। वर्तमान में हो रहे अध्ययन से ज्ञात हुआ है कि नवीनतम खनिज पदार्थ जैसे – बहुधात्विक पिंडिकाएँ एवं कार्बनिक पदार्थ सदृश हाइड्रेट आदि भी समुद्र के गहरे जल में मिलते हैं।

समुद्र की गहराई का मापन

उन्नीसवीं सदी के आरंभ तक मजबूत रस्से में वजन लटकाकर समुद्र की गहराई मापी जाती थी। बाद में रस्सी का स्थान तार ने ले लिया। इस विधि से गहराई का सही अंदाज नहीं लगता था, क्योंकि कई बार तली के जल प्रवाहों के कारण यह पता ही नही चल पाता था कि वजन तली पर टिक गया या नहीं। इस स्थिति में जहाजवाले प्रायः तार छोड़ते ही जाते थे। दूसरी बात यह है कि इसमें देर बहुत लगती थी।

वर्तमान समय में समुद्र की गहराई मापने में ध्वनि तरंगों का प्रयोग किया जाता है। इसमें पानी के जहाज के ऊपर एक यंत्र लगा दिया जाता है, जो पराश्रव्य ध्वनि तरंगें उत्पन्न करता है। इस यंत्र को कैथोमीटर कहते हैं। 20,000 हर्ट्ज से अधिक आवृत्ति या कंपन की तरंगों को पराश्रव्य तरंगे कहते हैं। वस्तुतः ये तरंगे भी ध्वनि तरंगें ही है, मात्र इनकी आवृत्ति अधिक होती है। इनको कान से नहीं सुना जा सकता है। इन तरंगों को समुद्र के अंदर भेजा जाता है, जो समुद्र की तलहटी से टकराकर परावर्तित हो जाती हैं। परावर्तित तरंगों को प्राप्त करके उनके जाने और लौटकर आने मे

लगे समय को आधा कर लेते हैं। इस समय को समुद्र के पानी के वेग के मान से गुणा करके समुद्र की गहराई का पता लगा लिया जाता है। ज्ञातव्य रहे ध्वनि पानी में 1,460 मीटर प्रति सेकंड की गति से चलती है। गहराई की दृष्टि से प्रशांत महासागर विश्व में सबसे गहरा है।

मृत सागर भी है

मृत सागर एक ऐसी झील है जो जार्डन तथा इजरायल के मध्य स्थित है। यह लगभग 80 किलोमीटर लंबी तथा 5 से 20 किलोमीटर चौड़ी है। समुद्र तल से ऊँची होने की अपेक्षा यह समुद्र तल से लगभग 400 मीटर नीची है। ऐसी मान्यता है कि यह कभी समुद्र की सतह से लगभग 430 मीटर ऊँची थी। तब इसमें जीव जंतु प्रवास करते थे, परंतु आज इसमें कोई भी जीव जंतु नहीं रहता है। इससे कोई नदी निकलने के बजाय इसमें जॉर्डन नदी तथा अनेक नाले आकर मिलते हैं और वे सब अपने साथ घुलनशील नमक लाकर, नमक की मात्रा बढ़ाते हैं।

सामान्यतया अन्य समुद्रों की अपेक्षा इसमें नमक की मात्रा भी सर्वाधिक है। इसके अतिरिक्त इसमें साधारण लवणों के अलावा अविषाणु पदार्थ भी पाए जाते हैं। इस कारण सामान्य समुद्रों के अविषालु पानी को तो चखकर स्वाद जाना जा सकता है, परंतु इसके पानी को नहीं चखा जा सकता, क्योंकि इसके अत्यधिक खारेपन के कारण चखनेवाला अस्वस्थ हो जाता है।

अतः इस सागर के पानी में कोई जीव–जंतु नहीं रह पाता है। जार्डन नदी एवं अन्य नालों के साथ आनेवाले जीव तथा अन्य समुद्री जीव इस सागर में प्रवेश करने पर मर जाते हैं। इसी कारण इसे 'मृत सागर' कहा जाता है। मृत सागर में नमक की अधिकता के कारण लवणीय जल का घनत्व बहुत अधिक है। अतः इसके जल में गिरने वाला पशु या प्राणी कभी डूबता नहीं वरन् तैरता रहता है।

सागर के भीतर पर्वत

रामचरित मानस में वर्णन मिलता है कि लंका जाते समय हनुमानजी ने समुद्र के भीतर से उमड़े मैनाक पर्वत पर विश्राम किया

था। जलमग्न पर्वत सागर नितल पर खड़ा होता है और अपनी ज्वालामुखी चोटियों को सागर तल के ऊपर निकाल सकता है। ये जलमग्न पर्वत उतने ही पुराने हैं जितने पृथ्वी पर के अन्य पर्वत – सागर के तल की सबसे आश्चर्यजनक वस्तु है पहाड़ियों की वह श्रृंखला, जिसने पृथ्वी को घेर ही नहीं रखा वरन् जो लंबाई में पृथ्वी की परिधि से भी लंबी है। हिंद महासागर में उलटे वाई (Y) के आकार (चित्र 42) से आरंभ होनेवाली इस पर्वत की एक शाखा दक्षिण अफ्रीका के दक्षिण से होती हुई अंध महासागर के दक्षिण में पहुँच जाती है और दूसरी आस्ट्रेलिया के दक्षिण से होती हुई प्रशांत महासागर के दक्षिणी भाग में। इन स्थानों से ये दोनों श्रृंखलाएँ उत्तर की ओर चलती हैं। अनुमान है कि सागरों के भीतर सारे पर्वतों की कुल लंबाई 60,000 किलोमीटर तथा औसत चौड़ाई सैकड़ों किलोमीटर होगी।

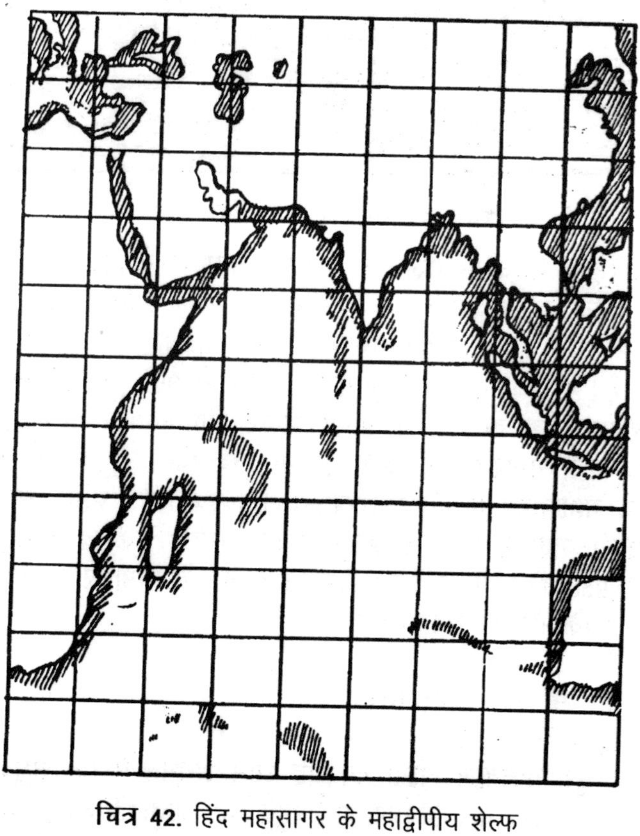

चित्र 42. हिंद महासागर के महाद्वीपीय शेल्फ

इन पर्वत श्रृंखलाओं के अलावा भी सागर में अनेक छोटे छोटे पहाड़ भी हैं। यद्यपि ये पानी में डूबे हुए हैं, परंतु इनकी अनेक चोटियों की ऊँचाई तली से लेकर शिखर तक कई हजार मीटर है। समुद्र के गर्भ से ये पर्वत कैसे बने? इस बारे में कुछ वैज्ञानिकों का कहना है कि पृथ्वी का ऊपरी भाग ठोस होते हुए भी गाढ़े तरल की भाँति व्यवहार करता है। उसमें पड़ी सिकुड़ने ही पर्वत श्रेणियाँ हैं (चित्र 43)।

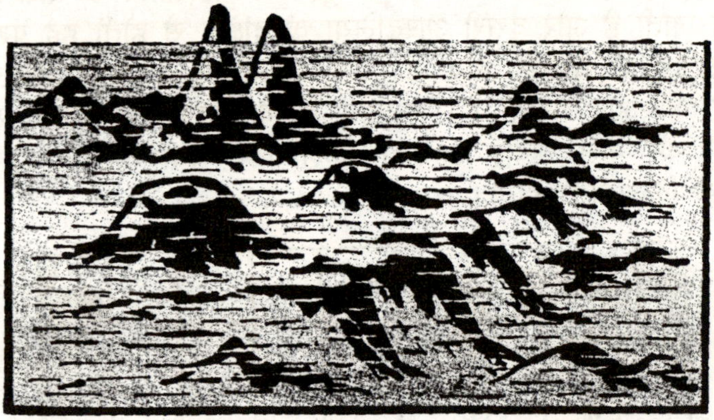

चित्र 43. समुद्र की पर्वत श्रेणियाँ

गूँज की मदद से तली की गहराई नापकर वैज्ञानिकों ने ज्ञात किया है कि हर महासागर के गर्भ में बड़ी–बड़ी खाइयाँ और गहरे गड्ढे भी हैं। प्रशांत महासागर में गहरी खाइयों की संख्या बहुत अधिक है। खाइयों की श्रृंखला गयाना द्वीप से 350 किलोमीटर दूरी से मेरिआना ट्रेंच के रूप में आरंभ होकर जापान और क्यूराइल के के निकट से गुजरती हुई अलास्का के निकटवर्ती समुद्र तक फैली है। हिंद महासागर में भी ऐसी खाइयाँ हैं। एक खाई ब्रह्मा (म्यांमार) के दक्षिणी पश्चिमी सिरे से आरंभ होकर सुमात्रा तक चली गई है। लगभग 950 किलोमीटर लंबी यह खाई 40 किलोमीटर चौड़ी और 2.5 से 5 किलोमीटर तक गहरी है।

समुद्र की साँसें – ज्वारभाटा

तट पर रहनेवाले लोगों का यह आम अनुभव है कि समुद्र का पानी दिन में एक बार किनारों पर बहुत बढ़ जाता है और एक बार

किनारे से बहुत दूर चला जाता है। पानी के इस बढ़ने और घटने को देखकर लोग पहले कहते थे कि समुद्र साँस ले रहा है। परंतु अब गुरुत्वाकर्षण बल के बारे में जानकारी हो जाने पर यह स्पष्ट हो गया है कि पानी का उतार–चढ़ाव चंद्रमा के गुरुत्वाकर्षण बल के कारण होता है। इसे चित्र 44 में दर्शाया गया है।

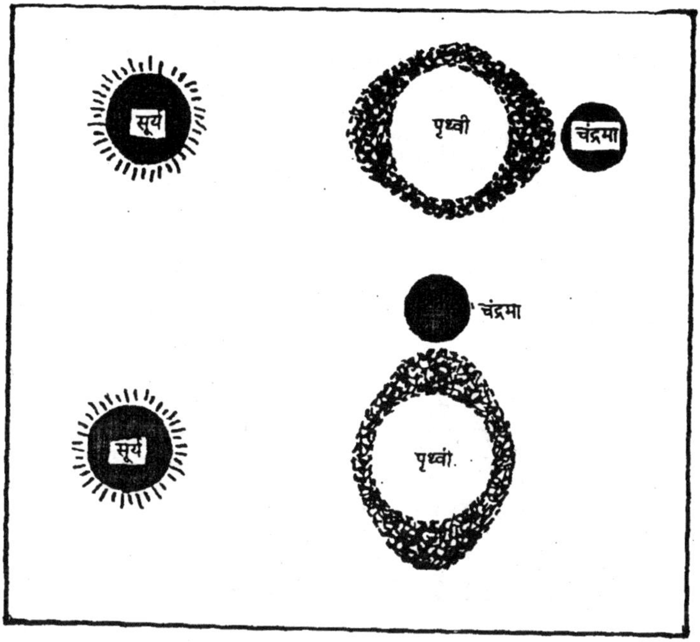

चित्र 44. ज्वार – पृथ्वी पर सूर्य एवं चंद्रमा के आकर्षण का प्रभ ाव

चंद्रमा पृथ्वी को अपनी ओर आकर्षित करना चाहता है, जिसका प्रभाव थल और जल दोनों पर पड़ता है। थल (ठोस) के कणों में वापस में अधिक आकर्षण होने के कारण उनपर चंद्रमा के गुरुत्वाकर्षण का दृश्य प्रभाव नहीं पड़ता, परंतु जल के कणों के बीच पारस्परिक आकर्षण कम होता है, इसलिये वह चंद्रमा की ओर जाना चाहता है। पृथ्वी भी इसे अपनी ओर आकर्षित करती है, जिसके फलस्वरूप पानी ऊपर उठकर फिर नीचे आ जाता है। इसे ही ज्वार भाटा कहते हैं। अर्थात् पानी के ऊपर की ओर जाने को 'ज्वार' (चित्र 45) तथा नीचे की ओर आने को 'भाटा' (चित्र 46) कहते हैं।

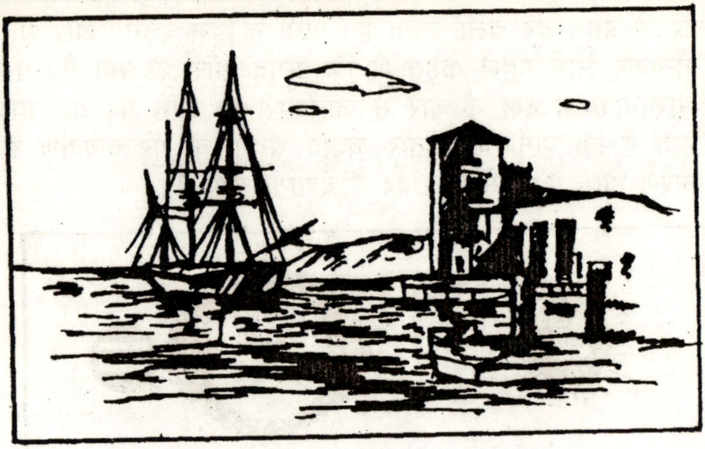

चित्र 45. ज्वार आने पर पानी के तल का ऊँचा होना

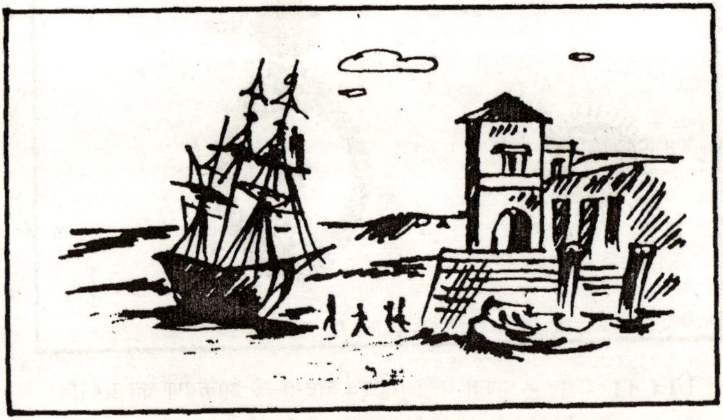

चित्र 46. भाटे के समय जल तल का घिरना

सूर्य का गुरुत्वाकर्षण बल भी ज्वार–भाटों को उत्पन्न करने में सहायक होता है, इसीलिए जब पूर्णिमा और अमावस्या को चंद्रमा और सूर्य एक ही रेखा में होते हैं, तब अन्य दिनों की अपेक्षा पानी अधिक ऊँचा उठता है।

ज्वार आने का समय प्रतिदिन चंद्रमा के निकलने के अनुसार बदलता रहता है और हर स्थान पर ज्वार एक से नहीं आते हैं। प्रशांत महासागर के मध्य में स्थित कुछ द्वीपों के तटों पर पानी केवल एक दो डेसीमीटर ही ऊपर उठता है, जबकि कनाडा के पूर्वी तट पर स्थित फंडी की खाड़ी में वह 20 मीटर तक ऊँचा उठ

जाता है। वहाँ पानी के चढ़ने की गति भी बहुत तेज (13 कि.मी. प्रतिघंटा से भी अधिक) होती है। ज्वार–भाटा कुछ स्थानों पर बहुत उपयोगी सिद्ध होते हैं। बहुत से बंदरगाहों में इनके कारण जहाज अंदर आ जा पाते हैं। कोलकाता में भी एक ऐसा बंदरगाह है। कई स्थानों पर इनसे बिजली भी उत्पन्न की जा रही है।

समुद्री घास – बहुमूल्य संपदा

वस्तुतः समुद्री घास (चित्र 47) अनेक प्रकार के पुष्पधारी प्रजातियों का समुदाय है जो लगभग पूरे विश्व में सागरतटीय क्षेत्रों और नदियों के मुहानों पर मिलते हैं। समुद्री घासें, समुद्री किनारों पर पानी के अंदर पनपती हैं। समुद्री घासों के समुदाय में अपेक्षाकृत कम प्रजातियाँ हैं, पर उनकी जटिल संरचना और उच्च जैव उत्पादकता इन्हें विशेष बनाती हैं और इस पारिस्थितिक तंत्र पर अनेक जीव निर्भर करते हैं। समुद्री पक्षियों, कछुओं, मनाटी तथा डुगांग जैसी प्रजातियों के लिए ये भोजन के स्रोत का कार्य करते हैं। अकशेरूकी जंतुओं और मछलियों की अनेक प्रजातियाँ अपने जीवनचक्र का एक भाग अथवा शैशवावस्था इसमें व्यतीत करती हैं।

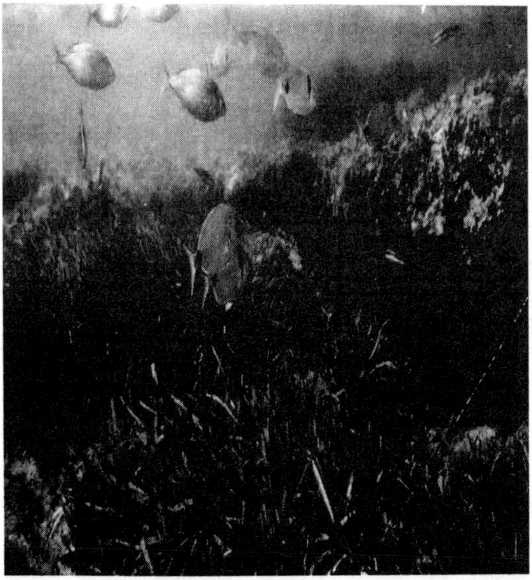

चित्र 47. समुद्री घास

मानव समुदाय के समुद्री घास का पारिस्थितिक तंत्र महत्वपूर्ण है क्योंकि इसमें अत्यधिक मत्स्य उत्पादन होता है, यह तलछट को समेट कर रखता है और तटीय अपरदन से कुछ हद तक सुरक्षा प्रदान करता है। यद्यपि समुद्री घास की प्रजातियाँ भी एक बीजपत्रीय हैं, परंतु इनका विकास वास्तविक घासों से अलग हुआ है। एक जैसी परिस्थितियों में पनपने के कारण इस पूरे समुदाय को 'समुद्री घास' कहा जाता है।

सामान्यतया समुद्री घासें रेत या कीचड़ जैसी मुलायम सतह पर पनपती हैं परन्तु कुछ प्रजातियाँ कठोर सतह पर भी पनप सकती हैं। इन्हें विकसित होने के लिए सूर्य के प्रकाश की अपेक्षाकृत अधिक आवश्यकता होती है, इसलिए ये कम गहरे पानी में ही पनपती हैं। समुद्री घास कई स्थानों पर अपना अलग से समुदाय बनाती है और दूसरे स्थानों पर प्रवाल भित्तियों (कोरल रीफ्ज) या मैंग्रोव के साथ पनपती हैं।

समुद्री घासें लगभग 120 देशों की समुद्री सीमा में पाई जाती हैं। इनकी जैव विविधता उन देशों में अधिक है जिनका विस्तार शीतोष्ण और उष्णकटिबंधी क्षेत्रों में है। इसी कारण आस्ट्रेलिया में इनकी 29 प्रजातियाँ, अमेरिका में 22 प्रजातियाँ और जापान में 16 प्रजातियाँ पाई जाती हैं। भारत और फिलीपीन्स में इनकी 14 प्रजातियाँ और पापुआ, न्यूगीनिया में 13 प्रजातियाँ खोजी जा चुकी हैं।

हमारे देश में मुख्य तौर पर समुद्री घासों की 11 प्रजातियाँ पाई जाती हैं (सारणी 16) जो दो कुलों की सदस्य हैं। इनमें से सभी प्रजातियाँ पूर्वी सागर तट पर पाई जाती है और 7 प्रजातियाँ अंडमान और निकोबार द्वीप समूहों में मिलती हैं। पश्चिमी सागर तट पर समुद्री घासों की केवल दो प्रजातियाँ (हैलोफाइला बेक्कारी और हैलोफाइला ओवेलिस) पाई गई हैं।

विश्व में समुद्री घासों की जैव विविधता तीन केन्द्रों पर अत्यधिक हैं और ये तीनों केन्द्र उत्तरी गोलार्द्ध में स्थित हैं। जैव विविधता का सबसे बड़ा केंद्र दक्षिण–पूर्व एशिया है। शेष दोनो केंद्र भी इसके समीप हैं।

सारणी 16. भारत में पाई जाने वाली समुद्री घासों की प्रमुख प्रजातियाँ

प्रजाति	कुल	पूर्वी तट	अंडमान और निकोबार	पश्चिमी तट
साइमोडोका रोटन्डाटा	पोटेमोगेटोनेसी	+	+	–
साइमोडोका सेरूलाटा	पोटेमोगेटोनेसी	+	–	–
सिरंजोडियम आइसोसेटिफोलियम	पोटेमोगेटोनेसी	+	+	–
हैलोड्यूल पिनिफोलिया	पोटेमोगेटोनेसी	+	+	–
हैलोड्यूल युनिवर्सेलिस	पोटेमोगेटोनेसी	+	–	–
इनहेलस एकोरोइड्स	हाइड्रोकेरिटेसी	+	+	–
हैलोफाइला बेक्कारी	हाइड्रोकेरिटेसी	+	–	+
हैलोफाइला ओवेलिस	हाइड्रोकेरिटेसी	+	+	+
हैलोफाइला ओवाटा	हाइड्रोकेरिटेसी	+	+	–
हैलोफाइला स्टिप्युलेसी	हाइड्रोकेरिटेसी	+	–	–
थैलेसिया हैम्प्रिची	हाइड्रोकेरिटेसी	+	+	–
	योग	11	7	2

निर्देश : + = विरल, – अनुपस्थित

समुद्री घास की विशिष्टता

उष्ण कटिबंध में उच्च पारिस्थितिकीय एवं आर्थिक विशिष्टता वाले अन्य प्राकृतिक आवासों की भाँति समुद्री घास पारितंत्र की भी गणना की जाती हे। यह पारितंत्र अन्य समुद्री जीवों को परिवर्धन क्षेत्र, खाद्य एवं पोषज प्रदान करता है। समुद्री घास क्षेत्र तथा वनस्पति भोजी जीव जैसे समुद्री गाय (डुगांग डुगांग) एवं समुद्री कछुओं में संबंध स्थापित किया गया है क्योंकि इन जीवों के लिए समुद्री घास प्रमुख भोज्य है। समुद्री घास उच्च उत्पादकता के क्षेत्र

हैं तथा अपरद खाद्य श्रृंखला में इनका योगदान (चित्र 48) है। ये क्षेत्र तलछट प्रक्रियाओं की वृद्धि एवं भूमि निर्माण में सहायक होते हैं। अतएव द्वीपों के लिए समुद्री घास आवासों का भूमि सुरक्षा में महत्व बढ़ जाता है। पोषजों की अभिवृद्धि तथा पुनर्चक्रण में ये सक्रिय भूमिका निभाते हैं तथा अधिपादपों को स्थायित्व प्रदान करते हैं।

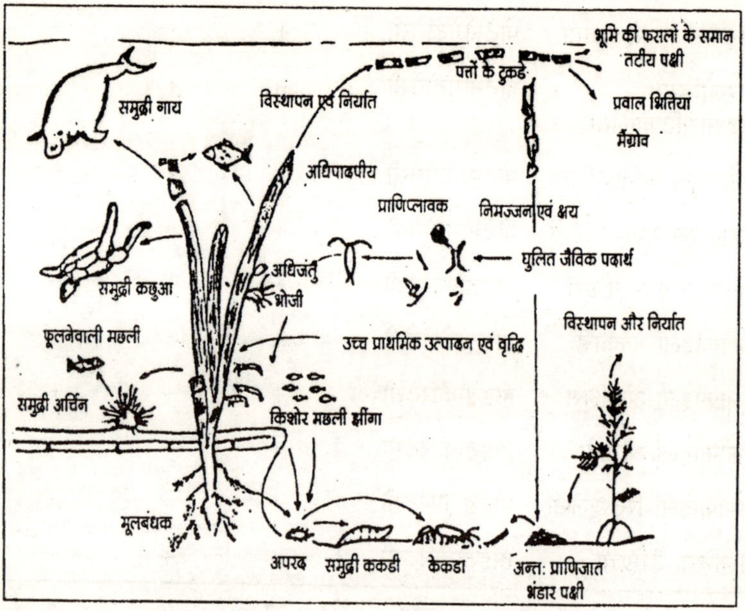

चित्र 48. समुद्री घास पारितंत्र में खाद्य जाल

समुद्री घासों का महत्व

समुद्री घास एक विशेष पारिस्थितिक तंत्र है और मछली उत्पादन तथा तलछट को स्थिर रखने में इनकी भूमिका को अनेक अध्ययनों में दर्शाया गया है। इनके अतिरिक्त भी पारिस्थितिक तंत्र में और मानव समाज के लिए भी इनका महत्व है। समुद्री घासों की उच्च उत्पादकता और जैवभार मानव समुदाय के लिए बहुत लाभदायक है। इसमें व्यावसायिक महत्व की अनेक मछलियाँ पनपती हैं। तथा इसमें मछलियाँ की अनेक प्रजातियों के बच्चे भी पनपते हैं।

समुद्री घासों के उत्पाद और सेवाएँ

- फिनफिश, मोलस्क, क्रस्टेसिया, स्तनधारी और सरीसृप की अनेक प्रजातियाँ पनपती हैं जिनका व्यावसायिक महत्व है।
- गहरे समुद्र में रहनेवाली मछलियों की अनेक प्रजातियाँ अपनी शैशवावस्था इसमें बिताती है।
- जोस्टेरा मैरीना के बीजों के आटे का उपयोग किया जाता है। केन्या में इनहेलस के कंद को खाया जाता है।
- समुद्री जंतुओं और मछलियों का पोषण
- समुद्री घासों की कुछ प्रजातियों से चटाई, टोकरी इत्यादि (चित्र 49) बनाई जाती है।
- कुछ प्रजातियों से पैकिंग सामग्री बनाई जाती है।
- कुछ प्रजातियों का उपयोग उर्वरक के रूप में किया जाता है।
- भू अपरदन से सागरतटों की रक्षा
- तलछट को रोककर और आविषालु पदार्थों को हटाकर जल का शुद्धिकरण
- उच्च उत्पादकता और पोषक तत्वों के निर्यात के कारण आस पास के पारिस्थितिक तंत्रों की मदद
- जैव विविधता और विलुप्त होती प्रजातियों की रक्षा
- तलछट का स्थिरीकरण

समुद्री घासों का आर्थिक महत्व

समुद्री घासों के आर्थिक महत्व का आकलन कम अध्ययनों के दौरान ही किया गया है। फ्लोरिडा के मोनटो काउंटी में समुद्री घासों पर आश्रित व्यावसायिक महत्व की मछलियों के पाँच प्रजातियाँ का आर्थिक आकलन 487 लाख डालर प्रति वर्ष किया गया। यूनिवर्सिटी ऑफ मेरीलैंड के पर्यावरणीय अर्थशास्त्री राबर्ट कोस्टांजा ने समुद्री घासों के प्रति हेक्टेयर क्षेत्र से मिलनेवाले लाभ का आकलन 19004 डालर प्रतिवर्ष किया है। कोस्टांजा का

आकलन मात्र पोषक तत्वों के पुनः चक्रण में समुद्री घासों की भूमिका पर आधारित था।

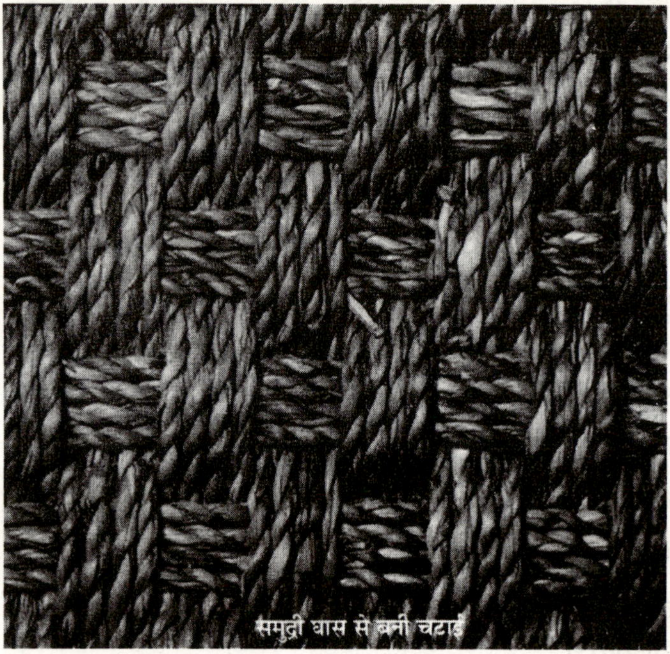

चित्र 49. समुद्री घास से बनी चटाई

समुद्री घासों पर संकट

विश्व के अन्य पारिस्थितिक तंत्रों की तरह ही समुद्री घासों का तंत्र भी संकट में है। अधिकतर स्थितियों में समुद्री घासों के घटते क्षेत्र का केवल एक कारण नहीं वरन् अनेक कारणों से है। अनेक स्थानों पर समुद्री घासों का सफाया जलपोतों के आवागमन का मार्ग बनाने के लिए किया गया। मछली पकड़ने के यांत्रिक तरीके भी इन्हें नुकसान पहुँचाते हैं। सागर तटों पर भवन निर्माण, सागर तटों का भराव और जल कृषि से भी समुद्री घासों को नुकसान पहुँचता है।

अनेक मानवीय गतिविधियाँ परोक्ष तरीके से भी समुद्री घासों को नुकसान पहुँचाती हैं। समुद्री घासें प्रकाश संश्लेषण करती हैं इसलिये आवश्यक है कि पानी में गंदलापन कम से कम हो तभी

पर्याप्त प्रकाश इन तक पहुँचेगा। भू अपरदन की बढ़ती दर, सागर तटों पर मलजल का मिलना या उद्योगों से अनुपचारित बहिस्राव के सागर तटों पर मिलने के कारण पानी की पारदर्शिता कम हो जाती है और समुद्री घासें प्रभावित होती हैं। अतः समय रहते इनके संरक्षण की नितांत आवश्यकता है।

मानव एवं सागर के नैसर्गिक संबंध

समुद्र जल की सतह पर घर्षण कम होने के कारण यह सबसे सस्ता परिवहन है, जिसके फलस्वरूप विभिन्न दूरस्थ देशों के मध्य व्यापार आदि सरल हो जाता है। महासागरीय जलधाराएँ अपनी गति के कारण जलयानों को सुगमता से चलने में मदद करती हैं। आज विश्व की वार्षिक आय में समुद्री परिवहन एवं व्यापार क्षेत्र का योगदान सर्वाधिक है। यद्यपि मानव समाज के लिए सागर के उपकार अनगिनत हैं तथापि कुछ महत्वपूर्ण के बारे में जानकारी निम्नवत् हैं –

1. सागर की खाद्यान्न संपदा

संपूर्ण विश्व में जनसंख्या की तीव्र वृद्धि से खाद्य पदार्थों तथा प्राकृतिक संसाधनों के अभाव का संकट उत्पन्न होना निश्चित है। जैसा कि विदित ही है पृथ्वी के 71 प्रतिशत भाग पर महासागरों का विस्तार है तथा शेष भाग स्थल का है। प्राप्त आंकड़ों के अनुसार अब तक विश्व के कुल भोजन का 90 प्रतिशत स्थल से तथा मात्र 10 प्रतिशत जलीय भाग (महासागर एवं अन्य जलागार) से उपलब्ध होता है। वर्तमान में जनसंख्या वृद्धि के साथ खेतिहर भूमि का सिमटना भी एक कटु सत्य है क्योंकि भूमिहीन जनसंख्या हेतु खेती की जमीन भी आवास हेतु उपयोग किया जाना भी अपरिहार्य है। अतः ऐसी विषम परिस्थिति में महासागरीय संसाधनों की प्राप्ति तथा उनके समुचित दोहन की आवश्यकता स्वतः सिद्ध होती है।

सागर के गर्भ में खाद्य पदार्थों की अक्षुण्य संपदा है, जिसका उपयोग मनुष्य, समाज के उत्थान के लिए सदैव करता रहा है।

अथाह समुद्र में दो प्रकार के खाद्य प्लवक मुख्यतः प्रचुर मात्रा में पाये ज़ाते हैं – पादप प्लवक एवं प्राणी प्लवक।

पादप प्लवक के अंतर्गत शैवाल, समुद्री घास एवं फाइटोप्लवक आदि आते हैं, जबकि प्राणी प्लवक के अंतर्गत मछलियाँ (मत्स्य), केकड़ा, झींगा तथा जू प्लवक इत्यादि आते हैं। इन प्लवकों में मत्स्य उत्पादन बहुत महत्वपूर्ण है, जो किसी भी देश की आर्थिक व्यवस्था सुदृढ़ करने में अग्रणी है। आज के परिप्रेक्ष्य में हमारे समाज का एक बड़ा तबका एक हद तक मत्स्य खाद्यान्न पर ही निर्भर हैं। मत्स्य उत्पादन का सबसे वृहत् स्तोत्र समुद्र ही है जो हमारे समाज मे मत्स्य खाद्यान्न खपत की भरपाई करता है। अर्थात् समुद्र जहाँ समाज में खाद्य पदार्थ की आपूर्ति कराता है, वहीं उस समाज के आर्थिक विकास को गतिशील भी बनाता है। एक आकलन के अनुसार भारतीय समुद्रों से लगभग 2 करोड़ टन मछली प्रतिवर्ष पकड़ी जाती हैं।

वर्तमान में समुद्रों से भोजन प्राप्त करने की गतिविधियाँ मुख्यतः उसके सतही क्षेत्र के भीतर व कुछ निचली गहराई तक ही सीमित है परंतु कई पेलैजिक जीव, समुद्रों की गहराइयों में निवास करते हैं, जिनका भोजन के रूप में उपयोग किया जा सकता है। इन्हें पकड़ने के लिए नए–नए उपकरणों का विकास किया जा रहा है।

समुद्र में लगभग 25,000 जाति वर्ग की मछलियाँ पायी जाती हैं। इन मछलियों का प्रमुख आहार विभिन्न प्लवक ही हैं, जो कि समुद्री धाराओं द्वारा बहाकर लाए जाते हैं। स्पष्टतः समुद्र के जिन स्थानों पर प्लवकों की उत्पादकता अधिक होगी, वहाँ पर मत्स्य उत्पादन भी प्रचुर मात्रा में होगा। वैज्ञानिक शोध से यह ज्ञात हुआ है कि जिन स्थानों पर समुद्र की ठंडी धाराएँ आकर गरम जल धाराओं से मिलती हैं, वे स्थान प्लवकों के उत्पादन के लिए एक आदर्श क्षेत्र बन जाते हैं। गरम व ठंडी जलधाराओं के संगम स्थान का पता सुदूर संवेदी तकनीक के द्वारा लगाया जाता है।

भारतीय परिप्रेक्ष्य में पश्चिमी तटीय क्षेत्र मत्स्य उत्पादन के लिए पूर्वी तटीय क्षेत्रों से अधिक अनुकूल पाये गए है। विश्व पटल पर मत्स्य उत्पादकता विभिन्न राष्ट्रों में, जो कि विभिन्न महासागरों के तट पर बसे हुए हैं, बहुतायत में पायीं गयीं है। प्रशांत महासागर के उत्तर पूर्व में चीन, जापान, दक्षिण कोरिया आदि देशों से लेकर

फिलिपीन्स तक एवं दक्षिण अमेरिका के पश्चिमी तट पर मत्स्य उत्पादन की प्रचुरता है।

इसी प्रकार, अटलांटिक महासागर में मुख्य मत्स्य उत्पादक राष्ट्र नार्वे, ब्रिटेन, डेनमार्क, कनाडा एवं अमेरिका आदि हैं। ऐसा आकलन किया गया है कि विश्व की वार्षिक आय में द्वितीय सर्वोच्च योगदान मत्स्य उत्पादन का ही है, जो कि वर्तमान परिदृश्य में मानव समाज के आर्थिक विकास को सुदृढ़ बनाने में सहायक सिद्ध होता है।

समुद्री सजीव संसाधनों का विहंगावलोकन

समुद्री खाद्य श्रृंखला में पादप प्लवक एवं प्राणी प्लवक एक महत्वपूर्ण कड़ी है जो मत्स्य एवं अन्य जीवों का आधार बनते हैं। प्लवक की मात्रा के आधार पर हिंद महासागर की मत्स्य संपदा 90 लाख टन प्रतिवर्ष आंकी गई हैं। मत्स्य और झींगे के अतिरिक्त दूसरे समुद्री जीव, जैसे – शैवाल, प्रवाल तथा सीपियाँ भी उपलब्ध है। भारतीय तट की लगभग 90 प्रतिशत मछलियाँ 50 मीटर गहराई तक से ही पकड़ी जाती है, जबकि गहरे समुद्र में पाई जानेवाली प्रजातियाँ अभी अछूती रही हैं।

समुद्री मत्स्य दोहन में लगभग एक दर्जन वर्गों और प्रजातियों की वेलापवर्ता मछली, पंद्रह प्रमुख वर्गों और प्रजातियों की तलमज्जी मछली, क्रस्टेशिया एवं कट्टल फिश आदि प्रमुख हैं जो कि 50 मीटर गहराई तक से पकड़ी जाती हैं। हमारे देश में मात्स्यिकी संपदाओं का दोहन विभिन्न स्वदेशी गियरों से हो रहा है जिनमें मुख्य रूप से ट्राल नेट, ड्रिफ्ट गिल नेट आदि हैं। छोटी नौकाओं बाहरी या भीतरी इंजन से चलनेवाली भारतीय नौकाओं द्वारा मछली पकड़ी जाती है।

भारत के अनन्य आर्थिक क्षेत्रों को चार प्रमुख मत्स्य क्षेत्रों में बाँटकर औसत मत्स्य उत्पादन सारणी 17 में दिया गया है। इसी प्रकार विभिन्न मौसमों में भारत के अनन्य आर्थिक क्षेत्रों में औसत प्राथमिक उत्पादन को सारणी 18 में वर्णित किया गया है।

सारणी 17. भारत के अनन्य आर्थिक क्षेत्र के चार विभागों में मत्स्य आग्रहण

क्षेत्र	क्षेत्रफल (लाख वर्ग कि.मी.)	प्रतिशत मत्स्य आग्रहण
पश्चिमी तट	6.98	34.7
पूर्वी तट	5.15	25.64
अंडमान एवं निकोबार	5.66	28.18
लक्षद्वीप	2.31	11.44
योग	20.10	100.00

सारणी 18. विभिन्न मौसमों में भारत के अनन्य आर्थिक क्षेत्रों में औसत प्राथमिक उत्पादन

मौसम	औसत प्राथमिक उत्पादन मिग्रा. कार्बन मी.$^{-2}$ दिन$^{-1}$
मानसून पूर्व	73.32
मानसून	682.12
उत्तर मानसून	291.56

सारणी 19 में संभावित वार्षिक मत्स्य उत्पादन के अनुमान को वर्णित किया गया है।

सारणी 19. संभावित वार्षिक मत्स्य उत्पादन का लक्ष्य

क्षेत्र	कुल वार्षिक उत्पादन
पश्चिमी तट	2.04×10^6 मिलियन टन
लक्षद्वीप	0.15×10^6 मिलियन टन
पूर्वी तट	1.49×10^6 मिलियन टन
अंडमान	0.92×10^6 मिलियन टन

उपर्युक्त सारणियों से निष्कर्ष निकलता है कि भारतीय तटों की उत्पादकता मानसून से अत्यधिक प्रभावित होती है। इसमें जल ऊर्ध्वागमन क्रिया सक्रिय भूमिका निभाती है।

सीपियाँ एवं शिख कवचियाँ

भारत में लगभग 37 प्रतिशत लोग मछली द्वारा प्रोटीन प्राप्त करते हैं जिनमें 57 प्रतिशत लोग सीपियों को बड़े चाव से खाते हैं। वैसे भी सीपियों का मांस सस्ता और पौष्टिक होता है। समुद्र में विभिन्न प्रकार की सीपियाँ पाई जाती है, जिनमें कुछ सीपियाँ, जैसे– शंदू और शक्ति तथा शंबू आदि आर्थिक रूप से महत्वपूर्ण मानी जाती हैं। हरी सीपियाँ गोवा तथा केरल के तट पर पायी जाती हैं जो खाने में बहुत स्वादिष्ट मानी जाती हैं। वर्षा के दिनों जब मछली पकड़ना बंद हो जाता है तो बाजार में इतनी मांग बढ़ जाती है। हमारे देश के राष्ट्रीय समुद्र विज्ञान संस्थान, गोवा में इनका परीक्षण करने पर ज्ञात हुआ कि वर्ष में तीन बार इनकी पैदावार ले सकते हैं। आजकल देश में लगभग 300–400 टन सीपियों की पैदावार होती है।

सुदूर संवेदन एवं भौगोलिक सूचना प्रणाली का मत्स्य क्षेत्र विकास में योगदान

भारत में लगभग 70 लाख लोग, अपनी जीविका के लिए मछली पकड़ने के व्यवसाय में लगे हुए हैं। मछलियों के जमा होने के संभाव्य क्षेत्रों के बारे में समय पर विश्वसनीय और अल्पकालिक पूर्वानुमान मछलियों के मौजूद होने के स्थलों को ढूंढने मे लगने वाले समय और प्रयास को कम करने में मछुआरों के लिए बहुत हितकारी है। समुद्र विकास, अंतरिक्ष और मत्स्य विज्ञान के वैज्ञानिकों के संयुक्त प्रयासों से सुदूर संवेदन (रिमोट सेन्सिंग) और भौगोलिक सूचना प्रणाली (जी.आई.एस) तकनीकों से ऐसे अल्पावधि पूर्वानुमान संबंधी सेवा प्रदान करने के कार्य चरम सीमा तक पहुँच गए हैं। भारतीय रिमोट सेन्सिंग उपग्रह (आई आर एस – पी 4) से प्राप्त क्लोरोफिल और अमेरिकी एन ओ ए ए उपग्रह से प्राप्त समुद्र परत तापमान सूचना इस जानकारी को प्राप्त करने का मूल निवेश है। मछलियों की अधिकता वाले संभावित क्षेत्र, जिनमे समुद्री अग्रभाग, टेढ़े–मेढ़े बहने की प्रक्रिया, भँवर और उत्प्रवाही क्षेत्रों, जैसे लक्षण दिखाई देते हैं, इनको उपग्रह चित्रों से पहचान का नौचालन चार्टों में उतारा जाता हैं और संभाव्य क्षेत्रों के रूप में दर्शाया जाता है। वेब – जी.आई.एस के उपयोग से जानकारी एकत्र करने, उनके

विश्लेषण, लक्षणों की जानकारी देने, मानचित्रों को तैयार करने और सूचनाओं के प्रसार में जी.आई.एस. एक बहुत सहज उपस्कार है।

संभाव्य मत्स्य क्षेत्र (पीएफजेड) संबंधी सूचनाओं की प्राप्ति के लिए रिमोट सेन्सिंग

इस कार्यक्रम में मछलियों के लिए अनुकूल तापमान क्रम पहचान कर उनका चयन किया जाता है, जिससे उनकी संख्या बढ़ सके। तापमान सीधे उनकी चयापचयन दर, बड़े होने, संख्या बढ़ाने और विकास को प्रभावित करता है। वह उनके स्थानान्तरण, उनके भौगोलिक और परिस्थितीय फैलाव को भी प्रभावित करती है। कुछ मछलियाँ लगभग 0.03 डिग्री सेल्सियस तापमान परिवर्तनों पर प्रतिक्रिया व्यक्त करती है। लार्वा के बढ़ने के लिए आहार के अलावा उनके जीवित रहने के लिए तापमान भी एक मुख्य और महत्वपूर्ण घटक है। मछली और उसके लार्वा के लिए आहार की उपलब्धता तथा पादप प्लवक इन दोनों का उत्पादन से मात्रा की सीधा संबंध है, जो तापमान के मौसमी परिवर्तनों और रोशनी की मात्रा से गहराई से जुड़ा है। अतः मछलियों का फैलाव सामान्यतौर पर विद्यमान वातावरणीय स्थितियों, मुख्यतः आहार और तापमान से संबंधित है। उपर्युक्त तथ्यों के आधार पर समुद्री मत्स्य संपदा का पता लगाने में इन सभी समुद्र विज्ञान संबंधी प्राचलों में तापमान और समुद्र रंग का व्यापक रूप में उपयोग किया जाता है।

भारतीय राष्ट्रीय महासागर सूचना सेवा केंद्र (इंकॉइस), हैदराबाद ने संभाव्य मत्स्य क्षेत्र (पीएफजेड) सूचनाओं का समय पर प्रसारण करने के लिए इलेक्ट्रॉनिक डिजिटल डिस्प्ले बोर्ड (डीडीबी) के रूप में नई संकल्पना तैयार की है। प्रथम डीडीबी, जो कि अपने आपमें पहला था, को उसके कार्यान्वयन के परिशीलन के लिए रत्नगिरी, महाराष्ट्र में स्थापित किया गया। इस नयी पहल को सफलता से लागू करने के बाद भारत के तटवर्ती प्रांतों और उसके द्वीपों पर हर जगह 15 डीडीबी और स्थापित किए गए। प्रत्येक पूर्वानुमान को सप्ताह में तीन बार, इंकॉइस से सीधे अद्यतन किया जा रहा है। यह कार्य केंद्र के निदेशक डॉ. शैलेश नायक के नेतृत्व में सफलतापूर्वक चल रहा है।

उपर्युक्त सूचना तंत्र से मछुआरों को मछली खोजने में 30% से 70% तक समय कम लगता है। इसके साथ–साथ डीजल, तेल और बहुमूल्य मानव श्रम में भी बचत होती है।

2. समुद्री शैवाल – समुद्र की अक्षुण्ण संपदा

जैसा कि विदित है, भारत की आर्थिक व्यवस्था में समुद्र का महत्वपूर्ण योगदान है और इस पर देश की जनसंख्या का एक बड़ा भाग निर्भर है। तेजी से बढ़ती जनसंख्या, अंधाधुंध शहरीकरण और औद्योगिक विकास से कृषि योग्य भूमि की लगातार कमी होने के कारण मानव का ध्यान समुद्र की सजीव एवं निर्जीव संपदा की ओर गया है। समुद्री शैवाल भी समुद्र की सजीव संपदा का एक भाग है तथा यह अपनी विविध उपयोगिता के कारण बहुत महत्वपूर्ण है।

समुद्री शैवाल अपने रंग के आधार पर मुख्यतः तीन वर्गों में विभाजित किए गए हैं –

1. रोडोफाइटा (लाल शैवाल)
2. फाइओफाइटा (भूरा शैवाल)
3. क्लोरोफाइटा (हरा शैवाल)

शैवालों का उपयोग विविध क्षेत्रों में होता है तथा इनकी माँग व उपयोगिता इनकी उपलब्धता से कहीं अधिक है। चीन, जापान, कोरिया एवं फिलिपीन्स में लाखों व्यक्ति शैवालजन्य उत्पाद बनाने में लगे हुए हैं। इसी प्रकार ब्राजील, चिली, नामीबिया, न्यूजीलैण्ड, नार्वे, अमेरिका, इंग्लैण्ड, फ्रांस, स्पेन और अन्य देशों में कई उद्योग समुद्री शैवाल पर आधारित हैं। हाल ही के वर्षों में थाइलैंड, वियतनाम और तंजानिया भी इस क्षेत्र में आगे आ रहे हैं।

विश्व में समुद्री शैवाल की प्रजातियों की संख्या 20,000 से अधिक हैं। भारत में लगभग 806 प्रजातियाँ हैं। इनमें रोडोफाइटा की संख्या 487, फाइओफाइटा की 186 तथा क्लोरोफाइटा की संख्या 133 है। ठंडे देशों की तुलना में गरम देशों के समुद्रों में इनका उत्पादन अधिक होता है। भारत उष्णकटिबंधीय समुद्र से तीन ओर से घिरा हुआ है। इसका समुद्री तट लगभग 7500 कि.मी. लंबा है। तथा इसका अनन्य आर्थिक क्षेत्र लगभग 21 लाख वर्ग कि.

मी. है। बंगाल की खाड़ी में स्थित अंडमान और निकोबार द्वीप समूह में 324 द्वीप समूह है और अरबसागर में स्थित लक्षद्वीप में 36 द्वीपसमूह हैं। यह पूरा क्षेत्र उत्पादन की दृष्टि से उत्तम है। यहाँ पर समुद्र से भली–भाँति परिचित मानव शक्ति भी उपलब्ध है। यहाँ के प्रवासी शैवाल की खेती में सहायक होकर रोजगार भी पा सकते हैं। भारत में समुद्री शैवाल का वितरण चित्र 50 में दर्शाया गया है।

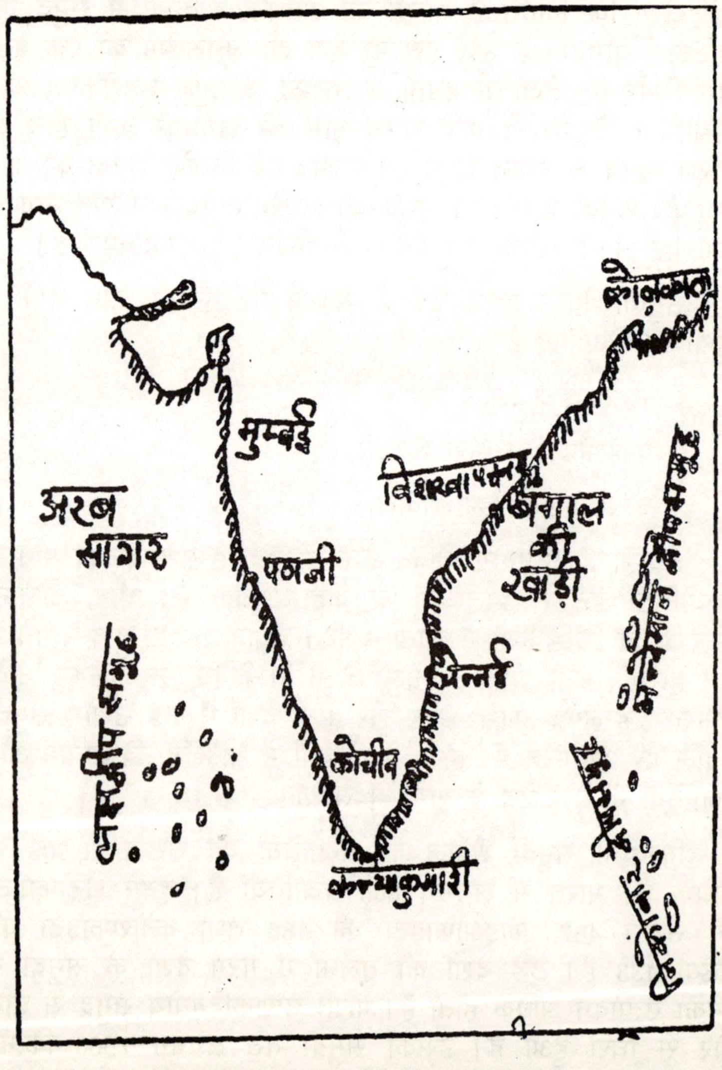

चित्र 50. भारत में समुद्री शैवाल का वितरण

समुद्री शैवाल के उपयोग

समुद्री शैवाल कई प्रकार से उपयोगी हैं –

1. खाद्य के रूप में – समुद्री शैवाल 600–800 बी.सी. से ही खाद्य के रूप में प्रयोग किए जा रहे हैं। ये शैवाल प्रोटीन, विटामिन, कार्बोहाइड्रेट एवं खनिज तत्वों के अच्छे स्रोत होने के साथ–साथ उच्च पोषण गुणवत्ता और आयोडीन युक्त होने के कारण मानव जाति का एक मुख्य संतुलित आहार है। विश्व में सबसे अधिक जापान में इन समुद्री शैवालों का भोजन के रूप में उपयोग किया जाता है। इसके अलावा दक्षिणी एवं दक्षिण–पूर्वी एशियन देशों में भी बहुतायत मात्रा में इनका खाने में उपयोग किया जाता है। जापान में समुद्री शैवाल को एक कृषि धंधे के रूप में अपनाया गया है। भारतीय तटों पर पाए जाने वाले शैवाल हैं – रेडीमेनिया, पेडिना, सारगासम, टर्बीनेटिया, एन्टरोर्मोफा एवं अल्फा। ये समुद्री शैवाल सभी विटामिन का अच्छा स्रोत हैं। कुछ देशों, जैसे – पेरू में नॉस्टॉक प्रजाति का भोजन की विभिन्न डिश बनाने में उपयोग किया जाता है। शैवालीय प्रोटीन में लाइसीन, थ्रियोनीन और ट्रेप्टोफेन की अधिकता होती है, जबकि अनाज प्रोटीन में इसकी मात्रा सापेक्ष कम है। अतः शैवाल प्रोटीन का उपयोग अनाजों के स्थानों पर भी कर सकते हैं।

2. चारे के रूप में – समुद्री शैवाल का उपयोग केवल मानव जाति के लिए नहीं वरन् जलीय एवं स्थलीय जंतुओं के लिए भी वरदान स्वरूप है। मुख्यतः लाल समुद्री शैवाल जलीय प्राणियों के भोजन के लिए सर्वोत्तम सिद्ध होते हैं, जबकि भूरे एवं लाल समुद्री शैवाल पालतू एवं जंगली जानवरों के चारे का अच्छा स्रोत है। पालतू जानवरों में जैसे – भेड़, घोड़ा, बकरी, सुअर एवं मुर्गी पालन में इनका उपयोग अधिक हो रहा है। इसी के सापेक्ष जंगली जानवर जैसे – हिरण, खरगोश, आर्कटिक लोमड़ी और ध्रुवीय भालुओं द्वारा समुद्री शैवालों को खाते देखा गया है। इनमें प्रमुख रूप से लैमीनेरिया, फ्यूकस, अलेरिया, एस्कोफाइलम, पेल्वेसिया, कान्ड्रस पालमारिया इत्यादि हैं। लैमिनेरिया द्वारा एल्जिट फ्यूकस द्वारा नेप्टम नामक चारे तैयार किए जाते हैं, जो बाजारों में उपलब्ध हैं। समुद्री शैवाल दूसरे पौधों के साथ मिलकर सिलेज बनाते हैं, जिन्हें जानवर सुगमता से पचा लेते हैं। एस्कोफिलम नोडासम द्वारा उत्पन्न

औद्योगिक उत्पाद भेड़ों की प्रजनन क्षमता बढ़ाने में सहायक होते हैं। समुद्री शैवालों में सूक्ष्म मात्री पोषक तत्वों की अधिकता के कारण मुर्गियों के अंडों में आयोडीन की मात्रा बढ़ जाती है। डेनमार्क में किए गए अनुसंधान से विदित हुआ है कि प्रतिदिन गायों को 200 ग्राम समुद्री शैवालीय भोजन देने से दूध में वसा एवं विटामिन 'ए' के साथ दूध की मात्रा में वृद्धि हुई है। ब्रिटेन के वैज्ञानिकों के अनुसार सूखे एस्कोफिलम नोडोसम खाने से रोग प्रतिरोधक क्षमता बढ़ जाती है।

3. उर्वरक के रूप में – समुद्री शैवाल, उर्वरक का मुख्य स्रोत माना जाता है। प्राचीन काल से ही समुद्र तटीय किसानों द्वारा इन समुद्री शैवालों का उर्वरक के रूप में उपयोग किया जा रहा है। ये मुख्यतः भूरे शैवाल होते हैं, जैसे – एस्कोफिलम, मेक्रोसिस्टिस, लेमीनेरिया, सरगासम आदि। इसके अलावा लाल शैवाल जैसे – पेकीमानिया, लीथोथमिनोन, फामेटोलीथोन है, इन्हें किसान कृषि कार्ई के लिए ही विशेष रूप से समुद्र से एकत्रित करते हैं। इन शैवालों को मिट्टी में डालने से मृदा की उर्वरा शक्ति कई गुणा बढ़ जाती है। भौगोलिक संरचना के आधार पर विभिन्न फसलों के लिए भिन्न–भिन्न समुद्री शैवालों का उपयोग किया जाता है। अनुसंधानों द्वारा विदित हुआ है कि सूखे व पानी की कमी वाले क्षेत्रों में समुद्री शैवाल पानी की उपलब्धता को बनाये रखने के साथ मृदा क्षरण को भी रोकता है।

4. औषधि के रूप में – कोरालिना, कोन्ड्रस, ग्रासिलेरिया व सरगासम आदि से निकलनेवाले पदार्थों से कई प्रकार की औषधियाँ बनाई जा रही है।

समुद्री शैवाल की कोशिकाभित्ति में कई प्रकार की शर्करा पाई जाती है जिन्हें फाएकोकोलाइड कहते हैं। इनमें मुख्य फाइकोकोलाइड अल्जिनेट तथा केराजीनन है। आस्ट्रेलिया के वैज्ञानिक डॉ. ब्लैकबर्न का मानना है, कि समुद्री शैवाल की प्रजातियाँ कैंसर निदान में भी उपयोगी सिद्ध हुई है। इसके अतिरिक्त इनका कई प्रकार के उद्योगों में विभिन्न रूपों में उपयोग किया जाता है। विभिन्न प्रकार के शैवालों को चित्र 51 में दर्शाया गया है।

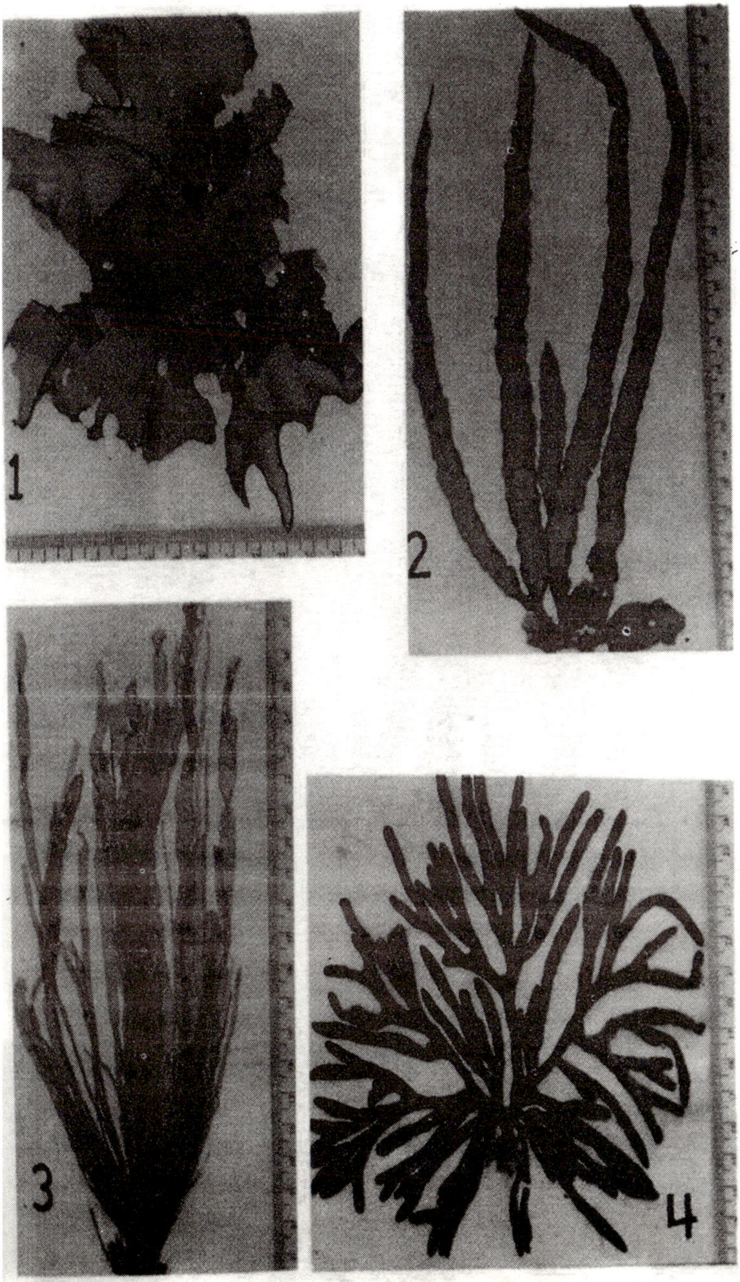

चित्र 51 अ – विभिन्न प्रकार के शैवाल

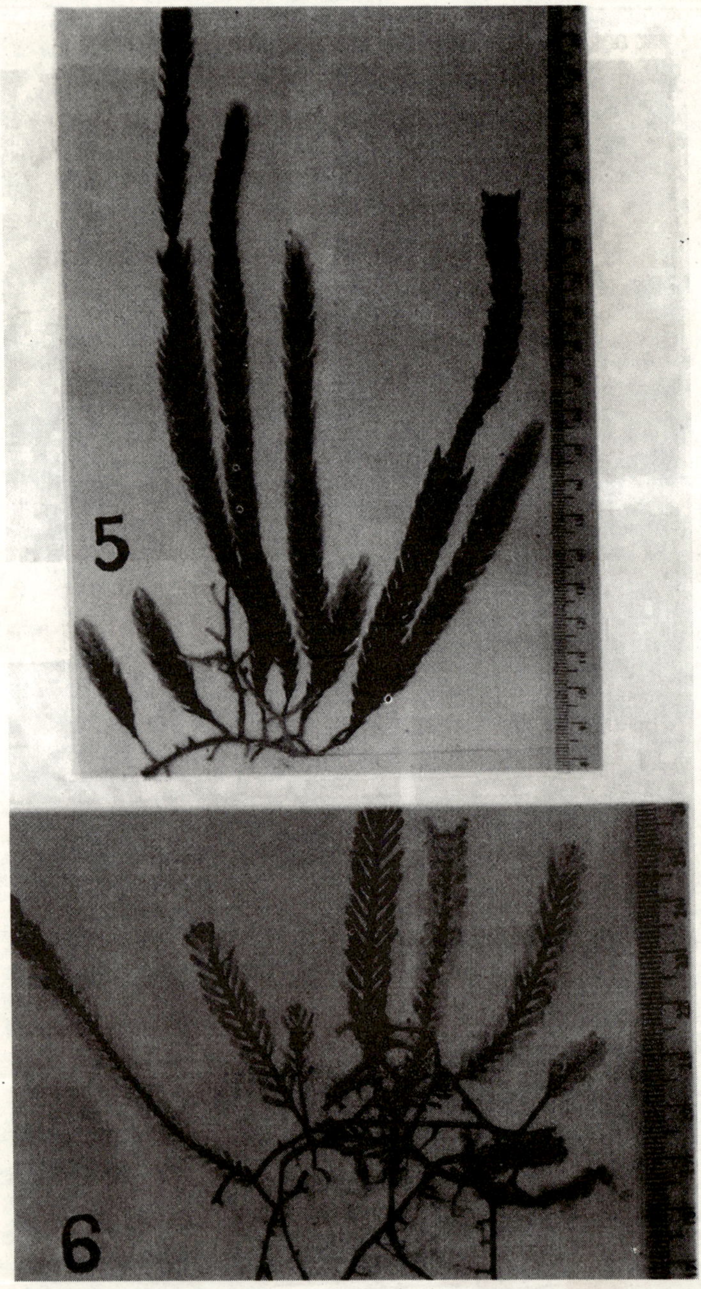

चित्र 51 ब – विभिन्न प्रकार के शैवाल

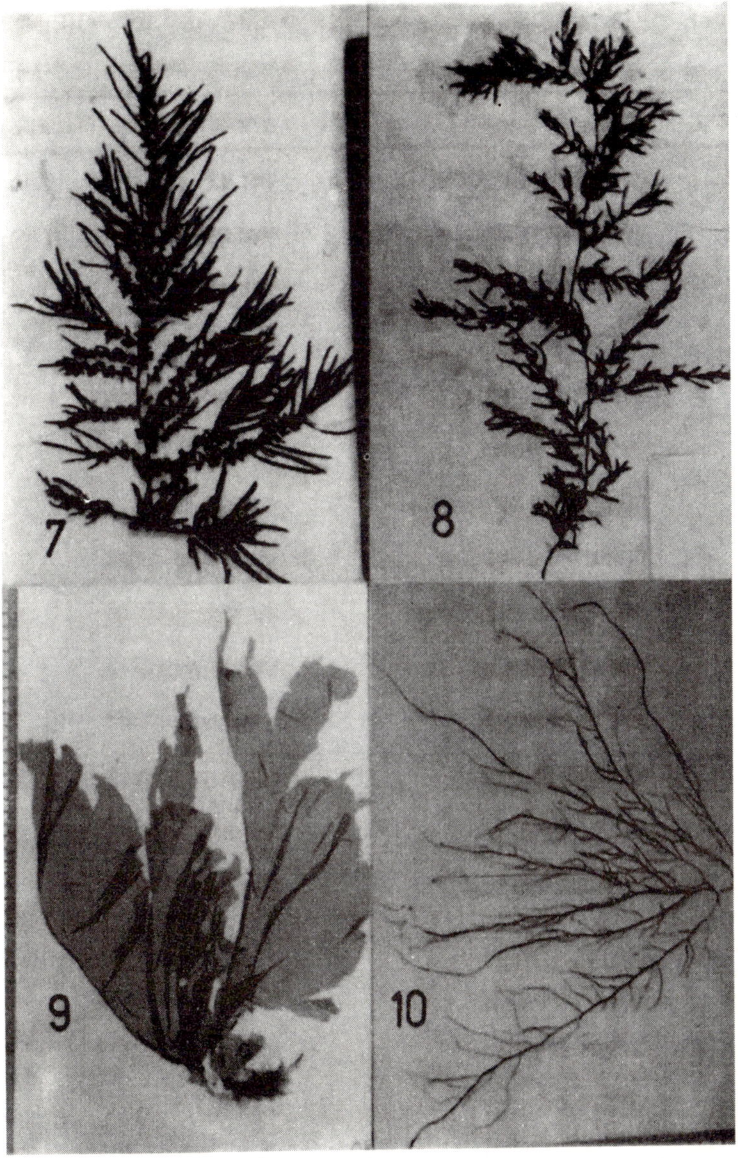

चित्र 51 स – विभिन्न प्रकार के शैवाल

सारणी 20 व 21 में शैवालों तथा अन्य खाद्यान्नों में कार्बनिक पोषक पदार्थों की मात्रा तथा कुछ प्रमुख समुद्री शैवाल में पाए जाने वाले रासायनिक पदार्थों को वर्णित किया गया है।

सारणी 20. शैवालों तथा अन्य खाद्यान्नों में कार्बनिक पोषक पदार्थ

शैवाल	प्रोटीन (प्रतिशत)	शर्करा (प्रतिशत)	वसा (प्रतिशत)
इन्ट्रोमार्फा	10.0–22.6	49.7 – 57.1	1.0
मोनोस्ट्रोमा	10.3	55.6	1.1
अल्वा	12.23	35–51.2	0.4
कोलरेपा	9.23	35.1	0.7
सरगसम	11.5	29.5	0.3
पोरफिरा	16.18	36.3	0.7
गेहूँ	12.1	69.4	1.7
चना	20.8	59.8	5.6

सारणी 21. कुछ प्रमुख समुद्री शैवाल तथा उनमें पाए जाने वाले रासायनिक पदार्थ

शैवाल	रासायनिक पदार्थ
जिलिडियेला	ऐगार–ऐगार
ग्रासीलेरिया	ऐगार–ऐगार
विप्निया	केरागिनन
सरगसम	एल्गिन और आयोडीन
टर्बिनेरिया	एल्गिन
एस्पैरेगोप्सिरा	आयोडीन
अल्वा	प्रोटीन
एन्ट्रोमार्फा	सक्रिय सामग्री

कुछ खाद्योपयोगी समुद्री शैवाल तथा उनके खाने के तरीकों को सारणी 22 में वर्णित किया गया है।

सारणी 22. खाद्योपयोगी समुद्री शैवाल तथा खाने का तरीका

क्रमांक	शैवाल	खाने का तरीका
1.	एनफेल्डटिया गायगारटिनाईडिस	पकाकर
2.	एलारिया एस्कुलेन्टा	कच्चा तथा पकाकर
3.	एलारिया क्रासिफोलिया	पकाकर
4.	एनालिपस जेपोनिकस	पकाकर
5.	एन्डारसन बे–द्यामिन	प्लेजेन्ट एरोमा (सुवास)
6.	एस्कोफिलम मस्काई	भाप कर
7.	एस्पैरोगोंपसिस टैक्सीफार्मिस x	पकाकर, सलाद
8.	बैन्जिया फयुस्को–पुरपुरिया	सलाद
9.	कैम्पीलिओफोरा हिपिन्ओडाइस	पकाकर
10.	कोलरेपा रैसिमोसा x	कच्चा या सलाद
11.	कोलरेपा ओकामुराई	मन्द स्वाद
12.	कीटोमार्फा क्रासा x	पकाकर या सलाद
13.	कान्ड्रस क्रिसपस	पकाकर
14.	कान्ड्रस ओसिलेटस	पकाकर
15.	कोरडा फाइलम	पकाकर
16.	कोडियम फ्रेजाइल	मिठाई, सूप एवं सलाद
17.	कोडियम इडयूल	पकाकर
18.	कोडियम रोडी	पकाकर
19.	इक्लोनिया कावा	सूप
20.	आइजेनिया बाइसाक्लिस	सूप
21.	इन्ट्रोमार्फा क्लेथेरटा x	कच्चा, सलाद
22.	इन्ट्रोमार्फा कम्प्रेसा x	कच्चा, सलाद
23.	इन्ट्रोमार्फा इन्टेसटाईनेलिस x	कच्चा, टोस्ट
24.	इन्ट्रोमार्फा प्रोलिफेरा x	कच्चा, टोस्ट मसाला की तरह

25.	इन्ट्रोमार्फा लिन्जा x	मसाला की तरह
26.	इयोक्मा	अवलेह (जेली), सलाद
27.	फयुकस रेसिकुलोसस	चाय
28.	जिलिडियम अमान्शि	अवलेह
29.	गाइगाटिना पेपिलेटा	पूडिंग
30.	गलोइयोपेल्टिस फरकेटा	सूप
31.	गलोइयोपेल्टिस टेनेक्स	तल कर
32.	ग्रेसिलेरिया वेरूकोसा x	कच्चा, पकाकर
33.	हेलोसेक्सियान ग्लैन्डीफार्मी	कच्चा
34.	हिजिकिया फयूजीफॉर्मिस	कच्चा, पकाकर
35.	जेलमैनिएला गायरेटा	सूप
36.	लैमिनेरिया अन्गुस्टाटा	सब्जी, कच्चा
37.	लैमिनेरिया जपोनिका	सूप, सब्जी, कच्चा
38.	लैमिनेरिया लान्जीक्रुरिस	पकाकर
39.	लैमिनेरिया अन्गुस्टेटा	पकाकर
40.	लैमिनेरिया जपोनिका वेराइटी ओकेटेन्सिस	पकाकर
41.	लैमिनेरिया सैकेरिना	कच्चा
42.	लारेन्शिया पिनाटिफिडा	सिजनिंग
43.	मोनोस्ट्रोमा लैटिसिमम	पकाकर, सूप, सिजनिंग
44.	नेमेसिस्टस डेसेपिन	कच्चा, भूख वर्धक
45.	नेमेलिआन हेल्मिनथाइडिस	कच्चा, सूप
46.	निरिओसिस्टिस ल्यूटिकेना	अचार
47.	नोस्टोक	पकाकर, सूप
48.	पामोरिआ पामेटा	कच्चा, पेय, रेलिश
49.	पेटोलोनिया हासिया	सूप
50.	प्लूयोरोफाइकस गार्डेनेरी	सूप

51.	पॉलिन्योरा लेटिसिमा	सूप
52.	पोरफायरा मिनिएटा	सूप, सलाद
53.	पोरफायरा निरिओसिस्टस	सूप, भाप कर
54.	पोरफायरा परफोरेटा	सूप, भाप कर
55.	पोरफायरा सबआर्बिक्युलेटा	सूप
56.	पोरफायरा टेनेरा	पकाकर, सूप
57.	पोरफायरा अम्बिलिकेलिस	तलकर, भापकर, सलाद
58.	पोरफायरा एजोएनसिस	तलकर, भापकर, सलाद
59.	पोस्टेल्शिया पामिफॉर्मिस	भापकर
60.	सरगासम एनर्वी	सूप
61.	सरगासम फलवेलम	पकाकर
62.	साइटोसाइफान लोमेन्टेरिया	सूप, सुवास
63.	अल्वा लैक्टुका **x**	सूप, सलाद, चाय
64.	अल्वा लिन्जा	सूप, सलाद, चाय
65.	अल्वा फरट्यूजा	सूप, सलाद, चाय
66.	उन्डारिया पिनाटिफिडा	सूप, कच्चा, भून कर

x ये शैवाल भारत में पाये जाते हैं।

शैवाल में अकार्बनिक लवण : भारतीय शैवालों में अकार्बनिक पोषक तत्वों की मात्रा सारणी 23 में वर्णित की गई है। इनमें सोडियम की मात्रा 0.3 से 5.66 प्रतिशत (औसत 2.5 प्रतिशत), पोटैशियम 0.30 से 13.0 प्रतिशत (औसत 2.3 प्रतिशत), कैल्सियम 0. 3–7.0 प्रतिशत (औसत 2.5 प्रतिशत) और फास्फोरस 0.1 से 0.4 प्रतिशत (औसत 0.20 प्रतिशत) होता है। यदि इनकी तुलना अन्य सामान्य खाद्यान्नों (गेहूँ, चना, पत्तागोभी, पालक) से की जाए तो विदित होता है कि शैवालों में सोडियम, पोटैशियम तथा कैल्सियम की मात्रा अन्य खाद्यान्नों से बहुत अधिक होती है। ऐसा आकलन किया गया है कि लगभग 100 ग्राम शैवाल खाने से मनुष्य की सोडियम, पोटैशियम तथा मैग्नीशियम की सभी जरूरतें पूरी हो सकती है।

सारणी 23. भारतीय शैवालों में तथा अन्य खाद्य पदार्थो में अकार्बनिक लवण

शैवाल सूखे रूप में	सोडियम %	पोटैशियम %	कैल्सियम %	फास्फोरस %
इन्ट्रोमार्फा	0.5 – 3.5	0.3 – 3.3	1.5 – 2.2	0.26 – 0.46
मोनोस्ट्रोमा	0.67	0.22	7.11	0.14
अल्वा	0.4 – 3.8	0.2 – 1.8	0.6 – 2.2	0.14 – 0.3
कोलेरपा	5.0	0.5 – 0.9	1.21 – 5.4	–
सरगासम	1.43 – 2.33	1.45–13.3	1.2 – 3.1	–
फोरफायरा	5.66	1.1	0.3	0.10
गेहूँ	0.02	0.28	0.4	0.31
चना	0.07	0.70	0.20	0.31
पत्तागोभी	0.01	0.11	0.03	0.04
पालक	0.06	0.21	0.07	0.02

समुद्री शैवाल से प्राप्त रसायन

आज पूरे विश्व में समुद्री शैवाल के उपयोग पर महत्वपूर्ण अनुसंधान किया जा रहा है। लाल शैवाल से ऐगार–ऐगार और केरागीनान, भूरी शैवाल से सोडियम एल्जीनेट तथा हरी शैवाल से प्रोटीन प्राप्त होते हैं।

समुद्री शैवाल आधारित रसायनों का इतिहास सदियों पुराना है।

ऐगार–ऐगार (**Agar-Agar**) केरागीनान एवं एल्जीनेट्स के औद्योगिक उपयोग को सारणी 24 में वर्णित किया गया है। इन फाइकोकोलाइडज पदार्थों की बढ़ती हुई मांग तथा वर्तमान काल में हो रहे उत्पादन को देखते हुए कृत्रिम रूप से शैवालों के उत्पादन बढ़ाने की महती आवश्यकता है।

सारणी 24. ऐगार, केरागीनान एवं एल्जीनेट के औद्योगिक उपयोग

उपयोग	अगर	केरागीनान	एल्जीनेट
डेयरी उद्योग	+	+	+
पेय उद्योग	+	+	+
बेकरी उद्योग	+	+	+
मिष्ठान उद्योग	+	+	+
ड्रेसिंग, सोसीझा	+	+	—
खाद्य पदार्थों की सामग्री में	+	+	+
मांस, मछली	+	+	+
औषधि उत्पाद	+	—	—
रबर	—	—	+
टैक्सटाइल उत्पाद	—	—	+
पेपर उत्पाद	—	—	+

इस प्रकार हम न केवल विदेशी मुद्रा की बचत कर सकते हैं वरन् इस क्षेत्र में स्वावलंबी भी हो सकते हैं।

3. सागर की खनिज संपदा

सागर के निर्जीव संसाधनों में सबसे महत्वपूर्ण हैं – खनिज संसाधन। सागर में खनिजों का सबसे प्रमुख स्रोत हैं वे नदियाँ जो सागर में बड़ी मात्रा में केवल पानी ही नहीं लाती वरन् उसमें घुले और छितराए पदार्थ भी लाती हैं। सागर में धात्विक एवं अधात्विक खनिज पदार्थ मुख्यतः दो रूपों में विद्यमान होते हैं – समुद्री जल में घुलकर विलयन के समान तथा समुद्र तल के अवसादों में मिश्रित होकर। एक आकलन के अनुसार एक घन किलोमीटर समुद्री जल में घुले ठोस पदार्थों की मात्रा 41.25 मिलियन टन आंकी गई है। अवसादों में मिश्रित खनिज पदार्थों में प्रमुखतः जिरकॉन, मोनाजाइट, मैगनेटाइट, सोना, हीरा, प्लेटिनम, सल्फर तथा बिलिडंग पदार्थ जैसे – बालू, कंकड़ एवं प्रस्तर खंड इत्यादि हैं, जो कि समुद्र के भूखंडीय शेल्फ एवं भूखंडीय ढ़लान क्षेत्रों में प्रचुर मात्रा में विद्यमान

रहते हैं। विश्व की विभिन्न नदियों द्वारा लाए गए पानी एवं अवसाद की मात्रा को सारणी 25 में वर्णित किया गया है।

महासागरीय जल में भी स्थल भागवाले सभी तत्व मिलते हैं। समुद्री जल एवं इसके नितल में विभिन्न प्रकार के आर्थिक महत्ववाले खनिज संसाधन विद्यमान हैं। अतः इनका विदोहन जरूरी है।

सारणी 25. विश्व की विभिन्न नदियों द्वारा लाए गए पानी एवं अवसाद की मात्रा

नदी	अपवाह क्षेत्र (हजार वर्ग कि.मी.)	पानी की मात्रा (घन किमी/वर्ष)	अवसाद (करोड़ टन/वर्ष)
यैलो	666	4.2	1,900
गंगा	945	367	1,450
ब्रह्मपुत्र	658	383	725
यांग्ट्सी	1,919	684	500
सिंधु	956	175	435
अमेजन	5,711	5,681	400
मिसीसिपी	3,181	558	310
इरावती	425	425	300
मीकांग	785	346	170
कोलोरेडो	629	4.2	136

बहुधात्विक पिण्डिकाएँ

लगभग 125 वर्ष पूर्व ब्रिटिश नौसेना के जहाज एच.एम.एस. चैलेन्जर (चित्र 52) द्वारा की गई अभूतपूर्व समुद्री यात्राओं (1873–76) के दौरान इन बहुधात्विक पिण्डिकाओं की समुद्र में उपस्थिति का पता चला था। चूँकि, इन पिण्डिकाओं में मैंगनीज धातु की मात्रा अधिक होती है, अतः इन्हें पहले मैंगनीज पिण्डिकाएँ (चित्र 53) कहा गया। नए अनुसंधान परिणामों के अनुसार इन पिण्डिकाओं में महत्वपूर्ण 40 धातुएँ पाई गई हैं। अतः अब इन्हें

खनिज पिण्डिकाएँ या बहुधात्विक पिण्डिकाएँ (चित्र 53अ) की संज्ञा दत गई है। ये पिण्डिकाएँ तीनों महासागरों – प्रशांत, अटलांटिक एवं हिंद में पायी गई हैं। सागरीय तल पर इनकी परतें नहीं है, वरन् ये उस पर बिखरी पड़ी है। इन छोटे–छोटे, आलू जैसे, अनियमित आकार के, परंतु अधिकांशतः गोलाकार पिण्डिकाओं से सागरों के गहरे नितल का लगभग 4.7 करोड़ वर्ग कि.मी. क्षेत्र ढका हुआ है। बहुधात्विक पिण्डिकाओं के भौत–रासायनिक गुण, इस अयस्क को विश्व के भू–खंडों पर प्राप्त अयस्कों से भिन्नता प्रदान करते हैं।

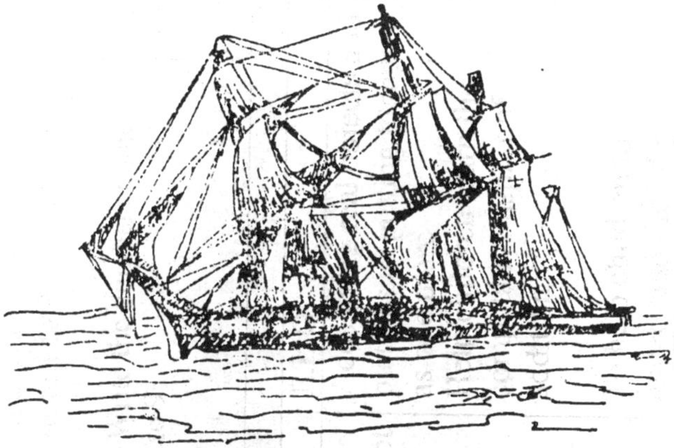

चित्र 52 बहुधात्विक पिंडिकाएँ

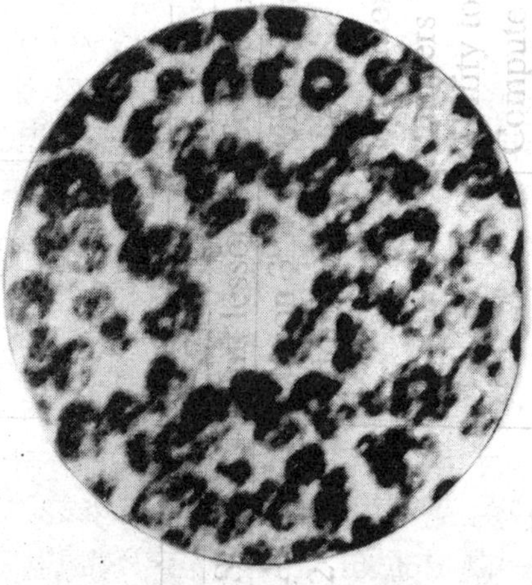

चित्र 53. मैंगनीज नोड्यूल्स

इन पिण्डिकाओं की संरचना छिद्रमुक्त होती है। इन पिण्डिकाओं में मैंगनीज की मात्रा सर्वाधिक (25 से 25 प्रतिशत) होती है, परन्तु इनमें लौहा, तांबा, कोबाल्ट, निकेल, जस्ता तथा क्रोमियम आदि भी विद्यमान होते हैं। तथा ये धातुएँ मैंगनीज की तुलना में अधिक महत्वपूर्ण हैं।

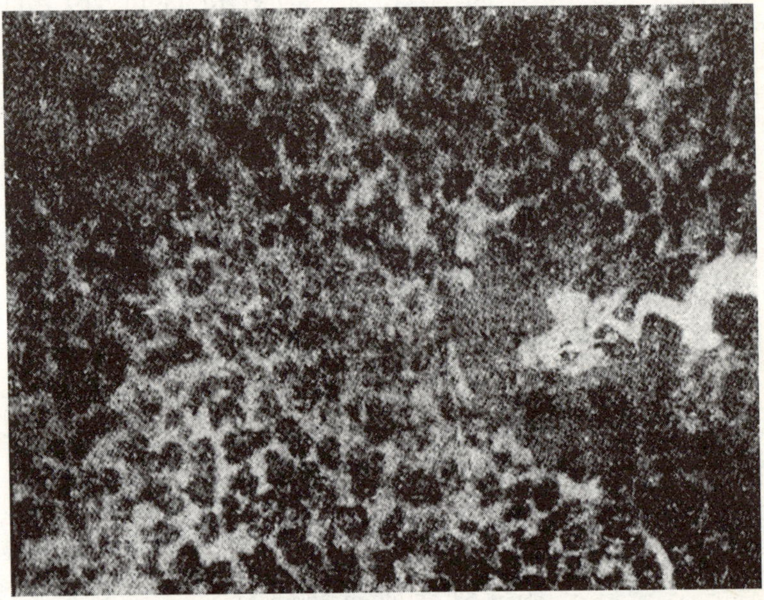

चित्र 53अ. बहुधात्विक पिण्डिकाएँ

ये पिण्डिकाएँ समुद्र तल पर एक चादर की भाँति बिछी होती है। अनुमानतः इनका आकार 2 से 90 सेंटीमीटर तक होता है, जो कि लगभग 13 विभिन्न आकृतियों में विद्यमान होती हैं। बहुधात्विक पिंडिकाओं के लिए अंतरराष्ट्रीय समुद्रतल प्राधिकरण ने 17 अगस्त 1987 में भारत को लगभग 150,000 वर्ग किलोमीटर क्षेत्र का स्वामित्व प्रदान किया है, जिसके तहत भारत कालांतर में इस क्षेत्र का 50 प्रतिशत भाग छोड़कर शेष भाग का उत्खनन कर सकता है।

अगर समुद्री तल पर फैली मैंगनीज पिंडिकाओं में निकेल, तांबा, कोबाल्ट और मैंगनीज की मात्रा का आकलन किया जाए तो निम्नवत् सारणी 25 से विदित होता है कि पृथ्वी पर आधारित इन धातु संपदा से समुद्र तल की संपदा कितनी अधिक है।

सारणी 25. समुद्र तल में खनिज सम्पदा

धातु	औसत भार (प्रतिशत)	मात्रा (मिलियन टन)	समुद्री तल (प्रतिशत)	भू भाग (प्रतिशत)
निकेल	1.26	290	83.8	16.2
तांबा	1.00	230	31.0	69.0
कोबाल्ट	0.25	60	52.0	48.0
मैंगनीज	27.50	63.30	56.4	43.6

बहुधात्विक पिंडिकाओं से निकेल, तांबा, और कोबाल्ट निकालने की विधि प्रायोगिक तौर पर विकसित हो चुकी है। अब उसका प्रारंभिक स्तर पर विकास हो रहा है जिससे आर्थिक और तकनीकी रूप से धातु निष्कर्षण विधि का मूल्यांकन किया जा सके।

बहुधात्विक पिण्डों के अत्यधिक भावी आर्थिक महत्व को देखते हुए सागरीय विधि पर आयोजित संयुक्त राष्ट्र के तृतीय सम्मेलन में 30 अप्रैल, 1982 को एक विशिष्ट प्रस्ताव पारित किया गया। इसके अनुसार चार देशों भारत, फ्रांस, जापान, रूस तथा चार बहुराष्ट्रीय कंपनी संगठनों को गहरे सागर से बहुधात्विक पिंड निकालने के संदर्भ में "अग्रणी निवेशक" के रूप में मान्यता दी गई है। विश्व के विकासशील देशों में भारत ही एक मात्र देश है जिसे यह गौरव प्राप्त हुआ है।

गणेषणी तथा सागरकन्या द्वारा सर्वेक्षण

विकासशील देशों में भारत प्रथम देश है जिसने गहन सागर से बहुधात्विक पिण्डों की निकासी संबंधी कार्यक्रम तैयार किया है। सन् 1962 में हिंद महासागर में अंतरराष्ट्रीय अन्वेषण अभियान चलाया गया था। इसमें रूस एवं अमेरिका आदि देशों के अन्वेषक जलयानों ने हिंद महासागर के अनेक रहस्यों को उद्घाटित किया। इस अभियान के समय भारत के पास स्वयं का कोई अनुसंधान पोत नहीं था, अतः सन् 1972 में राष्ट्रीय सागर अनुसंधान संस्थान, गोवा ने एक अनुसंधान पोत प्राप्त किया जिसका नाम 'गणेषणी' (चित्र 54) रखा गया। हापर किस्म के जलपोत को गार्डनरीच कार्यशाला, कोलकाता में भारतीय नौवहन निगम के संरक्षण में सागर अनुसंधान

के लिए नवीनतम यंत्रों एवं सुविधाओं से सुसज्जित किया गया। गणेषणी का उपयोग करके भारतीय वैज्ञानिकों ने 26 जनवरी 1989 को मध्य हिंद महासागर नाले से बहुधात्विक पिंड निकाले थे।

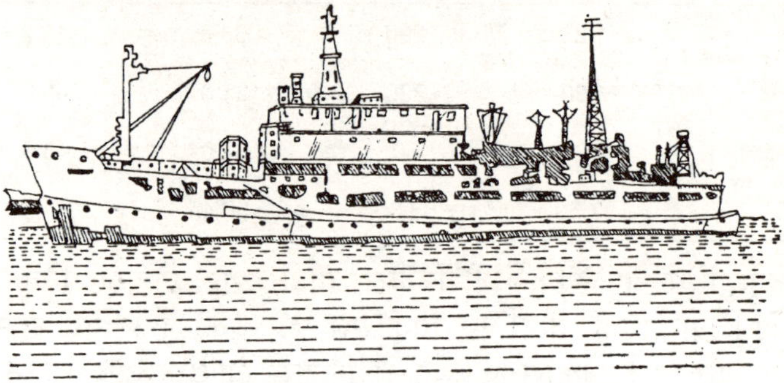

चित्र 54. सागर अनुसंधान पोत 'गणेषणी'

गणेषणी की तरह अन्य सागर अनुसंधान जलयान सागरकन्या है। इसे 1983 में तत्कालीन पश्चिमी जर्मनी से प्राप्त किया गया था। इसमें भी अनुसंधान विषयक आधुनिक व्यवस्थाओं को समाविष्ट किया गया है। गणेषणी तथा सागरकन्या (चित्र 55) गहन सर्वेक्षण करके व्यापक तथ्य जुटाने में संलग्न है। हमारे देश में गोवा में स्थित राष्ट्रीय समुद्र विज्ञान संस्थान बहुधात्विक पिंडों से संबंधित तकनीकी कार्यक्रम में महत्वपूर्ण योगदान दे रहा है।

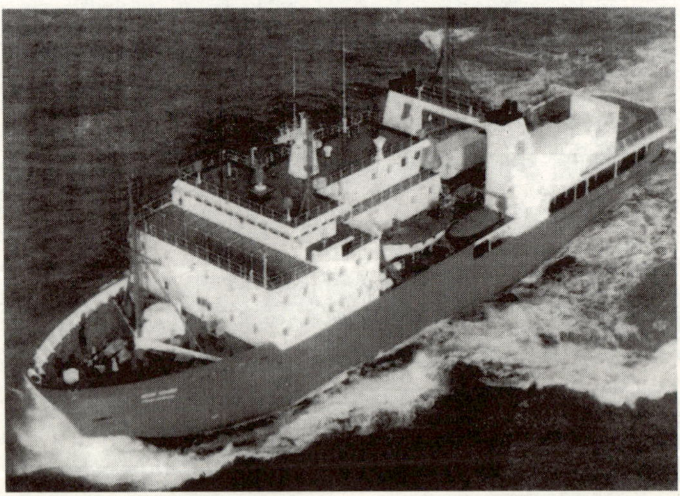

चित्र 55. सागर कन्या

4. नमक का अपार स्रोत है सागर

सागर के पानी में जो लवण सर्वाधिक घुला हुआ हैं वह है – साधारण नमक (सोडियम क्लोराइड)। वस्तुतः नमक के बिना हमें भोजन स्वादिष्ट भी नहीं लगता है तथा नमक की कमी से कई रोग भी हो जाते हैं। नमक ही वह वस्तु है जिसके लिए महात्मा गांधी को भी सत्याग्रह करना पड़ा था। कदाचित मानव द्वारा सर्वप्रथम खोजा गया रसायन भी नमक ही था।

नमक, प्रमुखतया समुद्र जल और लवणयुक्त झीलों से प्राप्त किया जाता है। खानों से भी नमक (खनिज लवण) निकाला जाता है। भारत में हिमाचल प्रदेश का मंडी जिला ही ऐसा क्षेत्र है, जहाँ से अल्प मात्रा में खनिज लवण प्राप्त किया जाता है। हमारे देश में अधिकांश नमक लगभग 75 प्रतिशत समुद्री जल के सौर वाष्पन द्वारा ही प्राप्त किया जाता है। समुद्री जल नमक का सबसे प्रचुर एवं अनंत स्रोत है। लगभग साठ देशों में समुद्री नमक का उत्पादन किया जाता है तथा तीस देशों में स्थानीय उपयोग के लिए कम मात्रा में नमक का उत्पादन किया जाता है। यद्यपि नमक आहार संबंधी एक आवश्यकता है तथापि इसके उत्पादन का प्रायः बहुत कम भाग ही खाद्यों में उपयोग किया जाता है। सोडियम मिश्रणों का अधिकांश भाग हमारे द्वारा प्रत्यक्ष एवं अप्रत्यक्ष रूप से कई उद्योगों में उपयोग किया जाता है।

नमक प्राप्ति के लिए समुद्री जल को उच्च ज्वार के समय या पंप करके नजदीक के जलाशयों में भर दिया जाता है। सौर ऊष्मा के प्रभाव से यह लवण जल धीरे–धीरे सांद्रित होता रहता है। लवण जल का घनत्व 10° बॉमे हो जाने पर कैल्सियम कार्बोनेट पृथक् होने लगता है और 17° बॉमे हो जाने पर कैल्सियम सल्फेट (जिप्सम) भी अलग होने लगता है। उस अवस्था में लवण जल का आयतन मूल आयतन का लगभग 20 प्रतिशत रह जाता है।

जब समुद्री जल का सांद्रण धीरे–धीरे 25° बॉमे पर पहुँचता है, तब उसका आयतन मूल आयतन के 12 प्रतिशत तक रह जाता है। उस समय सांद्रित जल को दूसरी क्यारियों में पहुँचाया जाता है। तब उन क्यारियों के जलाशयों की तली में नमक के स्फटिक बनने लग जाते हैं। तली में नमक की एक समुचित परत जमा हो जाने

पर लकड़ी की फावड़ियों से उसे एकत्र कर लिया जाता है। नमक निकलने के बाद जो द्रव बचता है उसका घनत्व लगभग 30° बॉमे होता है। उस द्रव में मैग्नीशियम सल्फेट, मैग्नीशियम क्लोराइड तथा मैग्नीशियम ब्रोमाइड जैसे लवण होने के कारण यह कड़वा होता है। इसलिए अंग्रेजी में उसे "बिटर्न" नाम दिया गया है। बिटर्न से पोटाश, मैग्नीशियम और ब्रोमीन जैसे उपयोगी रसायन प्राप्त किए जाते हैं।

सौर वाष्पन द्वारा समुद्री जल से मात्रा व गुणवत्ता की दृष्टि से बेहतर नमक का उत्पादन करने के लिए अनुकूल वातावरण तथा व्यवस्था की आवश्यकता होती है। नमक उत्पादन के लिए अनुकूल मौसमी परिस्थितियाँ निम्नवत् हैं –

धूप वाले दिन	– वर्ष में 150 दिन
परिवेशी तापमान	– 20° से 45° सें.
वायु का वेग	– 10 से 15 किलोमीटर प्रतिघंटा
सापेक्ष आर्द्रता	– 30 से 40 प्रतिशत

समुद्री जल से नमक (सोडियम क्लोराइड) प्राप्त होने से पहले जिप्सम (कैल्सियम सल्फेट) के बड़े–बड़े स्फटिक प्राप्त होते हैं। इनमें मिट्टी तथा कैल्सियम कार्बोनेट होने के कारण ये मटमैले होते हैं। फिर भी इनसे सामान्य किस्म का प्लास्टर ऑफ पेरिस बनाया जाता है। केंद्रीय नमक एवं समुद्री रसायन अनुसंधान संस्थान (सी. एस. एम. आर. आई.), भावनगर ने एक ऐसी विधि विकसित की है जिसके द्वारा इसी जिप्सम को "अल्फा प्लास्टर ऑफ पेरिस" में रुपान्तरित किया जा सकता है। इस प्रकार जो शक्तिशाली प्लास्टर बनता है उसका उपयोग कृत्रिम दाँतों और धातुओं के सांचों को बनाने में होता है। भावनगर स्थित इस संस्थान ने समुद्री जल से नमक उत्पादन की विधि में कई सुधार किए हैं तथा संस्थान की तकनीक से नमक की गुणवत्ता (चित्र 56) में बहुत वृद्धि हुई है।

समुद्री जल से नमक उत्पादन कर लेने के बाद बचे हुए द्रव (बिटर्न) से जो रसायन प्राप्त किए जाते हैं उनमें एक प्रमुख रसायन हैं – ब्रोमीन। ब्रोमीन का उपयोग दवाओं, रंगों, फोटोग्राफी के रसायनों, कीटनाशकों तथा अग्निशामकों आदि में होता है।

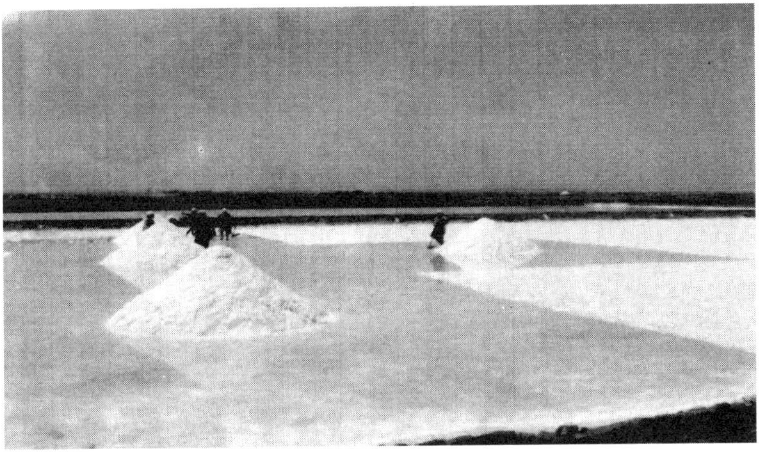

चित्र 56. भावनगर के सीएसएमआरआई द्वारा उत्पादित नमक

महासागरीय जल का संघटन

जैसा कि विदित है सागरों एवं महासागरों का जल लवणीय या खारा होता है। महासागरीय जल में अनेक प्रकार के खनिज लवण घुले रहते हैं। परंतु समुद्री जल की लवणता का मुख्य कारण उसमें सोडियम क्लोराइड की अधिकता है। वस्तुतः महासागरीय जल की लवणता उसमें विलयन रूप में पाए जानेवाले सभी प्रकार के लवणों के योग का द्योतक है। समुद्र के प्रति हजार ग्राम जल में विभिन्न प्रकार के लवणों की जितनी ग्राम मात्रा पायी जाती है, उसे ही लवणता की संज्ञा प्रदान की जाती है। समुद्री वैज्ञानिक लवणता को प्रतिशत में न व्यक्त करके प्रति हजार प्रतिशत में प्रकट करते हैं। उदाहरण के तौर पर यदि 1000 ग्राम समुद्री जल में घुले हुए लवणों की मात्रा 35 ग्राम है, तो उस जल की लवणता 35 प्रतिशत होगी। अतः स्पष्ट है कि महासागरीय जल के प्रति एक हजार भाग में घुले हुए खनिज लवणों का भाग ही उसकी लवणता है।

महासागरीय जल विभिन्न प्रकार के लवणों का मिश्रण है। इन लवणों की कुल मात्रा महासागरों के विभिन्न भागों में एक समान नहीं होती, परंतु इन खनिज पदार्थों का पारस्परिक अनुपात सदा और सर्वत्र स्थिर होता है। उदाहरण के तौर पर यदि किसी एक घटक की मात्रा कम हो जाती है तो अन्य सभी घटकों की मात्रा में सानुपातिक कमी पायी जाती है।

ज्ञातव्य रहे कि महासागरीय जल के खारेपन में अंतर के बावजूद समुद्री जल का औसत खारापन 35° माना जाता है। चैलेन्जर अभियान से प्राप्त आंकड़ों के अनुसार महासागरीय जल में विभिन्न लवणों का भार एवं प्रतिशत निम्न सारणी 26 में दिया गया है।

सारणी 26. महासागरीय जल में विभिन्न लवणों का भार एवं प्रतिशत

लवण	मात्रा (ग्राम)	प्रतिशत
सोडियम क्लोराइड	27.213	77.8
मैग्नीशियम क्लोराइड	3.807	10.9
मैग्नीशियम सल्फेंट	1.658	4.7
कैल्सियम सल्फेट	1.260	3.6
पोटैशियम सल्फेट	0.863	2.5
कैल्सियम कार्बोनेट	0.123	0.3
मैग्नीशियम ब्रोमाइड	0.076	0.2
योग	35.00	100.00

वस्तुतः समुद्री जल का खारापन उसकी प्रमुख विशेषता होती है, जिसके कारण वह अन्य सभी प्रकार के जल से भिन्न होता है। इस लवणता के लिए प्रमुखतः सोडियम तथा क्लोरीन नामक दो रासायनिक तत्व ही उत्तरदायी हैं।

वैज्ञानिको के अनुसंधान के अनुसार उपर्युक्त लवणों की मात्रा 33 प्रतिशत से 37 प्रतिशत तक महासागरों में पाई जाती है। चैलेन्जर अभियान के दौरान किए गए विश्लेषण के आधार पर समुद्री जल में 47 प्रकार के लवणों का न्यूनाधिक मात्रा में पाया जाना निश्चित हुआ। इनमें भी सर्वाधिक मात्रा सोडियम क्लोराइड की है। इन लवणों के अतिरिक्त, समुद्री जल में ब्रोमीन, कार्बन, बोरान, सिलिकॉन, स्ट्रॉशियम तथा फ्लोरीन आदि भी थोड़ी मात्रा में पाए जाते हैं। वायुमंडलीय गैसों की थोड़ी मात्रा भी समुद्र के जल में घुली अवस्था में पाई जाती है। इन गैसों में ऑक्सीजन तथा कार्बनडाइऑक्साइड का समुद्री जीवों तथा वनस्पतियों में पाए

जानेवाले विभिन्न प्रक्रमों में विशेष महत्व होती है। ज्ञातव्य है कि नाइट्रेट, फॉस्फेट तथा सिलिकेट को उर्वरक अथवा पौधों के पोषक तत्व भी कहा जाता है। वायुमंडल में ऑक्सीजन तथा नाइट्रोजन का अनुपात 1:3.7 होती है, किन्तु समुद्र के जल में इन गैसों का अनुपात 1:1.7 होता है, जिसका कारण ऑक्सीजन गैस की अधिक घुलनशीलता है।

वैज्ञानिकों का अनुमान है कि पृथ्वी की पपड़ी में उपस्थित सभी तत्व किसी न किसी रूप में सागर जल में पाए जाते हैं। सोना, चाँदी, तांबा, जस्ता, सीसा, निकेल, कोबाल्ट, मैंगनीज, एल्युमिनियम, लोहा तथा सिलिकन आदि रासायनिक तत्व बहुत थोड़ी मात्रा में समुद्र के जल में विलयन के रूप में पाए जाते हैं। समुद्री जल की रसायनिक संरचना को सारणी 27 में दर्शाया गया है।

सारणी 27. समुद्री जल की रासायनिक संरचना

रसायन	मात्रा	रसायन	मात्रा
ऑक्सीजन	36,81,05,500 टन	इंडियम	23 टन
हाइड्रोजन	12,20,62,350 टन	जिंक	11 टन
क्लोरीन	2,14,62,830 टन	लौह	11 टन
सोडियम	1,18,70,500 टन	एल्युमिनियम	11 टन
मैग्नीशियम	14,68,820 टन	मोलिब्डेनम	11 टन
सल्फर	10,16,780 टन	बेरियम	7 टन
कैल्सियम	4,50,840 टन	रेडियम	लेश मात्र
पोटैशियम	4,29,260 टन	रेडन	लेश मात्र
ब्रोमीन	73,381 टन	सीसा	3.4 टन
कार्बन	31,665 टन	ताँबा	3.4 टन
स्ट्राँशियम	9,040 टन	कलई	3.4 टन
बोरोन	5,420 टन	संखियाँ	3.4 टन
सिलिकोन	3,388 टन	प्रोक्टेटीनियम	3.4 टन
फ्लोरीन	1,468 टन	सिलीनियम	3.4 टन

आर्गन	677 टन	वैनीडियम	2.3 टन
नाइट्रोजन	564 टन	मैंगनीज	2.3 टन
लिथियम	225 टन	टाइटेनियम	1.1 टन
रूबीडियम	135 टन	थोरियम	0.97 टन
फॉस्फोरस	79 टन	सीजियम	0.58 टन
आयोडीन	56 टन	ऐंटीमनी	0.58 टन
कोबाल्ट	0.55 टन	जेनोन	101.3 कि.ग्रा.
निकिल	0.55 टन	जमेंनियम	60.8 कि.ग्रा.
सेरियम	0.43 टन	कैडमियम	55.8 कि.ग्रा.
यिट्रियम	0.34 टन	क्रोमियम	50.4 कि.ग्रा.
चाँदी	0.34 टन	स्कैंडियम	40.5 कि.ग्रा.
लेंथेनम	0.34 टन	पारा	30.0 कि.ग्रा.
क्रिप्टन	0.34 टन	गैलियम	30.0 कि.ग्रा.
नियोन	0.34 टन	टैलरियम	10.4 कि.ग्रा.
बिस्मथ	204 कि.ग्रा.	नियोबियम	5.1 कि.ग्रा.
टंगस्टन	101.3 कि.ग्रा.	हीलियम	5.1 कि.ग्रा.
		सोना	4.1 कि.ग्रा.

समुद्र के जल की लवणता समुद्री मछलियों, अन्य समुद्री जीव जंतुओं तथा प्लैंक्टन आदि के वितरण को महत्वपूर्ण ढंग से प्रभावित करती है। लवणता के ही द्वारा समुद्री जल का घनत्व नियंत्रित होता है। 24.70 प्रतिशत से अधिक लवणता वाले समुद्री जल का घनत्व लवणता में वृद्धि के साथ–साथ उसके हिमांक तक निरंतर बढ़ता जाता है। इसी प्रकार समुद्री जल के अपवर्तनांक (Refractive index) में तापमान में न्यूनता तथा लवणता में वृद्धि के फलस्वरूप वृद्धि होती है। लवणता के ही कारण समुद्री जल का हिमांक अपेक्षाकृत कम अर्थात् –1.8° सेल्सियस होता है। लवणता की मात्रा के आधार पर समुद्री जल का हिमांक घटता–बढ़ता रहता है। लवणता के कारण समुद्री जल का क्वथनांक मीठे पानी की अपेक्षा अधिक होता है। इनके अतिरिक्त, महासागरीय धाराओं की उत्पत्ति में भी लवणता का महत्वपूर्ण योगदान होता है।

अथाह जल स्रोत का प्रदाता सागर

जल इस धरा की बहुमूल्य धरोहर है। इसके बिना जीवन के बारे में सोच पाना भी असंभव हैं। सागर में एक वस्तु जो सबसे अधिक मात्रा में विद्यमान है परंतु आम आदमी का उसकी ओर ध्यान बहुत कम जाता है वह है पानी, जो हर प्राणी के लिए वायु के बाद सबसे आवश्यक तत्व है। यह विडंबना ही कही जाएगी कि पृथ्वी के 71 प्रतिशत से भी अधिक भाग के पानी में डूबे रहने के बाद भी हमें पानी की कमी प्रायः रहती है। इसका प्रमुख कारण है कि पृथ्वी पर विद्यमान कुल पानी के 97 प्रतिशत से भी अधिक भाग का पीने, सिंचाई एवं उद्योगों के लिए अनुपयुक्त होना। क्योंकि इसमें उपस्थित लवण उसे उपर्युक्त कार्यों हेतु अयोग्य कर देते हैं।

समुद्र के पानी की ऊष्माधारिता पृथ्वी के भूभाग की ऊष्मा–धारिता से अधिक होती है और सूर्य की किरणें समुद्र की गहराई तक प्रवेश कर जाती है। फलतः भू भाग की ऊपरी तह अधिक गरम हो जाती है। यही ऊष्मा छोड़ते समय होता है। वैज्ञानिकों के आकलन के अनुसार एक घन फुट समुद्री पानी में लगभग 11 किलो नमक निकलता है, जबकि नदी के स्वच्छ जल में से केवल 0.005 किलो। इस प्रकार समुद्र का पानी स्वच्छ जल की तुलना में 220 गुना लवणीय होता है।

भारत के शुष्क और तटीय क्षेत्रोंवाले राजस्थान, तमिलनाडु, आंध्रप्रदेश तथा गुजरात जैसे राज्यों में जल का तीव्र अभाव है। कई क्षेत्रों में लोग गुणवत्ता की दृष्टि से अनुपयुक्त जल का भी सेवन करते हैं। जनसंख्या में वृद्धि तथा बढ़ते हुए औद्योगिकीकरण के कारण न केवल जल की आवश्यकता और बढ़ती जा रही है वरन् इनसे जुड़ी हुई जल प्रदूषण की समस्या से अच्छे जल स्रोतों को भी नुकसान हो रहा है।

पानी की इस बढ़ती मांग की आपूर्ति के लिए विभिन्न विलवणीकरण या निर्लवणीकरण तकनीकों का महत्व बहुत बढ़ गया है। 1970 से विश्व के विलवणीकरण संयंत्रों की कुल क्षमता (सारणी 28) में वृद्धि होने से इस तकनीक के विकास व प्रयोग को निरंतर बल मिला है।

सारणी 28. विश्व में विलवणीकरण/निर्लवणीकरण संयंत्रों की कुल क्षमता

वर्ष	क्षमता	(x 1000 घन कि.मी. प्रतिदिन)
1955	22.0	(मुख्यतः आसवन विधि)
1960	69.5	(मुख्यतः आसवन विधि)
1968	918.0	(मुख्यतः आसवन विधि)
1975	2000.0	(विपरीत परासरण केवल 2%, 1970 में)
1980	8650.0	(विपरीत परासरण केवल 20 प्रतिशत)
1985	11,800.0	(विपरीत परासरण केवल 23 प्रतिशत)
1990	17,600.0	(विपरीत परासरण केवल 28 प्रतिशत)
2000	27,000.0	(विपरीत परासरण केवल 35 प्रतिशत)
2005	30,000.0	(विपरीत परासरण केवल 40 प्रतिशत)

भारत में 1988 के बाद विपरीत परासरण एवं विद्युत अपोहन सिद्धान्तों पर आधारित कई संयंत्र लगाए गए हैं जो मुख्यतः पेयजल की आपूर्ति और औद्योगिक आवश्यकताओं के लिए जल की आपूर्ति करते हैं।

लवणीय जल को पेयजल बनाने में आर.ओ. तकनीक का कमाल

विभिन्न क्षेत्रों में बढ़ती हुई जल की मांग की आपूर्ति हेतु प्रतीप परासरण यानी रिवर्स ऑस्मोसिस (आर.ओ.) प्रौद्योगिकी ही एक मात्र उपयुक्त विकल्प लगती है। आर.ओ. तकनीक में अर्द्ध पारगम्य झिल्ली का उपयोग हो रहा है जो पानी से न केवल खारापन वरन् फ्लोराइड, नाइट्रेट, आर्सेनिक, कठोरता जैसे आविषालु घटकों को भी दूर करने में सक्षम है। आर.ओ. तकनीक द्वारा पानी से क्षार के अलावा विषाणु तथा जीवाणु भी दूर किए जा सकते हैं।

जब अर्द्धपारगम्य झिल्ली द्वारा शुद्ध जल तथा लवणीय जल अलग होते हैं तब सहज रूप से शुद्ध जल झिल्ली में से प्रवाहित होता है और लवणीय जल की सांद्रता कम करता है। लवणीय जल खंड पर अधिक उच्च दाब डालने से परासरण प्रवाह सहज उलट जाता है और झिल्ली द्वारा लवणीय जल में से शुद्ध जल छनकर

प्रवाहित होता है। इस प्रकार अच्छी गुणवत्तावाले जल का उत्पादन होता है। यह प्रक्रिया रिवर्स ऑस्मोसिस (आर.ओ.) के नाम से प्रचलित हुई है।

आर.ओ. प्रक्रिया के लाभ

इस प्रक्रिया के लाभ निम्नलिखित हैं –

1. इसका परिचालन सरल है।
2. निस्पंदन प्रक्रिया के विपरीत, यह एक परिवेशी तापमान प्रक्रिया है जिसमें क्रमावस्था (फेज) में परिवर्तन किए बिना लवणीय घोल से क्षार अलग होता है।
3. इसमें ऊर्जा की कम खपत होती है। दस हजार पीपीएम वाले लवणीय जल के अपक्षारीकरण के लिए 3 किलोवॉट प्रति हजार लीटर तथा समुद्री जल के अपक्षारीकरण के लिए प्रति हजार लीटर 8 किलोवॉट ऊर्जा की आवश्यकता रहती है।
4. यह उपकरण स्वदेशी सामग्री द्वारा बनाया जा सकता है तथा स्थानीय लोगों द्वारा परिचालित किया जा सकता है।
5. इस विधि की लागत बहुत कम है।
6. यह प्रक्रिया परिवेशी तापमान पर परिचालित होती है, इसलिए संक्षारण समस्या भी बहुत कम है।

आर.ओ. तकनीक में उपयोगी अर्द्धपारगम्य झिल्ली, सेल्युलोज एसीटेट, पॉलीएक्राइलोनाइट्रेंट, पॉलीएमाइड्स, पॉलीसल्फोन जैसे विविध बहुलकों से बनाई जाती है। पतली संघटित फिल्म (टीएफसी) झिल्ली के लिए बिना बुने हुए पॉलीएस्टर पर पॉलीसल्फोन को सरंध्री आधार पर ढाला जाता है तथा उसके ऊपर क्षार अस्वीकृत करने वाला पॉलीएमाइड का अत्यंत पतला स्तर एरोमेटिक डायएमीन एवं त्रिस्तरीय एसिड क्लोराइड जैसे माध्यम से किया जाता है।

भारत में इस तरह की स्वदेशी झिल्ली (चित्र 57) केवल केंद्रीय नमक व समुद्री रसायन अनुसंधान संस्थान, भावनगर द्वारा ही विकसित की गई है। इसका उपयोग लवणीय एवं समुद्रीजल के

अपक्षारीकरण तथा गंदे पानी के प्रबंधन के लिए किया जा सकता है।

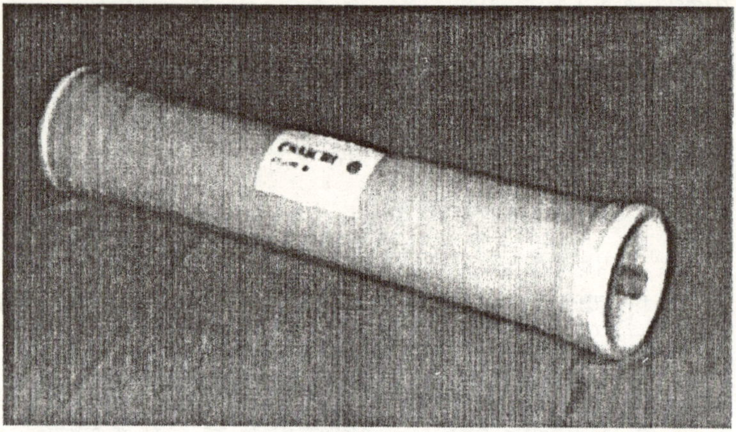

चित्र 57. भावनगर प्रयोगशाला द्वारा विकसित टी.एफ.सी. झिल्ली

इस संस्थान ने देश के कई समस्याग्रस्त क्षेत्रों यथा – उत्तरलाई (बाड़मेर, राजस्थान, चित्र 58), एवं चेन्नई (चित्र 59) में इस प्रकार के संयंत्र स्थापित कर अनुपयोगी जल को पेयजल बनाकर महत्वपूर्ण कार्य किया है।

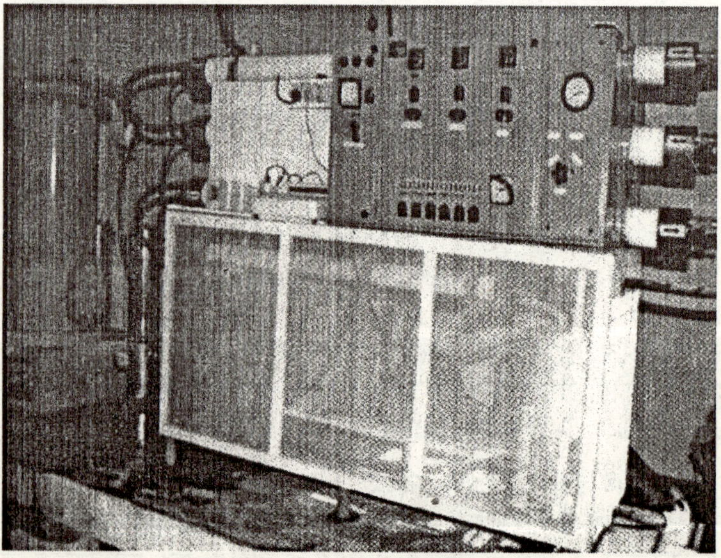

चित्र 58. उत्तरलाई (बाड़मेर) में स्थापित आर.ओ. संयंत्र

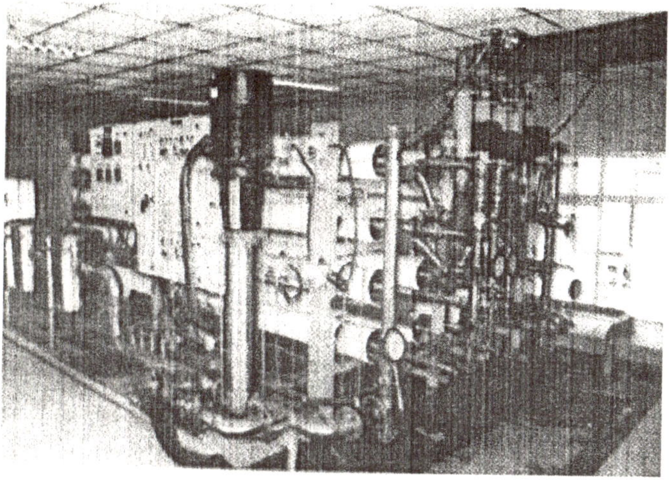

चित्र 59. चेन्नई में स्थापित द्विचरणी समुद्री जल निर्लवणीकरण संयंत्र

विपरीत या प्रतीप परासरण विधि के सिद्धान्त को चित्र–60 में दर्शाया गया है।

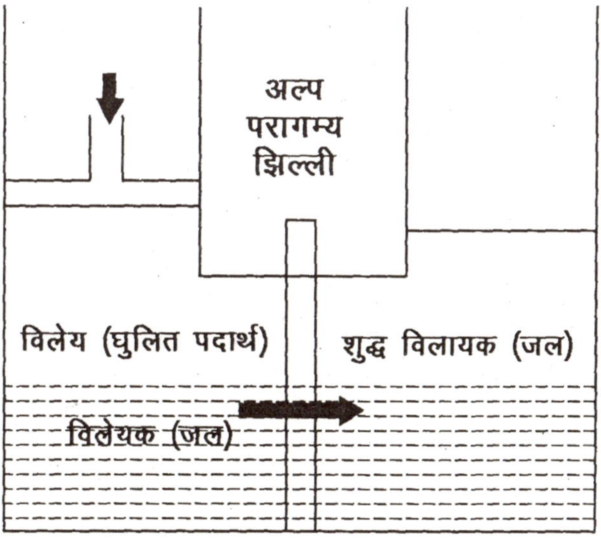

चित्र 60. विपरीत परासरण विधि का सिद्धान्त

अंडमान निकोबार द्वीपसमूह पर सुनामी संकट के बाद समुद्री जल तथा तलछट से दूषित होने के कारण अधिकतर पेयजल के

स्रोत (कुंए आदि) अनुपयोगी हो गए थे, ऐसी विकट परिस्थिति में सीएसएमसीआरआई के वैज्ञानिक समूह ने प्रभावित क्षेत्रों का दौरा करके दो आर ओ संयंत्र स्थापित किए तथा पेयजल व्यवस्था को सुचारू रूप से प्रारंभ किया।

5. प्रवाल भित्ति

उष्णकटिबंधीय समुद्र अपनी जैविक–विविधता के लिए प्रसिद्ध हैं। इस पारितंत्र का सबसे सुन्दर अंग है प्रवाल भित्ति, जो अपने रंगों से आम मनुष्य एवं अपने संरक्षकों को आकर्षित करता है। भारतीय तट पर प्रवाल भित्तियों के विस्तार को चित्र 61 में दर्शाया गया है और इनके बारे में विस्तृत जानकारी निम्नवत् सारणी 29 में दी गई है।

सारणी 29. भारतीय प्रवाल भित्तियों कें क्षेत्र, शोषित संपदाएं तथा वर्तमान स्थिति

भौगोलिक क्षेत्र	भित्ति क्षेत्रफल (वर्ग कि.मी.)	भित्तिय जातियों तथा उपजातियों की संख्या	सभावित वार्षिक मत्स्य उत्पादन (लाख टन)	उल्लेखनीय उत्पाद	वर्तमान स्थिति
मन्नार की खाड़ी	100	26+4	0.01–0.015	प्रवाल खंड, प्रवाल रेत, शैवाल, सीपियाँ	अत्यंत शोषित
कच्छ की खाड़ी	1000	20+1	0.1–0.15	प्रवाल रेत	अत्यंत शोषित एवं अधःपतन
लक्षद्वीप	4200	28+9	0.4–0.6	प्रवाल आग्रहण	अधोशोषित
अंडमान	11,000	258	1.1–1.7	शंख आग्रहण	अधोशोषित
निकोबार	2700	52+9	0.3–0.4	शंख आग्रहण	अधोशोषित

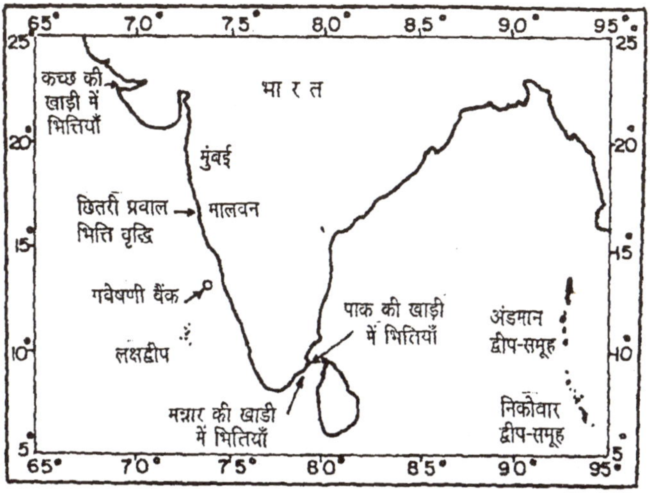

चित्र 61. भारतीय समुद्रों में भित्ति निर्माणक प्रवाल एवं भित्ति संरचनाओं के क्षेत्र

उष्ण कटिबंध में स्थित समुद्रों के तटों की एक प्रमुख विशेषता यह है कि वहाँ कहीं–कहीं विभिन्न प्रकार की प्रवाल निर्मित स्थूलाकृतियां दिखायी पड़ती हैं। इन्हें प्रवाल भित्ति की संज्ञा प्रदान की जाती है। वस्तुतः प्रवाल भित्तियाँ चूना अथवा डोलोमाइट शैलों की ठेर होती हैं, तथा जिनका निर्माण चूने का उत्स्रवण करनेवाले प्रवाल कीटों से होता है। प्रवाल कीट सागरीय एनीमोन का एक प्रकार होता है। जीवित प्रवाल कीट समुद्र के जल से ऊपर विकास नहीं कर पाता, बल्कि भाटे की अवस्था में जल के स्तर तक ही इस समुद्री जीव का पूर्ण विकास संभव है। प्रवाल भित्तियों का निर्माण केवल प्रवाल कीटों से ही नहीं होता, वरन् इनके निर्माण में अन्य समुद्री जीवों का भी महत्वपूर्ण योगदान होता है।

अमेरिका का फ्लोरिडा प्रायद्वीप मूँगा चट्टानों और बालू पर आधारित है। क्वींसलैण्ड (आस्ट्रेलिया) में विश्व की सबसे बड़ी ज्ञात प्रवाल भित्ति है, जिसका निर्माण हजारों वर्षों में अनगिनत प्रवाल उपनिवेशों के चूनाश्म कंकालों से हुआ है। इन मूँगे के द्वीपों (चित्र 62) में लगभग दो हजार प्रकार की मछलियाँ रहती हैं, जो अलग–अलग प्रकार की होती हैं। हिन्द महासागर तथा प्रशांत महासागर में विशेष रूप से विकसित प्रवाल भित्तियाँ पायी जाती हैं। अटलांटिक महासागर में पश्चिमी द्वीप समूह के समुद्रों में तथा ब्राजील के तट से कुछ दूर भी प्रवाल भित्तियाँ दिखायी पड़ती हैं। ठंडे और गहरे

समुद्रों में उचित तापमान के अभाव में प्रवाल भित्तियों का विकास संभव नहीं होता है।

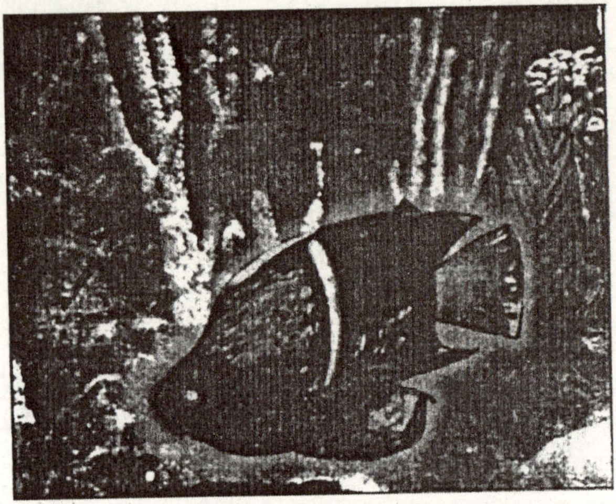

चित्र 62. मूंगे के द्वीप

भारत में प्रवाल पारितंत्रों पर समुद्र तटीय निवासियों की निर्भरता को देखते हुए प्रवाल भित्तियों के सुरक्षा संबंधी विधि – नियमों एवं उपयोग के विश्लेषण की ओर ध्यान देना आवश्यक है। इससे भावी योजनाओं को लागू करने तथा ध्वंसात्मक क्रिया कलापों को रोकने में सहायता मिलेगी।

दीर्घावधि प्रबंधन में उपभोक्ताओं की सहभागिता द्वारा ही इनकी सुरक्षा सुनिश्चित की जा सकती है। विशेष क्षेत्रों एवं अन्य उपयोगों के लिए नगर योजनाओं के तरीके और मात्स्यिकी तकनीकी का आपसी सहयोग एक विकल्प है जिसमें प्रवाल पारितंत्र एवं जैव–विविधता को संरक्षण दिया जाता है।

ओषधियों का भंडार–सागर

पृथ्वी का 71 प्रतिशत भाग सागर से घिरा हुआ है जिसका क्षेत्रफल 36,20,00,000 वर्ग किलोमीटर आंका गया है। उत्तरी गोलार्द्ध के लगभग 61 प्रतिशत भाग में और दक्षिणी गोलार्द्ध के 81 प्रतिशत भाग में सागर है। तथा इसकी औसत गहराई लगभग 400 मीटर है। विगत कुछ वर्षों के शोध से विदित हुआ है कि समुद्री

जीव जंतुओं से विभिन्न प्रकार के रासायनिक पदार्थ प्राप्त किए जा सकते हैं जिनका उपयोग अंततः ओषधियां एवं दुर्लभ औषधियों के संश्लेषण में किया जा सकता है। सागर में व्याप्त औषधियों के कारण इसे "औषधागार" भी कहा जाता है।

सर्वप्रथम रोमन वैज्ञानिक, लिनियस स्कुन्डस, ने समुद्री मछली, "स्टिंग रे" की पूंछ से एक औषधि का निर्माण किया था, जो दाँतों के दर्द और प्रसव संबंधी बीमारियों के लिए अत्यंत उपयोगी सिद्ध हुई। उसके तुरंत पश्चात् समुद्री मछली पफर–फिश से टेट्राडोटॉक्सिन (चित्र 63) निसारित की गई। इससे औषधि विज्ञान और रसायन विज्ञान में एक नया मोड़ आया। धीरे–धीरे वैज्ञानिकों का ध्यान समुद्री जंतुओं और उनमें पाए जानेवाले महत्वपूर्ण पदार्थों की ओर गया। परिणामतः समुद्री जंतुओं से अनेक गर्भनिरोधक, बैक्टीरिया और वायरस–रोधी गुणों वाले पदार्थ प्राप्त होने लगे।

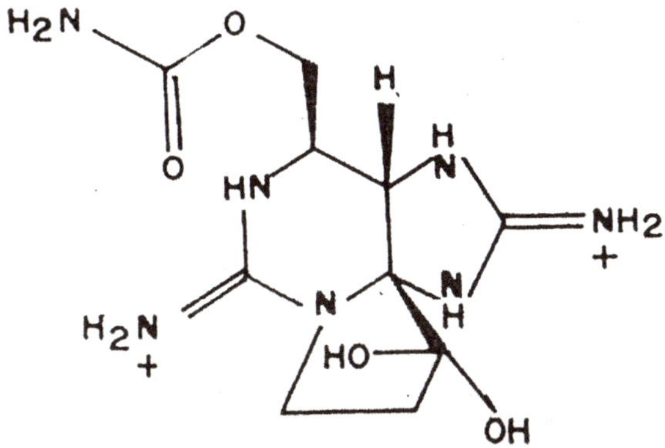

चित्र 63. टेट्राडोटॉक्सिन का संरचना सूत्र

समुद्री जीवों में हैलोजनी मिश्रण बहुत अधिक मात्रा में विद्यमान होता है। इन मिश्रणों में प्रति जैविक सक्रियता (Antibiotic activity) होती है। इसी प्रकार समुद्री जीवों में स्टेरॉल प्रचुर मात्रा में पाए जाते हैं। इनमें से कुछेक अद्वितीय होते हैं और जब उनके भू–व्युत्पन्नों से उनकी तुलना की जाती है तो उनकी बराबरी का कोई नहीं होता है।

समुद्री शैवाल – समुद्र में विभिन्न प्रकार की शैवाल होती है जिनका आकार मि.मी. के लाखवें भाग से लेकर कई मीटर तक होती है। समुद्री शैवालों से विभिन्न प्रकार के रासायनिक और जैव

रसायनिक पदार्थ प्राप्त किए जा सकते हैं, जिनका उपयोग चिकित्सा में किया जाता है।

भूरी शैवाल (फियोफाइसी) से एलजीनेट्स और लाल शैवाल (रोडोफाइसी) से अगार और केराग्जनीम प्राप्त किए जाते हैं। इनसे अनेक प्रकार की खाद्य सामग्री, सौंदर्य प्रसाधन और औषधियाँ बनाई जाती हैं।

सूक्ष्मजीवों के कल्चर उत्पादन में अगर (Agar) एक बेजोड़ पदार्थ है। केराग्जीनीम के उपयोग से कुत्तों और गिनीपिगों के आमाशयों में किसी भी प्रकार का फोड़ा या नासूर नहीं होता है। इस पदार्थ से अमाशय के अम्लीयं द्रवों का खट्टापन 50 प्रतिशत तक कम हो जाता है। इसके साथ ही यह आमाशय में म्यूकोइड क्रिया को भी उत्तेजित करता है।

मुरगी के डिम्बक पर जिलेडियम से प्राप्त केराग्जनीम और पॉलीसैकेराइड पदार्थों के प्रयोग से विदित हुआ है कि यह इन्फ्लूएंजा बी–वायरस को पूर्णतः नष्ट कर देता है। कैल्सियम एलजीनेट, जो विशेष प्रकार के शैवालों से प्राप्त किया जाता है, का शल्स चिकित्सा में बहुत ही महत्वपूर्ण स्थान है। सोडियम एलजीनेट, फ्यूरीओरन और केराग्जनीम हाइपो कोलेस्ट्रोलिक गुणवाले होते हैं। ये आसानी से पानी में घुलकर अपचनीय हाइपोफिलिक कोलाइड बनाते हैं। यह आमाशय की भित्ति द्वारा कोलेस्टेरॉल के शोषण को पूर्णरूप से रोक देता है।

एलजीनेट में काफी मात्रा में एलूरोनिक अम्ल विद्यमान होता है जो, रेडियोधर्मी स्ट्राशियम के विषैलेपन को दूर करने के लिए उपयोगी होते हैं। एण्टोमोरफा और क्लैडोफोरा शैवाल समुद्री जल से विकिरणशील पदार्थों को अवशोषित कर लेते हैं। कोडियम इलांगेटस शैवाल, जिसमें वायरसों को नष्ट करने के गुण होते हैं, को चित्र 64 में दर्शाया गया है।

समुद्री जंतु – समुद्री जंतुओं का चिकित्सा में अनूठा योगदान है। सागर में स्पंज, सीलेनट्रेंटा, कीड़े, घोंघे और इकाइनोडर्म वर्ग के अकेशेरूकी जंतु ही अधिक संख्या में मिलते हैं। अतः वैज्ञानिकों ने उन्हीं से औषधि उपयोगी जीव रसायन प्राप्त करने के प्रयत्न किए है। इनका विवरण निम्नलिखित हैं।

चित्र 64. कोडियम इलांगेटस शैवाल

(i) **स्पंज** – एक आकलन के अनुसार समुद्र में स्पंज की लगभग 5000 प्रजातियाँ पायी जाती हैं।

इनसे विभिन्न प्रकार की एन्टीबायोटिक औषधियाँ बनाई जा सकती हैं। स्पंजों से निसारित पदार्थ कुछ प्रकार के कैंसर के उपचार हेतु उपयोगी पाए गए हैं। भारत के दक्षिणी–पश्चिमी तट पर पाये जाने वाले स्पंज को चित्र 65 में दर्शाया गया है।

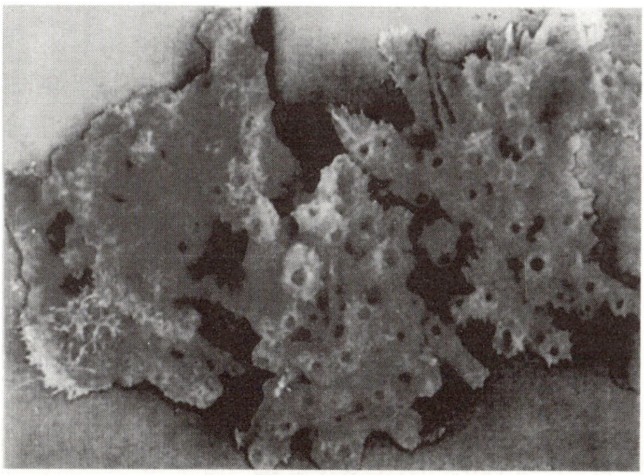

चित्र 65. स्पंज

मूंगा, जैलीफिश तथा सी–एनीमोन

सागर में सीलेन्ट्रेंटा वर्ग के जंतुओं जैसे मूंगा (कोरल), जैलीफिश और सी–एनीमोन, की लगभग 11,000 विभिन्न प्रजातियाँ पायी जाती है। हवाई द्वीप समूह के निकटवर्ती सागर में मिलने वाली जूजैन्थीरिया से इथेनोलिक निसारित किया जाता है। इसका उपयोग चूहों के इरहलिच कार्सीनोमा के उपचार में सफलतापूर्वक किया जाता है।

एंटीबायोटिक में एक नये उत्पाद सेफलोस्पोरिन ने, जिसे पहले समुद्री जीवों से अलग किया जाता था, हृदय रोपण तथा शरीर के अन्य अंगों के प्रतिस्थापन की शल्य क्रियाओं को बहुत ही आसान बना दिया है। इसी प्रकार कई मिश्रणों से ट्यूमररोधी औषधियों का विकास करने के लिए बड़े आशाजनक परिणाम प्राप्त हुए हैं।

मोलस्क – एक आकलन के अनुसार सागर में मोलस्क की लगभग 1,00,000 प्रजातियाँ पायी जाती हैं जिनमें घोंघे, सीपी, ऑक्टोपस आदि शामिल हैं। एवलोन, सीपी, ओइस्टर, कोंच, सी–शैल और स्क्विड से विभिन्न प्रकार के वायरसरोधी और सूक्ष्मजीव – प्रतिरोधी पदार्थ निसारित किए जाते हैं। मरसेनीन, जो मरसेनेरिया नामक घोंघे से प्राप्त किया जाता है, कैंसरग्रस्त कोशिकाओं की वृद्धि को रोकता है। म्यूरेक्स ट्रैकुलस नामक घोंघे के नील–लोहित ग्रंथि से निकाली जाने वाली म्यूरेक्सिन का उपयोग एक प्रकार की मलहम बनाने के लिए किया जाता है। यह मलहम मांसपेशियों को शिथिल करने के लिए लाभदायक होती है। ऑक्टोपस वल्गेरिस की लार ग्रंथि से निसारित आक्टोपामिन कुत्ते तथा बिल्ली में, बेहोशी की हालत में, हृदवाहिका क्रियाओं को प्रभावित करता है। एक विशेष प्रकार के गैस्ट्रोपोड, बक्सीनम अनडेटम की हाइपोंब्रेकियल ग्रंथि से एकिलकोलिन प्राप्त किया जाता है। यह समतल मांसपेशियों के खिचाव और स्तनपायी जंतुओं में उच्च रक्तचाप के उपचार में सहायक होता है।

मछलियाँ – गैडुस मोरहुआ नाम की कॉड मछली के ताजे यकृत से कॉड लिवर तेल तैयार किया जाता है। यह तेल मनुष्यों के लिए हाइपो–विटामिनोसिस ए एवं डी (विटामिन ए और डी) की कमी से उत्पन्न रोग) के उपचार के लिए लाभप्रद है। इस तेल से

एक प्रकार का मलहम भी बनाया जाता है जो विभिन्न प्रकार के व्रणों तथा जलने से उत्पन्न घावों आदि के उपचार में लाभप्रद पाया गया है। इसी प्रकार एक बहुत ही विषैला और कम अणुभार वाला टेट्राडोटॉक्सिन पफर मछली, समुद्री मछली और पोक्यूपाइन मछलियों से प्राप्त किया जाता है। यह कोकीन से 1,60,000 गुना अधिक शक्तिशाली है। इसका उपयोग मांसपेशियों के खिचाव को शिथिल करने के लिए मलहम के रूप में किया जाता है। ऐसा ही पदार्थ है सेक्सीटॉक्सिन, (चित्र 66), जो विशेष प्रकार के डाइनोफ्लेजिलेट्स से प्राप्त होता है।

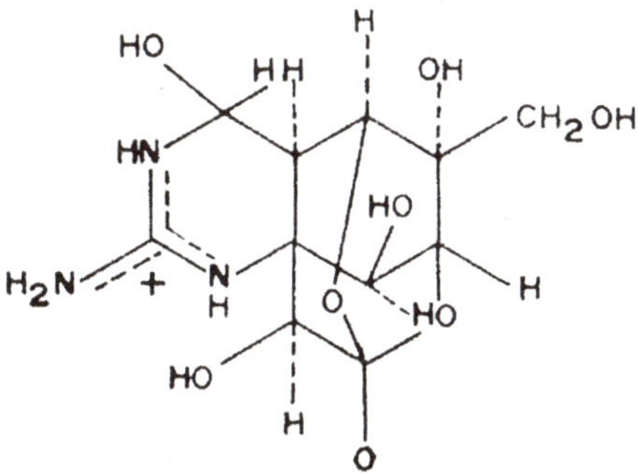

चित्र 66 सेक्सीटॉक्सीन के अणु का संरचना सूत्र

चित्र 67 एवं 68 में अल्प रक्तचाप के उपचार के लिए औषधी प्रदान करने वाले जीव गेगेरिया तथा गर्भ निरोधक औषधी प्रदान करने वाले एक्रोपुरा को दर्शाया गया है।

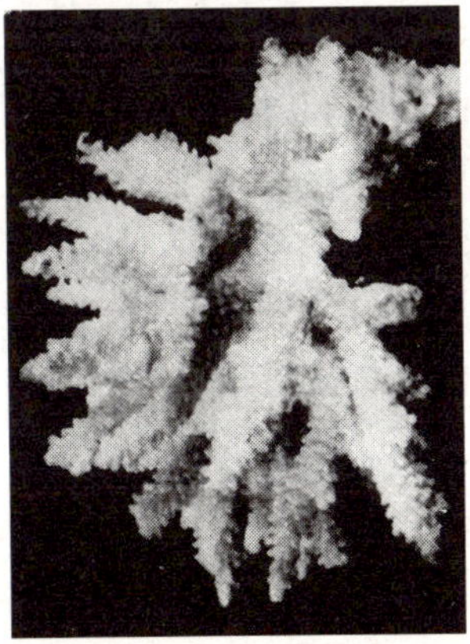

चित्र 67. गेगेरिया

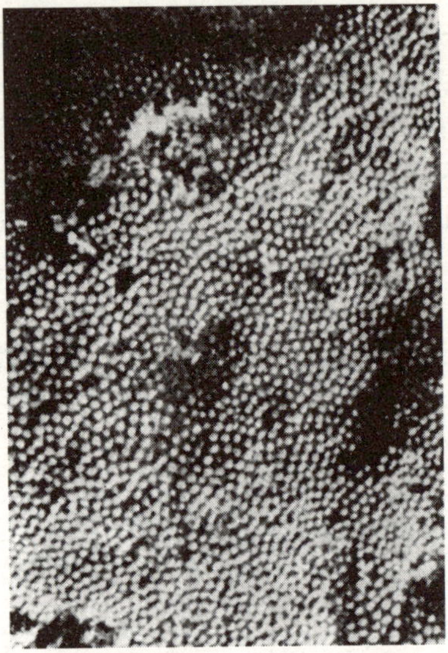

चित्र 68. एक्रोपुरा

समुद्र की गहराई में विद्यमान विभिन्न प्रकार के सूक्ष्मजीवों को चित्र 69 में वर्णित किया गया है।

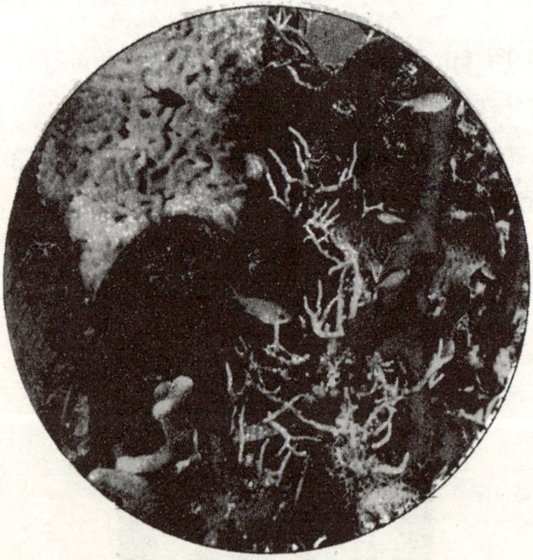

चित्र 69 समुद्र की गहराई में विद्यमान विभिन्न प्रकार के सूक्ष्मजीव

केन्द्रीय औषधि अनुसंधान संस्थान, लखनऊ में कार्यरत वैज्ञानिकों ने हरे शैवाल "अल्पा फैसिआटा" से बहुत से विषाणुरोधी

स्फिंगोसिव एमाइड्स की खोज की है तथा राष्ट्रीय समुद्र विज्ञान संस्थान, गोवा के वैज्ञानिकों ने मैंग्रोव की एकेन्थस प्रजाति से एक रसायन, 2–बेंजोक्सेजोलिनोन (चित्र 67) प्राप्त किया है जो कि काला–अजार के उपचार में प्रभावी पाया गया है। इसी समूह के वैज्ञानिकों ने मैंग्रोव के एकेन्थोफोरा प्रजाति से औरान्टामाइड नामक पदार्थ प्राप्त किया है, जो कि जीवाणुरोधी है। हमारे देश के सी.एस. एम.सी.आर.आई., भावनगर तथा कोलकाता विश्वविद्यालय में शैवाल से तथा समुद्री जीवों से औषधी प्राप्त करने हेतु महती अनुसंधान परियोजनाएं चल रही हैं। विभिन्न प्रकार की समुद्री औषध वनस्पतियों को चित्र 70 में दर्शाया गया है।

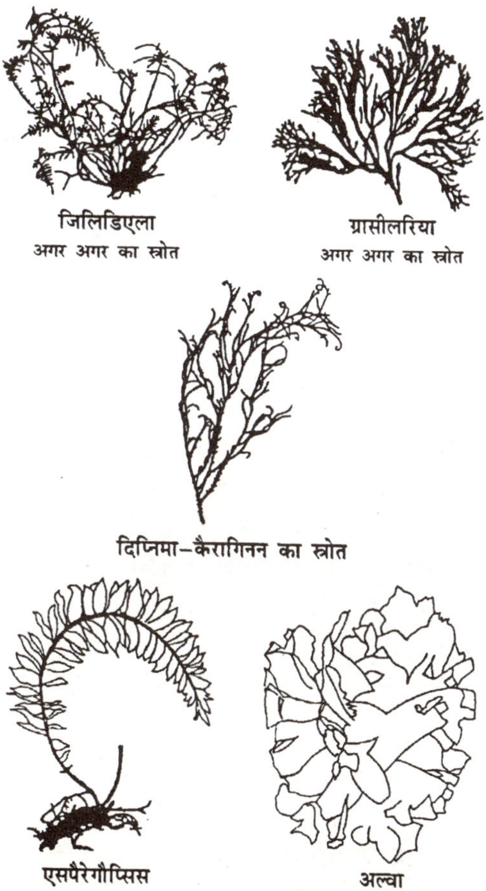

चित्र 70. विभिन्न प्रकार की समुद्री औषध वनस्पतियाँ

(i) मुक्ता एवं शुक्ति

आयुर्वेद में 'मुक्ता' से कई प्रकार की औषधियाँ जैसे – मोती भस्म, मोती भस्म नं. 1, मोती भस्म (चंद्रपुटित), मोती पिष्टी, मोती पिष्टी, सर्वोत्तम नं. 1 तथा मुक्ता एवं शुक्ति के मिश्रण से मुक्ता शुक्ति पिष्टी आदि दवाइयाँ आज भी बाजार में उपलब्ध हैं, जिन्हें अनेक प्रकार के रोगों के उपचार में प्रयोग में लाया जाता हैं। इसी प्रकार सिद्ध चिकित्सकों द्वारा मुक्ता का योग मुत्थू बरपाम (Muthu Barpam) तथा शुक्ति का प्रयोग मुत्थू चिप्पी बरपाम (Muthu Chippi Barpam) औषधि बनाने में होता है। इस प्रकार बने बरपाम को सभी प्रकार की बवासीर (Piles), खाँसी (Cough) तथा क्षय (Kshya) आदि को ठीक करने में उपयोग करते हैं।

शुक्ति (Oysters) के कड़े छिलकों (Shell) से एक प्रकार का मलहम बनाया जाता है, जिसे ऐड़ी में पड़ी दरारों, बिवाई के उपचार के लिये प्रयोग करते हैं। इसी से तैयार की गई भस्म अतिसार (Diarrhoea), दीर्घस्थायी आंतड़ी अव्यवस्था (Chronic intestinal disorder) में भी प्रयोग होती है।

(ii) घोंघा, कौड़ी व शंख

हिंदूओं की पूजा में ध्वनि अवतरण में प्रयोग होने वाले शंख, जैकस पाईरम (Xancus pyrum), भारत के सभी समुद्र तटीय क्षेत्रों में पाया जाता है। इस समूह के जंतुओं को उनके कड़े छिलकों के आधार पर वर्गीकृत किया जाता है। सिद्ध पद्धति के अनुसार इनसे बरपाम बनाया जाता है, जिसे बवासीर (Piles), खाँसी (Cough), अमाशय अव्यवस्था (Stomach disorder), गले की बढ़ी घंटी (Enlarged tonsils) आदि रोगों में प्रयोग किया जाता है। शुद्धिकरण के पश्चात् बरपाम का प्रयोग बुखार एवं नेत्र रोग में भी होता है।

तकनीकी रूप से शंख, समुद्री जीव घोंघे का आवास स्थान या उसका खोल मात्र है, जिसे वह अपनी सुरक्षा के लिए समुद्र में उपलब्ध चूने से स्वयं बनाता है। इस समुद्री जीव के रीढ़ की हड्डी नहीं होती और शारीरिक रूप से यह बहुत नाजुक होता है। इसलिए उसे अपनी सुरक्षा हेतु इस प्रकार का मजबूत खोल आवश्यक है।

उसकी कुछ ग्रन्थियां पानी से चूना लेने और उसे अपने शरीर के ऊपर आवश्यकता के अनुसार आकृति देने में सक्षम होती हैं। घोंघे की मृत्यु हो जाने के उपरान्त से शंख तैरते हुए पानी से ऊपर आ किनारे पर आ जाते हैं। वहीं से इन्हें एकत्रित किया जाता है। शंख हमें कई रंगों में प्राप्त होते हैं। कुछ शंखों पर अन्य रंगों की धारियां भी होती है। शंख की आकृति भी अनेक प्रकार की होती है। अब तक इसकी हजारों प्रकार की आकृतियों का अध्ययन किया जा चुका है। कौड़ियां आदि भी घोंघे की ही खोल है। जंतु वैज्ञानिकों के अनुसार समुद्र में शंख जाति के जीव ही सर्वाधिक मात्रा में पाए जाते हैं। यह भारतीय संस्कृति की ही विशेषता है कि उसने एक साधारण जीव के खोल को भी गहराई से अध्ययन किया, शोध किया और उसकी विशेषताओं को पहचान कर उसे इतना ऊंचा स्थान दिया।

शंख के कलात्मक सौंदर्य ने विश्व के अन्य देशों को भी मोहित किया है। फ्रांस की लगभग पच्चीस हजार वर्ष से भी अधिक पुरानी क्रो मेगनन गुफाओं में विभिन्न प्रकार के ऐसे शंख प्राप्त हुए हैं, जो मुख्यतः हिंद महासागर में ही उपलब्ध होते हैं। इससे अनुमान है कि ये शंख हिंद महासागर से ही वहां ले जाए गए होंगे।

हमारे यहां शंख को इतना अधिक महत्व देने के पीछे, हमारे ऋषि महर्षियों की वैज्ञानिक सोच भी रही है, जो आधुनिक वैज्ञानिकों द्वारा भी स्वीकार की जा चुकी है। ध्वनि पर आधुनिक विज्ञान ने अनेक खोजें की गई हैं और उनमें ध्वनि के वैज्ञानिक चमत्कार प्रमाणित किए गए हैं। यह स्वीकार किया गया है कि ईथर में रेड़ियों तरंगें और शब्द तरंगें एक ही गति से भ्रमण करती हैं। इससे हमारे प्राचीन ग्रन्थों की यह उक्ति सही सिद्ध होती है कि 'शब्द ही ब्रह्म है'। इस दृष्टि से शंख से निकलने वाली विशेष प्रकार की ध्वनि, हमारे लिए विशेष उपयोगी हो जाती है। बर्लिन विश्वविद्यालय के प्रोफेसर हम्बोल्ट के अनुसार शंख ध्वनि से 1400 फीट के छोटे जीवाणु और हानिकारक कीटाणु नष्ट हो जाते हैं। इस ध्वनि से हैजा और प्लेग जैसे भयानक रोगों के कीटाणुओं को भी नष्ट या कमजोर किया जा सकता है। हम्बोल्ट के अनुसार यह संभव हो पाता है शंख ध्वनि से वातावरण में उत्पन्न होने वाले कम्पन्न से। इसलिए, शंख हमारे पर्यावरण को शुद्ध करने में भी काफी सहायक हो सकता है।

आयुर्वेद में शंख को उपचार की दृष्टि से भी विशेष महत्व दिया गया है। इसे रसेन्द्र यानि पारे के पश्चात् लौह, ताम्र और स्वर्ण के समान ही उपधातुओं में रखा गया है। यह माना गया है कि शंख ध्वनि करने से शरीर पुष्ट होता है, बलवीर्य बढ़ता है और शूल, कफ, खांस एवं विष आदि के दोष नष्ट होते हैं। शंख से शंख भस्म, शंख चूर्ण तथा लोकेश्वर रस जैसी औषधियां तैयार की जाती है जो उदर रोग सहित अनेक बीमारियों में लाभदायक है। नित्य प्रति शंख बजाने से अस्थमा में लाभ होता है और अभ्यास करने पर गूंगे व्यक्ति भी बोलने में सफल हो जाते हैं। जन मान्यता के अनुसार यदि बच्चों के गले में छोटे–छोटे शंखों की माला डाल दी जाए तो वे जल्दी बोलना सीखते हैं और उनका उच्चारण शुद्ध होता है। शंख में रात्रि पर्यंत रखे जल को प्रातः पीने से उपस्थित रोगाणु नष्ट होते है और शरीर में स्फूर्ति आती है। शंख को नित्य प्रति घिसकर चेहरे पर लगाने से मुहासे ठीक होते हैं और चेहरे की कांति बढ़ती है। इससे सिर दर्द, गंड माला और दंत रोगों से भी लाभ मिलता है। शंख का मनोविज्ञान से भी गहरा संबंध माना गया है। 1981 में इटली के लेखक फ्लीयो कीयोनानी ने शंख–संग्रह पर एक पुस्तक लिखी, जिसमें उन्होंने कहा कि जीवन से निराश, थके और परेशान लोगों को मानसिक शक्ति के लिए शंख संग्रह का शौक अपना लेना चाहिए। एक अन्य विचारक डॉ. नेरिल पूर ने भी मानसिक परेशानियों और तनावों को दूर करने के लिए इसी शौक को अपनाने की सलाह दी है।

(iii) प्रवाल

प्रवालों को उनके रंग, बाह्य संरचना, बहुण्यता आदि के आधार पर विभिन्न समुदायों में बांटा गया है। इनमें हैलीपोरा (Helipora) एवं मिलीपोरा (Millipora) नामक प्रवाल प्रमुख हैं। सिद्ध पद्धति में मिलीपोरा का अधिक प्रयोग होता है। इसके द्वारा बनाया गया बरपाम मधुमेह (Diabetes), चर्मरोग (Skin disease), मूत्राशय में सिकुड़न (Stricture Urethrea) इत्यादि रोगों के उपचार में प्रयोग होता है।

(iv) अंबर

यह नर व्हेल की आँतों से उत्सर्जित कठोर पदार्थ होता है, जिसे "अंबरग्रीस" कहते है। इसको शक्तिहीनता (General debility), फेफड़ों की बीमारियों (Lung diseases), लकवा (Paralysis), जोड़ों के दर्द (Pain in joints), बुखार (Fever) शुक्राणु को बढ़ाने आदि में प्रयोग करते हैं। इसको याद्दाश्त बढ़ाने एवं कामवासनावर्धक के रूप में भी प्रयोग करते हैं।

अंबर को सुपारी (Areca catechu), लौंग (Syzygium aromaticum), अदरक (Zingiber officinale) के रस में संयोजित करके वधा (Vadha), कुभा (Kubha) एवं कृष्यम (Kryshyam) आदि रोगों के उपचार में प्रयोग करते हैं। भारतीय आयुर्वेदिक पद्धति में (भावप्रकाश, सोलहवीं शताब्दी) में भी लेमिनेरिया (Laminaria sp;) एवं पोरफाइरा (Porphyra sp.) शैवाल जातियों का अनेक बिमारियों के निदान में प्रयोग के संदर्भ मिलते हैं।

अभिनव एवं जनहित प्रयास

औषधियों के लिये सागर का अन्वेषण और दोहन स्थल की अपेक्षा अधिक कठिन है। अस्सी के दशक से सागर से औषधि प्राप्त करने की दिशा में गति आई। हमारे देश में राष्ट्रीय समुद्र विज्ञान संस्थान, गोवा, केंद्रीय अनुसंधान संस्थान, लखनऊ तथा बोस संस्थान, कोलकाता के सहयोगात्मक प्रयासों से केवल विगत पाँच–सात वर्षों में समुद्री वनस्पतिजगत और प्राणिजगत के अन्वेषण के लिये गंभीरतापूर्वक प्रयास किया गया। उनके संयुक्त प्रयासों के परिणामस्वरूप लगभग पाँच सौ समुद्री नमूनों की जीव वैज्ञानिक छानबीन के साथ–साथ उनकी पहचान कर ली गई हैं तथा कुछ मामलों में उनके सक्रिय अवयव की पहचान भी कर ली गई हैं। कुछ नमूनों में दूसरों से अलग प्रतिविषाणु प्रतिउर्वरता, हाइपोटेंसिव तथा सी.एन.एस. उद्दीपन जैसी आशाजनक जीव वैज्ञानिक सक्रियता पाई गई है। कुछ अपरिष्कृत उत्पादों में उच्च अविषालुता पाई गई हैं। इनमें से कुछ नमूनों पर भारत सरकार के महासागर विकास विभाग द्वारा वित्त पोषित एक नए कार्यक्रम "समुद्र से औषधियां और जैव सक्रिय पदार्थ" के अंतर्गत अनुवर्ती कार्यवाही की

जा रही है, इस कार्यक्रम में ग्यारह प्रयोगशालाएँ भाग ले रही हैं। एकत्रित किए गए लगभग 34% नमूनों में कुछ जैव सक्रियता देखी गई है, जो भूमि पर पाए जानेवाले पादपों की तुलना में बहुत अधिक हैं।

समुद्री वनस्पतिजात और प्राणिजात के कई पहलुओं का अध्ययन किया गया है। प्रोटोजोंस, स्पंजों, सीलेंटरेट्स, एकिनोडर्मस, मोलस्कस, निमराटाइंस, सी–स्नेक्स और मछलियों से कई अविषालु उपापचय अलग किए गए हैं। इनमें से सर्वाधिक महत्वपूर्ण हैं – पालीटॉक्सिन (Polytoin) आदि। इनमें से कुछ टॉक्सिनों की सक्रियता की क्रियाविधि का अध्ययन किया गया है। प्रतिजीवाणुक, प्रतिविषाणुक, प्रतिनवद्रव्यीय और अन्य भेषजगुण विज्ञान संबंधी गुणधर्मों जैसी कई अन्य सक्रियताओं के बारे में सूचना मिली है। ऐसी रिपोर्टों की संख्या कम है, जिनमें नई रासायनिक संरचना के पृथक्करण के साथ–साथ उसकी जैव–रासायनिक सक्रियता का वर्णन होता है। भारतीय समुद्री जीवों में जैव सक्रियता संबंधी जानकारी सारणी 30 में दी गई है।

सारणी 30. भारतीय समुद्री जीवों में जैव सक्रियता

जैव सक्रियता	जीवों की संख्या
एंटीइंप्लांटेशन	14
एंटीवायरल	23
हृदयवाहिका	14
सी.एन.एस. डिप्रेसेंट	9
सी.एन.एस. उद्दीपक	29
डायोरेटिक	30
हाइपोग्लाकेमिक	10
ऑक्सीटॉसिस	1
स्पेस्मोजीनिक	9
स्पेस्मोलिटिक	3
टॉक्सिक	12
कुल सक्रिय नमूनें	154
% सक्रिय	34

समुद्री संसाधनों से अलग किए गए जैव सक्रिय पदार्थों की किस्में निम्नवत हैं –

1. प्रतिजीवी
2. कैंसर रोधी/कोशिका विष
3. सी.बी.एस. सक्रिय

   हाइपोटेंसिव, कार्डियोटॉनिक, प्रतिस्पंदन, हाइपोलिडेमिक

   ऑटोनोमिक एग्नेनिस्ट/एंटागोनिस्ट
4. सी.एन.एस. सक्रिय

   सी.एन.एस. विश्रांतक, एंटी डिप्रेंसेंट, सी.एन.एस. डिप्रेंसेंट

   न्यूरोमस्कुलर ब्लकिंग, पेशी विश्रांतक
5. प्रतिशोध
6. समुद्री आविष
7. विविध एंजाइम इनहिबिटर्स

सामुद्रिक द्रव्यों के गुणधर्म

सागरीय द्रव्यों के गुणकर्मों को सारणी 31 में दर्शाया गया है।

सारणी 31. सागरीय द्रव्यों के गुणकर्म

क्र.सं.	द्रव्यमान	गुणकर्म	उपयोग
1.	प्रवाल	मधुर, अम्ल, लघु, कफ, पित्त दोषहर, दीपन, पाचन वृष्य, मेध्य, बल्य, हृदय, विषघ्न, ज्वरघ्न एवं भूचल	क्षय, रक्तपित्त, कास विष, शामक, नेत्ररोगहर भूतबाधा नाशक, वीर्य क्रांतिकर
2.	मुक्ता	मधुर, वृष्य, कषाय, चक्षुष्य, त्रिपोषघ्न, दाह, विषघ्न प्रशमन	राजयक्ष्माहर, विषघ्न, बल एवं पुष्टिकारक
3.	मुक्ता शुक्ति शंख कपर्द	मुक्ता के समान गुणकारी किंतु अल्पगुणयुक्त	मुक्ता के समान किंतु अल्पगुणयुक्त, अग्निमाद्य

	वराटिका शंखनाभि शंबूक आदि	कटु, लघु, रुक्ष, तीक्ष्ण, कफ वातशामक, दीपन, पाचन भेदन	अजीर्ण, उदरशूल अम्ल पित्त, गुल्म, ग्रहणी यकृत प्लीहादोषहर
4.	समुद्र फेन	कषाय, शीतल, लेखन, सर चक्षुष्य, कफ, पितघ्न, विषघ्न कफघ्न, स्तंभन, शोधहर	कर्णशूलहर, अग्निमाद्य, शूल, गुल्म, यकृत, प्लीहा दोषहर
5.	समुद्र लवण	लवण रस, तिक्त, मधुर, अनुष्णगुण एवं वीर्य, दीपन, भेदी, विदाही, श्लेष्मल, वातनुतु, तीक्ष्ण, अरुक्ष, नातिशीतल, पाचन	उदरशूल, अग्निमाद्य, अजीर्ण, विबंध उदर रोगहर एवं वातरोगहर

सागर की विभिन्न संपदाओं से प्राप्त औषधियों का विवरण

सागर की विभिन्न संपदाओं यथा – जीव, वनस्पति एवं खनिज से प्राप्त औषधियों का विवरण सारणी 32 में तथा सामुद्रिक द्रव्यों के चिकित्सकीय स्वरूपों को सारणी 33 में एवं औषधिय सामुद्रिक द्रव्यों के अंग्रेजी नामों को सारणी 34 में दर्शाया गया है।

सारणी 32. सागर की विभिन्न संपदाओं से प्राप्त औषधियाँ

क्र.सं.	अंग्रेजी नाम	वैज्ञानिक नाम	अरबी नाम
(अ) जीवों से उत्पन्न औषधियाँ			
1	अंबरग्रीस	अंब्रागेसी	अंबर
2	कास्टोरियम	लूट्रा–लूट्रा	जुंद्बीदस्तार
3	कोरल	कोरलियम रुबूम	बूसाद / मरजान
4	काउरी	साइप्रिय मोनिटा	वादा
5	क्रोकोडायल	क्रोकोडिलस पाल्लुसट्रिस	टिम्सह
6	कटल फिश बोंस	सीपिया आफीसीनालीस	जष्ठ जाबाद अल–बाहर
7	ईल	एनक्वीला प्रजाति	मरमाहीज
8	इंसिगलस	एसीपेंसर हूसो	घारा अल समक
9	नरव्हाल	मोनोडोन मोनासीरोस	क्यूगा

10	ऑएस्टर शेल	ओस्ट्री इडूलिस	सदफ
11	पर्ल	पिंकटाडा प्रजाति	लूलू
12	स्किरापिअन फिश	पिट्रोइश रूसेली	अकरब बहरी
13	सीक्रेब	कैसर मरीना	सारतन बहरी
14	सी हेअर	लीपस मैरिंड	अरनाब बहरी
15	सी हेजहाग	मरीनस	कूनफूड बहरी
16	सी स्नेल	कलनकुलस डिपिक्टस	हालजुन बहरी
17	श्रिप	क्रेग्रान वल्गारिस	रूबियन
18	स्किंक	मायूबा क्रिनाटा	असकंकर / सकनकर
19	स्पंज	स्पांगिया आपीसीनालिस	इसफंज
20	टरटल	चिलोनिया मिडास	सुलहफत
21	अनुंजस	स्ट्रांबस प्रजाति	अजफार अल–तीब
(ब) वनस्पति से उत्पन्न औषधियाँ			
22	सी–मॉस (समुद्री किस्म)		कांड्रस क्रिस्पतसतुह लुब
(स) खनिज से उत्पन्न औषधियाँ			
23	ओटोलिथ फ्रामफिशिज	सिलिकेट आफ लाइम	हजर अल हवत
24	स्पंज स्टोन	लापिस स्पांगिया	हजर अल–इसफंज

सारणी 33. सामुद्रिक द्रव्यों के चिकित्सकीय स्वरूप

क्र.सं.	औषध का नाम	उपयोग
1	प्रवाल	भस्म, पिष्टी, चूर्ण
2	मुक्ता	भस्म, पिष्टी
3	मुक्ता शुक्ति	भस्म, पिष्टी
4	वराटिका	भस्म
5	शंख	भस्म, चूर्ण
6	शंखनाभि	भस्म, चूर्ण

7	शुक्ति	भस्म
8	अकलारि (दरियाई नारियल)	उदक, चूर्ण, क्वाथ
9	समुद्र फेन	चूर्ण
10	समुद्र लवण	चूर्ण
11	कूर्मपृष्ठ	भस्म
12	शंबुक (घोंघा)	भस्म

सारणी 34. औषधीय सामुद्रिक द्रव्यों के अंग्रेजी नाम

क्र.सं.	संस्कृत नाम	अंग्रेजी नाम
1	प्रवाल	Coral
2	मुक्ता	Pearl
3	मुक्ता शुक्ति	Shell of the Oyster Pearl
4	वरादिका	Shell (Cowric)
5	शंख	Conch
6	शंखनाभि	Spiral part of the conch
7	शुक्ति	Shell of the oyster
8	समुद्रफेन	
9	समुद्र लवण	Sea Salt
10	अकलारि (दरियाई नारियल)	Sea Coconut
11	कूर्मपृष्ठ	Tortoise Shield
12	मत्स्यपित्त (रोहित)	Bile of Fish
13	अंबर	Physter Catode
14	नख	Operculm of a Nil
15	कच्छप (कूर्म).	Tortoise
16	मगर	Crocodile
17	मत्स्य मांस	Fish Meat
18	कर्कट मांस	Octopus Meat
19	कर्कट (घोंघा)	Octopus

सागर से औषधियाँ प्राप्त करने का सफल एवं सराहनीय प्रयास कैलिफोर्निया में ला जोल्ला स्थित स्क्रिप्स इंस्टीट्यूशन ऑफ ओशीनोग्राफी के वरिष्ठ जैव वैज्ञानिक विलियम फेलिकन ने किया है। डॉ. फेनिकल एवं उनके सहयोगी वैज्ञानिकों ने समुद्र में पाये जानेवाले एक अद्भुत जीव स्यूजोटेरोजार्जिया एलिसाबेथी नामक समुद्री पिच्छ (सी फीदर) से ऐसा रसायन प्राप्त किया है जो चिकित्सा वैज्ञानिकों की बहुत मदद कर सकता है। इस रसायन का नाम है "स्यूडोटेरोसिन"। मनुष्यों में स्यूडोटेरोसिन पर किए गए आरंभिक परीक्षणों से ऐसा ज्ञात हुआ है कि सूर्यदाह, रासायनिक क्षोभको या सन्धिवात से शरीर के किसी भी भाग में आई सूजन को कम करने में यह रसायन उल्लेखनीय भूमिका निभाता है।

समुद्र से प्राप्त एल्यूथेरोबिन नामक रसायन कैंसर कोशिकाओं को नियंत्रित रख सकता हैं। कैंसर के उपचार मे सहायक, समुद्र से प्राप्त 30 से अधिक औषधियाँ अभी परीक्षण के दौर से गुजर रही हैं। अतः यह बात सही है कि नई सदी का चिकित्सा विज्ञान बहुत कुछ सागरों पर ही निर्भर करेगा। भविष्य में समुद्रों में से ऐसे सूक्ष्मजीव खोजे जा सकते हैं जिनके बारे में न तो आपने सुना होगा न देखा होगा।

हाइड्रोकार्बन एवं पेट्रोलियम पदार्थ

समुद्र अपने गर्भ में पेट्रोलियम तेल भंडार का बहुत बड़ा हिस्सा समाहित रखता है। वस्तुतः समुद्र तल के नीचे उपसतह में महाद्वीपीय शेल्फ एवं ढलान की कड़ी परत (क्रस्ट) में हाइड्रोकार्बन, पेट्रोलियम एवं प्राकृतिक गैस इत्यादि उत्पन्न और एकत्रित होते हैं। निश्चित ताप व दाब पर समुद्र के तल में लगभग 65 मिलियन वर्ष पुराने अवसादी चट्टानों में दबे जंतु एवं पादप जीवाश्म हाइड्रोकार्बन तत्पश्चात् विभिन्न दिशाओं में पलायित होने लगते है और कुछ विशेष प्रकार की भू–भौतिक संरचनाओं में एकत्रित होते (चित्र 71) हैं। वस्तुतः ये संरचनाएं मुख्यतः अंश एवं अपनति संरचना हैं जो कि हाइड्रोकार्बन एवं प्राकृतिक गैसों को अपारगम्य कवच प्रदान करते हैं, जिसके फलस्वरूप इन बहुमूल्य पदार्थों का इन संरचनाओं में आने के बाद पुनः पलायन रुक जाता है। उच्च तकनीक का उपयोग कर ये पेट्रो–पदार्थ समुद्र के गर्भ से दोहित किए जाते हैं (चित्र 72)।

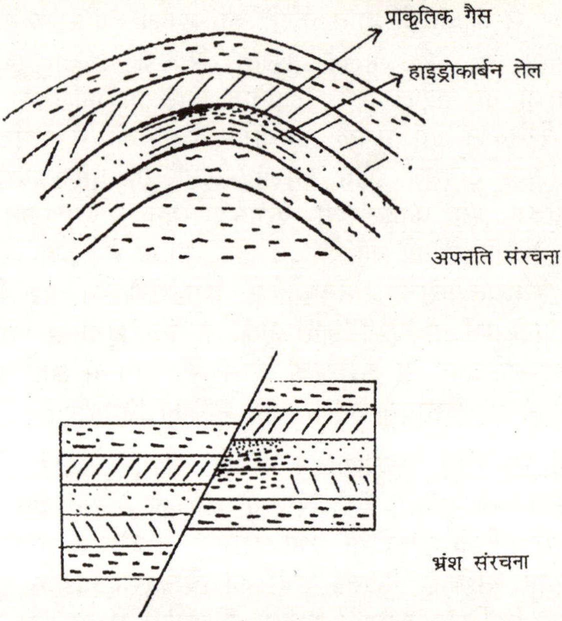

चित्र 71. भू भौमिक रचनाएं

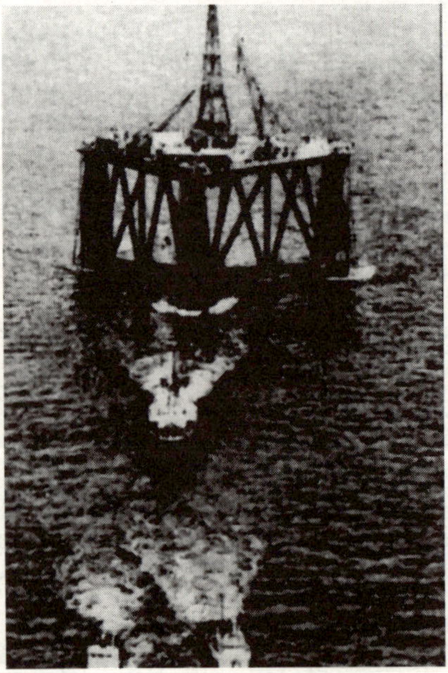

चित्र 72. समुद्र से तेल निष्कर्षण

वर्तमान परिप्रेक्ष्य में ये बहुमूल्य पदार्थ मानव समाज के लिए एक अत्यंत आवश्यक अंग बन चुके हैं। हमारे समाज का हर वर्ग, बड़े तबके से लेकर छोटे तबके तक, आज पेट्रोलियम पदार्थों पर पूर्णरूप से आश्रित है। चाहे बात रसोई गैस की हो या सड़कों पर तेज गति से दौड़ते वाहनों की या फिर कल–कारखानों की शोर–मचाती मशीनों की क्यों न हों। समाज के हर क्षेत्र में समुद्र से दोहित पेट्रोलियम गैस इत्यादि का विशेष स्थान है।

हिंद महासागर में स्वेज की खाड़ी, ईरान की खाड़ी, लालसागर, अरबसागर, बंगाल की खाड़ी, सुमात्रा, बोर्नियो और आस्ट्रेलिया के तटवर्ती सागरों में पेट्रोलियम के बड़े–बड़े भंडार है। समुद्र में निहित संपूर्ण खनिज स्रोतों के कुल भाग का लगभग 90% योगदान अकेले खनिज हाइड्रोकार्बन तेल एव्र प्राकृतिक गैस का ही है। भारत में इन खनिज पदार्थों का प्रमुख उत्पादन क्षेत्र बॉम्बे हाई, डिगबोई, कैम्बेबेसिन तथा अंकलेश्वर इत्यादि हैं। इनमें बॉम्बे (मुम्बई) हाई ही एकमात्र क्षेत्र है जहाँ हाइड्रोकार्बन का दोहन समुद्र तल से होता है।

कोयला – सागर की तली में कोयले के बड़े भंडार है, परंतु आमतौर पर उन्हीं भंडारों के उपयोग के प्रयत्न किए जाते हैं जो तट के कोयला भंडारों के विस्तार मात्र हैं। सागर से कोयला निकालने के सबसे पहले प्रयास स्कॉटलैण्ड के तट पर सन् 1620 में किए गए थे। आज विश्व के विभिन्न देशों में सागर की तली से कोयला निकाला जा रहा है। एक आकलन के अनुसार विश्व के कुल कोयला उत्पादन का लगभग दो प्रतिशत भाग सागर की तली से प्राप्त किया जा रहा है। आजकल उन भंडारों से भी कोयला निकाला जा सकता है जो तट से 25 किलोमीटर दूर तक स्थित हों। कालांतर में ऐसे यंत्र तैयार कर लिए जाएंगें जिनसे तट से 50 किलोमीटर दूर तक स्थित भंडारों से भी कोयला निकालना संभव होगा।

ऊर्जा के विशाल स्रोत सागर

सागर में ऊर्जा के भी विशाल भंडार है। सागर की लहरों, ज्वारभाटों, जलधाराओं एवं जलस्तरों के तापों के अंतर में भी ऊर्जा भंडारित है। उसकी बायोमास से तथा उस पर बहनेवाली पवनों से भी ऊर्जा प्राप्त की जा सकती है। सागर में सबसे अधिक मात्रा सूर्य

से प्राप्त होने वाली ऊष्मा ऊर्जा के रूप में है। एक आकलन के अनुसार 10,000 टेरावाट (10^{16}) सौर–ऊर्जा पृथ्वी को प्राप्त होती है। इसका 70 प्रतिशत भाग स्वाभाविक रूप से समुद्र ग्रहण करते हैं जिसका विभिन्न रूपों में परिवर्तन होता रहता है। सागर के पानी में 3×10^{24} जूल ऊर्जा भंडारित है। इसी प्रकार लहरों में 10^{19} जूल, ज्वार–भाटाओं में 2×10^{17} जूल, सतह पर बहनेवालीर धाराओं में 3×10^{8} और गहरे सागर की धाराओं में 10^{14} जूल ऊर्जा निहित है।

समुद्र से ऊपर उठनेवाली विभिन्न ऊँचाई वाली लहरों में असीमित ऊर्जा निहित है। ये लहरें कुछ सेंटीमीटर से लेकर 15 मीटर तक की भी होती है। नोवास्टोकिया (कनाडा) की खाड़ी की लहरों की ऊँचाई 20 मीटर तक भी मापी गई है।

वैज्ञानिकों के अनुसार 5 मीटर से अधिक ऊँचाई वाली लहरों वाले समुद्री क्षेत्रों पर तरंगीय जल–विद्युत् ऊर्जा संयंत्र स्थापित किया जाना उपयुक्त है। ज्वार–भाटा के समय उत्पन्न लहरों की ऊर्जा 2.7 से 3 टेरावॉट तक आकलित की गई हैं जिसमें से लगभग 40 से 50 मेगावॉट ऊर्जा का दोहन संभव है।

वस्तुतः सागर से ऊर्जा प्राप्त करना सरल नहीं है जितना खाद्य या खनिज प्राप्त करना। इसलिए इस क्षेत्र में आरंभ में मनुष्य को आमतौर से असफलता ही प्राप्त हुई। विगत कुछ दशकों में सागर से ऊर्जा प्राप्त करने में सफलता मिली है।

सागर में ऊर्जा की सबसे अधिक मात्रा उसके पानी में ऊष्मा के रूप में व्याप्त है। इसलिए सबसे पहले उसकी ही चर्चा कर लें। वैसे ज्वार–भाटाओं में निहित ऊर्जा को भी प्राप्त करने के कुछ प्रयास सफल रहे हैं।

ओटेक तकनीक

सागरों का क्षेत्रफल बहुत विशाल है तथा वे पृथ्वी के हर भौगोलिक क्षेत्र में स्थित है। इस कारण उन पर पड़नेवाली सौर ऊर्जा की मात्रा भी विशाल है। सौर ऊर्जा को भंडारित करने में पानी का एक गुण विशेष रूप से महत्वपूर्ण है और वह है उसकी अत्यंत उच्च ऊष्माधारिता। सूर्य की किरणें पानी में बहुत गहराई तक प्रवेश नहीं कर पाती है। क्योंकि उनमें निहित गरमी पैदा

करनेवाली अवरक्त और लाल किरणों की प्रवेश क्षमता तो अत्यंत कम है इसलिए उनका अवशोषण पानी की ऊपरी परतों में ही हो जाता है। इसके फलस्वरूप सागर की सतह का पानी बहुत गरम हो जाता है, परन्तु गहरे भागों का पानी ठंडा ही रहता है। इससे सागर के जल में ऐसे विभिन्न स्तर बन जाते हैं जिनके तापों में बहुत अंतर होता है। यह अंतर अनेकबार 20° सें. से भी अधिक हो जाता है। इसी तापांतर का उपयोग करके बिजली बनाने की तकनीक को कहते हैं "सागर ऊष्मा ऊर्जा रूपांतरण तकनीक (Ocean thermal energy Conversion technique)। वस्तुतः यह नामक बड़ा होने के कारण ओ.टी.ई.सी. (ओटेक) ही अधिक प्रचलित है।

वस्तुतः भौतिकी की दृष्टि में ओटेक तकनीक एक ऊष्मा इंजन है और उसका भी आधारभूत सिद्धान्त वहीं है जो प्रचलित ताप बिजलीघरों का। इस तकनीक में सागर सतह के गरम पानी और लगभग एक हजार मीटर गहराई से निकाले गए ठंडे पानी के तापों के अंतर का उपयोग करके बिजली उत्पन्न की जा सकती है। इस प्रकार यह तकनीक उष्ण कटिबंधीय सागरों के लिए बहुत उपयुक्त है। क्योंकि इन सागरों की सतह के पानी का तापमान 25° सें. जैसा ऊँचा होता है और 1000 मीटर गहरे पानी का -1° सें. जैसा नीचा। परन्तु आसपास की हवा का ताप इससे कहीं अधिक नीचा होता है। इस कारण वे ओटेक तकनीक के लिए सबसे उपयुक्त स्थल बन जाते है।

यह तापांतर सूर्य द्वारा उत्पन्न किया जाता है इसलिए वह बहुत शीघ्रता से पुनः उत्पन्न हो जाता है। इसका उपयोग करके संपूर्ण विश्व के लिए बिजली बनाई जा सकती है। ऐसा अनुमान लगाया गया है कि ओटेक तकनीक से 200,000,00 मेगावॉट बिजली प्रतिदिन प्राप्त की जा सकती है।

ओटेक संयंत्र के गरम और ठंडे जलों के तापों में अंतर प्रचलित बिजलीघरों की अपेक्षा कम होता है। इसलिए उसकी दक्षता भी बहुत कम होती है। प्रचलित ताप बिजलीघरों की दक्षता लगभग 80 प्रतिशत होती है और ओटेक की दक्षता मात्र 7 प्रतिशत। परंतु सागर में गरम एवं ठंडे जल इतनी अधिक मात्रा में उपलब्ध होते हैं कि अत्यंत कम दक्षता की पूर्ति हो जाती है।

बिजली उत्पादन की दो विधियाँ

ओटेक तकनीक में दो तरीके से बिजली उत्पादित की जा सकती है। पहले तरीके में किसी द्रव को उबालकर गैस में परिवर्तित कर लिया जाता है। यह गैस टरबाइन को चलाती है, जिससे बिजली बनती है। परंतु इसमें गैस स्वयं ठंडी हो जाती है और द्रव में बदल जाती है। इस द्रव को पुनः गरम करके गैस में परिवर्तित कर लिया जाता है और इस प्रकार द्रव का गैस में परिवर्तित होने, गैस का टरबाइन चलाने और फिर ठंडी होकर द्रव में बदल जाने का चक्र चलता ही रहता है। इस चक्र को वैज्ञानिक "बंद चक्र" कहते हैं।

दूसरे तरीके या विधि को 'खुला चक्र' कहते है। इस विधि में किसी कार्यकारी द्रव की आवश्यकता नहीं होती है। उसके स्थान पर सागर के गुनगुने पानी को ही कम दाब पर भाप में परिवर्तित कर लिया जाता है। यह भाप टरबाइन चलाती है तथा इस कार्य में वह ठंडी हो जाती है। इस ठंडे जल को पुनः गरम नहीं किया जाता है। यद्यपि खुली चक्र व्यवस्था के अनेक लाभ हैं, यथा – उससे उपजात के रूप में बड़ी मात्रा में ताजा पानी मिल जाता है। परंतु आमतौर से बंद चक्र तरीका ही अधिक लोकप्रिय है। क्योंकि इसकी बिजली उत्पादन क्षमता अधिक होती है।

भारत में ओटेक

हमारे तटवर्ती सागरों के विभिन्न जलस्तरों के तापों में अंतर, ओटेक तकनीक से बिजली उत्पादन के लिए बहुत उपयुक्त है। अरबसागर और बंगाल की खाड़ी में आमतौर से सतह के पानी के ताप और लगभग एक हजार मीटर गहरे पानी के ताप में 20° सें. से भी अधिक अंतर है। हमारे अनुसंधान पोत 'गवेषणी' द्वारा किए गए इन सर्वेक्षणों में पाया गया है कि बंगाल की खाड़ी की सतह पर गरम पानी की 75 मीटर मोटी तह है। उसके पानी का तापमान 29° सें. है और सतह से लगभग 120 मीटर नीचे ठंडा पानी है, जिसका ताप 6° सें. है। वस्तुतः यह ओटेक संयंत्रों की स्थापना के लिए बहुत उपयुक्त है। देश के तमिलनाडु क्षेत्र के तट पर ऐसे 4 स्थानों का पता लगाया जा चुका है जहाँ ओटेक संयंत्र स्थापित किए जा सकते हैं।

विशेषज्ञों का मत है कि देश के पश्चिमी और पूर्वी तटों के निचले भागों तथा लक्षद्वीप और अंडमान द्वीप समूहों के तटों पर छोटे–छोटे 25 से 50 मेगावॉट क्षमता के अनेक ओटेक संयंत्र स्थापित किए जा सकते हैं। ये बिजली की स्थानीय कमी को दूर करने में सक्षम हैं। हमारे देश में मिनीकाय द्वीप में और तमिलनाडु के तट पर ओटेक संयंत्र स्थापित किए जा रहे हैं।

ऊर्जा के अन्य स्रोत

1. **ज्वार–भाटा** – सागर के ज्वार–भाटाओं में भी बहुत बड़ी मात्रा में (2×10^{17} जूल) ऊर्जा निहित है। कुछ दशक पूर्व फ्रांस ने सागर के ज्वार में निहित ऊर्जा को बिजली में रुपांतरित करने हेतु सफल प्रयोग किया था। इस प्रकार पहला बिजलीघर रांस की खाड़ी में अब भी कार्यरत है। उसके बाद फ्रांस में तथा अन्य देशों में इस प्रकार के अनेक बिजलीघर स्थापित किए गए। इनमें कुछ का विवरण सारणी 35 में दिया जा रहा है।

सारणी 35. विश्व के कुछ प्रमुख ज्वार बिजलीघर

ज्वार बिजलीघर	देश	वार्षिक उत्पादन (करोड़ किलोवाट घंटों में)
रांस	फ्रांस	80
लोरिया	फ्रांस	24
चोसे	फ्रांस	1,500
आर्गना लांसिए	फ्रांस	85
ब्रैस्ट	फ्रांस	90
सोम	फ्रांस	100
परसामो कोडी	सं. राज्य अमेरिका	60
फंडी की खाड़ी	कनाडा	160
सेवर्न	ब्रिटेन	237
सानसोज की खाड़ी	अर्जेंटाइना	1000

इसमें विद्युत उत्पन्न करने के लिए पहले ज्वार के प्रवाह को किसी खाड़ी या बड़े जलाशय में भर लिया जाता है और खाड़ी के द्वार पर जहाँ वह सागर से मिलती है, एक अवरोधक लगा दिया जाता है। यह अवरोधक एक प्रकार से बांध का कार्य करता है और ज्वार के पानी का आधिक्य ही इस पर से बहकर सागर में जा सकता है। इससे ज्वार के पानी का स्तर सागर में पानी के स्तर से बहुत ऊँचा हो जाता है। अब ज्वार के पानी को सागर में गिराकर अवरोधक के पास लगे टरबाइनों को चलाया जाता है। इस प्रकार ज्वार के पानी की स्थितिज ऊर्जा विद्युत् में परिवर्तित कर लिया जाता है। इस व्यवस्था में उस समय व्यवधान उत्पन्न हो जाता है जब 'शीर्ष' (हैड) कम हो जाता है। वस्तुतः शीर्ष का तात्पर्य सागर में जल के सामान्य स्तर तथा संग्रहित जल के स्तर के अंतर से है। ऐसी अवस्था में टरबाइन बंद हो जाती है।

बिजली बनाने के लिए ज्वार की स्थितिज ऊर्जा का ही नहीं गतिज ऊर्जा का भी उपयोग किया जा सकता है। ज्वार की गतिज ऊर्जा से प्राप्त विद्युत् आमतौर से ज्वार के ऊर्ध्वाधर शीर्ष के वर्ग की समानुपाती होती है तथा बृहत् ज्वार (सबसे ऊँचे ज्वार) से प्राप्त ऊर्जा का मान लघु (सबसे नीचे) ज्वार से प्राप्त ऊर्जा से सात गुना अधिक होता है।

ज्वार से प्राप्त ऊर्जा के मान को निरंतर एक समान बनाए रखने के लिए उत्पादन व्यवस्था में अनेक संशोधन किए गए है और अनेक प्रकार की तकनीकें सुझाई गई हैं। इन संशोधनों के परिणामस्वरूप अब ऐसे संयंत्र (चित्र 73) उपलब्ध हैं जिनसे केवल उतरते या केवल चढ़ते अथवा उतरते और चढ़ते, दोनों प्रकार के ज्वारों से बिजली बनाई जा सकती है। साथ ही एक संग्रहण क्षेत्र वाले या दो संग्रहण क्षेत्रों वाले अथवा पंप भंडारण व्यवस्था वाले संयंत्र भी विकसित कर लिए गए हैं। इन संयंत्रों की दक्षता अलग–अलग होती है। दो संग्रहण क्षेत्रवाले संयंत्रों की दक्षता सबसे अधिक, 35 प्रतिशत होती है। आजकल ऐसे संयंत्र भी विकसित कर लिए गए हैं, जिनमें तीन संग्रहण – क्षेत्रों का उपयोग किया जा रहा है।

इस तकनीक से बिजली प्राप्त करने में उत्पादन लागत बहुत कम आती है। इससे बिल्कुल भी प्रदूषण नहीं होता और निरंतर

बिजली प्राप्त की जा सकती है। परंतु ज्वार–भाटा काल और सौर दैनिक काल में थोड़ा सा अंतर आ जाने पर उत्पन्न होने वाली ऊर्जा का मान बदल जाता है। इसमें समुद्री तूफानों आदि से तथा समुद्री पानी और कीटों आदि के कारण होनेवाले क्षारण से संयंत्रों की रक्षा हेतु उपाय करने पड़ते हैं।

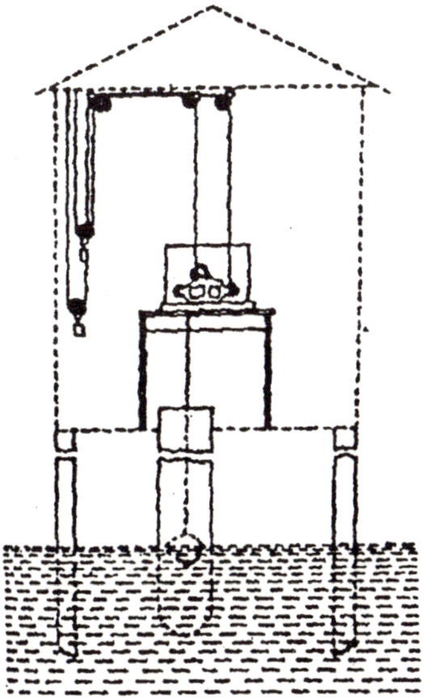

चित्र 73. टाइड मेज

ज्वार से बिजली उत्पादन करने के क्षेत्र में कनाडा, अर्जेंटाइना, संयुक्त राज्य अमेरिका, चीन, ब्रिटेन, रूस तथा जापान आदि देशों में बहुत कार्य हुआ है। हमारे देश में कच्छ और भावनगर के तटों पर तथा खंभात की खाड़ी, डायमंड हार्बर (कोलकाता के समीप) में आने वाले ज्वारों से बिजली बनाई जा सकती है।

2. **लहरों से बिजली** – सागर की लहरों में भी बहुत बड़ी मात्रा में ऊर्जा भंडारित होती है परंतु अभी तक इस ऊर्जा को बड़े पैमाने पर बिजली में बदलने में सफलता नहीं मिली है। वस्तुतः सागर के हर तट पर लहरों से बिजली नहीं बनाई जा सकती है। इसके लिए ऐसा लंबा तट चाहिए जिसके आगे खुले सागर में तेज पवनें बहती हों परंतु कोई पर्वत आदि न हो। आमतौर पर ऐसे तट मध्य अक्षांशों में, महाद्वीपों के पश्चिमी किनारों पर स्थित हैं।

लहरों से बिजली उत्पादित करने के लिए अनेक देशों में प्रयोग किए गए हैं और उनमें कुछ सफलता भी मिली है। कदाचित् सबसे अधिक सफलता मिली है – "दोलन करने वाली जलस्तंभ युक्ति" (Oscillating water column device) को। यह युक्ति 0.5 मेगावाट बिजली उत्पन्न कर सकती है।

भारत में लहरों से बिजली की संभाव्य क्षमता 40,000 मेगावाट आकी गई है। परन्तु यह ऊर्जा बहुत बड़े क्षेत्र में यानी 7500 किलोमीटर से भी बड़े क्षेत्र में वितरित है। वैसे हमारे देश में इस दिशा में बहुत प्रयत्न किए गए हैं। ये प्रयत्न महासागर विभाग जो वर्तमान में पृथ्वी विज्ञान विभाग, चेन्नई और दिल्ली में स्थित इंडियन इंस्टीट्यूट ऑफ टेक्नोलॉजी, सेंटर फॉर अर्थ साइंसेज स्टडीज, तिरुवअनन्तपुरम, किर्लोस्कर इलेक्ट्रिक कंपनी आदि संस्थाओं ने किए हैं। इस विषयक इंडियन इंस्टीट्यूट ऑफ टेक्नोलॉजी, चेन्नई ने उत्कृष्ट कार्य किया है। वहाँ दोलन करने वाली जलस्तंभ युक्ति विकसित की गई है। और दो ऐसे स्थानों का पता लगाया है जो लहरों से बिजली उत्पन्न करने हेतु उपयुक्त हैं। इनमें से एक चेन्नई के निकट है और दूसरा तिरुवअनन्तपुरम के पास विझिंजम नामक स्थान है। बिजली उत्पादन हेतु 150 किलोवाट क्षमता का एक संयंत्र, 1991 से सफलतापूर्वक कार्य कर रहा है।

3. जलधाराओं से बिजली – वस्तुतः जलधाराओं से बिजली उत्पन्न करना कदाचित् सबसे कठिन कार्य है, परंतु संयुक्त राज्य अमेरिका और जापान के कुछ वैज्ञानिकों ने इस बारे में प्रयोग किए हैं।

इसी प्रकार जब ब्राइन से ताजा पानी प्राप्त किया जाता है तब ऊर्जा की आवश्यकता होती है। यदि इस क्रम को उलटा कर दिया जाए तो ऊर्जा मुक्त होगी। विभिन्न लवणताओं के जलों से बिजली उत्पन्न करने हेतु यही सिद्धान्त अपनाया जाता है। इसके लिए विभिन्न लवणताओंवाले जलों को आपस में मिलाया जाता है। जलों की लवणताओं में जितना अधिक अंतर होगा तो उनसे प्राप्त होने वाली ऊर्जा की मात्रा भी उतनी ही अधिक होगी। इसलिए नदियों के बहुत कम लवणतावाले जलों को सागर के पानी के साथ मिलाने पर अधिक ऊर्जा प्राप्त हो सकती है। इस संबंध में दो विधियाँ सुझाई गई हैं और इन्हें पेटेन्ट भी करा लिया गया है।

कुछ वैज्ञानिकों का मत है कि विभिन्न जल–स्तरों के तापांतर से बिजली उत्पन्न करने की अपेक्षा इन जल–स्तरों के घनत्वों के अंतर से बिजली बनाना अधिक आसान होगा। परंतु अभी तक इस दिशा में आशान्वित प्रगति नहीं हुई है।

4. **बायोमास** – वस्तुतः प्राथमिक तौर पर सागर में वनस्पति (ईंधन) उगाना और उससे बिजली उत्पन्न करने की विधि काफी अव्यावहारिक प्रतीत होती है, परंतु कुछ वैज्ञानिकों के अनुसार यह विधि अन्य अनेक विधियों से बेहतर है। इस तकनीक में सागर की खाद्य श्रृंखला की उच्च दक्षता का उपयोग करके सागर के पानी में उपस्थित पोषक तत्वों से बायोमास प्राप्त की जाती है। यह बायोमास अनेक प्रजातियों के पौधों के रूप में सूक्ष्म शैवाल से लेकर बृहताकार केल्प जैसे बड़े समुद्री पौधों के रूप में हो सकती है। तथा इसे सागर में उत्पन्न करने के अनेक लाभ हो सकते हैं।

एक बार बायोमास प्राप्त हो जाने पर उसे ईंधन में परिवर्तित किया जा सकता है। बायोमास को सीधे ही ईंधन के रूप में जलाना हितकर नहीं होता है। अतः उसे रासायनिक रूप से विघटित करके कार्बनिक अम्ल और तत्पश्चात् ओलीफिन और हाइड्रोकार्बन, मुख्यतः मीथेन में परिवर्तित करना उपयुक्त होता है। यह कार्य अनेक सरल एवं सस्ती विधियों द्वारा किया जा सकता है। अवायवीय पाचन (Anaerobic digestion) एक ऐसी विधि है जिससे बायोमास से मीथेन और कार्बन डाइ ऑक्साइड तो प्राप्त होती ही है, साथ ही अनेक पोषक पदार्थ, विशेष रूप से नाइट्रोजन, अवशिष्ट के रूप में बचे रहते हैं। इस अवशिष्ट को बाद में उर्वरक के रूप में प्रयोग किया जा सकता है। बिजली उत्पन्न करने हेतु बायोमास प्राप्त करने के लिए ओटेक तकनीक से परोक्ष सहायता ली जा सकती है। बायोमास उत्पादन को ओटेक संयंत्र के साथ संयोजित कर देने से लागत में बहुत कमी आ सकती है।

5. **सागर की पवनों से ऊर्जा** – थल पर बहनेवाली तेज पवनों की ऊर्जा से बिजली उत्पन्न करने के प्रयत्न अनेक स्थानों पर किए जा रहे हैं, तथा इनमें काफी सफलता भी मिली है। परंतु अभी तक पवन ऊर्जा को बड़े पैमाने पर बिजली में परिवर्तित नहीं किया जा सका है। आमतौर पर कुएं से जल निकालने या एक घर को प्रकाशित करने के लिए अथवा अन्य छोटे–मोटे कार्यों के लिए

पवन–जनित विद्युत् का उपयोग किया जाता है। परंतु सागरों पर बहती हुई तेज पवनों की ऊर्जा का उपयोग बड़े पैमाने पर बिजली उत्पादन हेतु किया जा सकेगा, जटिल कार्य है। वैज्ञानिकों के अनुसार पवन ऊर्जा और लहर ऊर्जा का साथ–साथ प्रयोग श्रेयस्कर रहता है।

6. गैस हाइड्रेट – अक्षुण्ण ऊर्जा भंडार – ऊर्जा के क्षेत्र में गैस हाइड्रेट एक नवीन खोज है। वर्तमान में समाज के सम्मुख उत्पन्न ऊर्जा संकट को कुछ हद तक दूर करने में इनकी महती भूमिका है। हाइड्रेट्स की खोज करने में सबसे बड़ा कारण इसके बहुत बड़े भंडार का होना है। इनके भंडार के बारे में 20,000 ट्रिलियन क्यूबिक मीटर (टीसीएम) का आकलन किया गया है। वस्तुतः गैस हाइड्रेट एक बर्फ के समान रवेदार या क्रिस्टलाइन ठोस है जो कि पानी एवं प्राकृतिक गैस के मिश्रण से प्राप्त होते है। ये हाइड्रेट अवसादी चट्टानों के सरंध्रों में सीमेंट अथवा परत के रूप में विद्यमान रहते हैं। इन हाइड्रेट्स के निर्माण के लिए विभिन्न प्राकृतिक गैसें – कार्बन डाइ ऑक्साइड, हाइड्रोजन सल्फाइड एवं अन्य कम कार्बनयुक्त हाइड्रोकार्बन इत्यादि उपयुक्त हैं, परंतु इन सब गैसों में मीथेन का स्थान प्रमुख है।

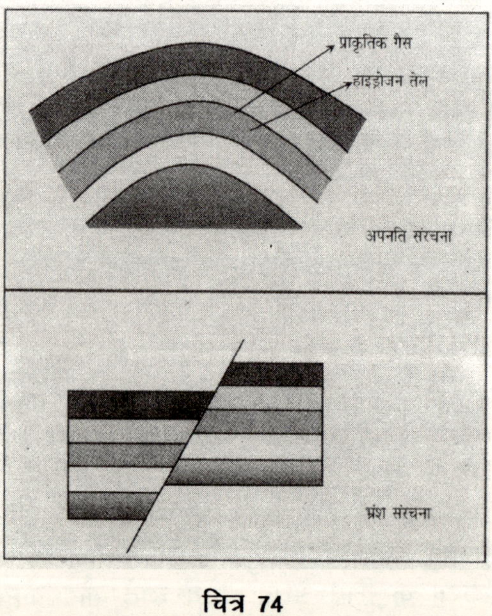

चित्र 74

अनुसंधानों से विदित हुआ है कि हाइड्रेट के इकाई आयतन से लगभग 160 इकाई आयतन मीथेन गैस प्राप्त होती है। इस प्रकार यह अनुमान है कि पूरे विश्व में मीथेन की मात्रा के लगभग दोगुने के बराबर है। गैस हाइड्रेट को चित्र 74 एवं 75 में दर्शाया गया है।

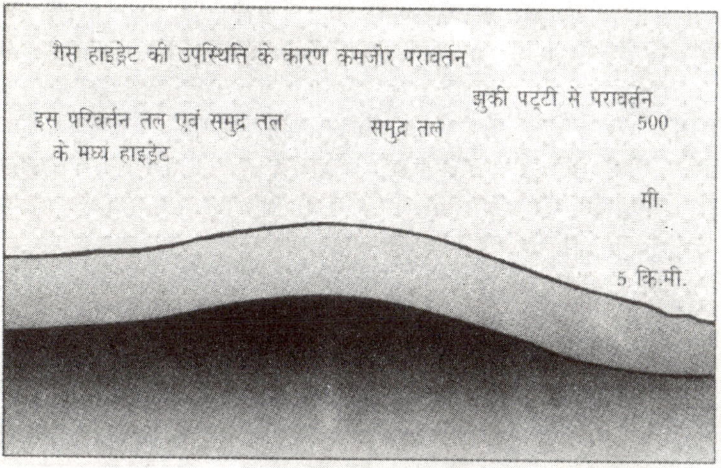

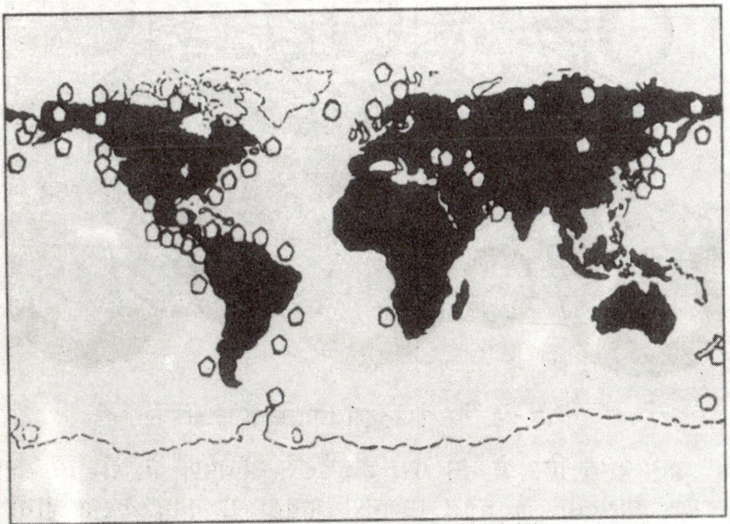

चित्र 75. गैस हाइड्रेट

गैस हाइड्रेट समुद्र के तलछट के नीचे होते हैं। इन स्थानों की जानकारी (Seismic) प्रयोगों के माध्यम से जानी जाती है। वस्तुतः

(Seismic) अध्ययन, भूभौतिकीय विज्ञान में महत्वपूर्ण विधा है। जिसके कारण पृथ्वी की आंतरिक संरचना समझना, जो एक दुष्कर कार्य होता है, आसान बन गया है।

भारतीय परिप्रेक्ष्य में गैस हाइड्रेट की संभावना को देखते हुए देश के वरेण्य वैज्ञानिकों ने ऊर्जा की जरूरतों को पूरा करने हेतु इनके दोहन की सिफारिश की है। ऐसा अनुमान किया गया है कि गैस हाइड्रेट्स का विशाल भंडार भारतीय समुद्र तट सीमा पर लगभग कुछ मीटर से 3000 मीटर की गहराई में मौजूद है। इसलिए 'गैस हाइड्रेट' कार्यक्रम के अंतर्गत गैस हाइड्रेट्स व उससे जुड़ी समस्याओं पर वैज्ञानिक कार्य तेजी से चल रहा है। चित्र–76 में उन विशेष प्रांतों को दिखाया गया है, जहाँ गैस हाइड्रेट्स के मिलने की संभावनाएं है।

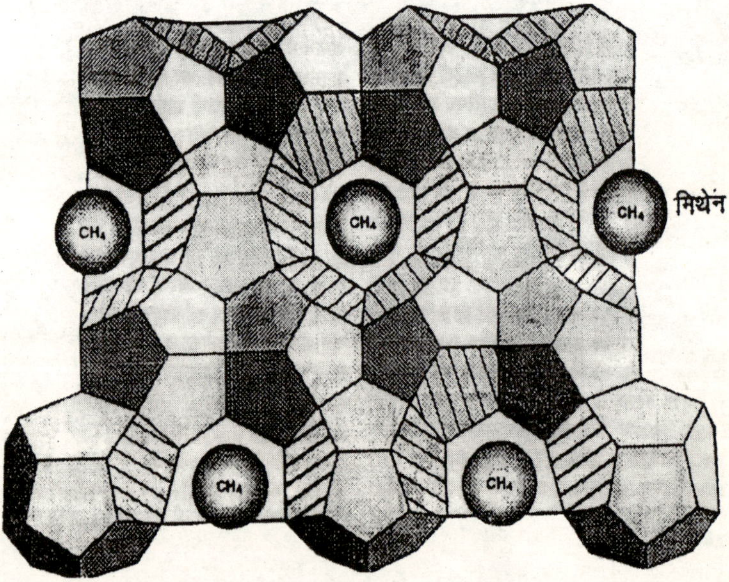

चित्र 76. गैस हाइड्रेट्स उपलब्धता के क्षेत्र

अतः राष्ट्र हित में हमें गैस हाइड्रेट्स अन्वेषण के 'राष्ट्रीय गैस हाइड्रेट कार्यक्रम' के तहत मिशनरी भावना से काम करना होगा। वस्तुतः आवश्यकता आविष्कार की जननी है और यह गैस हाइड्रेट्स एक ऊर्जा के रूप में अत्यंत आवश्यक रूप से उभरकर चुनौती दे रहा है।

मानसून एवं कृषि

यह सर्वमान्य तथ्य है कि यदि पृथ्वी पर सागर नहीं होते, तब उस पर वर्षा बिल्कुल नहीं होती। क्योंकि पृथ्वी के कुल पानी के 97 प्रतिशत से भी अधिक भाग को अपने में समाए सागर ही वर्षा के लिए जलवाष्प उपलब्ध कराते हैं। उन्हीं पर से पानी वाष्प बनकर उड़ता है और बादलों में परिवर्तित होता है तथा पुनः वर्षा के रूप में बरसता है। वस्तुतः थल पर बरसनेवाले पानी की अधिकांश मात्रा अंततः सागर में पहुँच जाती है। इस कारण सागर को मानसून का जन्मदाता कहा गया है। मानव समाज के लिए सागर का सर्वाधिक उपयोगी और श्रेष्ठ कार्य है – वर्षा अर्थात् मानसून।

मानसून की परिभाषा – वस्तुतः मानसून अरबी भाषा में 'मौसिम' शब्द का बदला हुआ रूप है। मोटे तौर पर यद्यपि मानसून का अर्थ वर्षा ही समझा जाता है, परंतु वह भ्रामक है। वस्तुतः मानसून पवनें ही हमारे लिए वर्षा करने वाले मेघ लाती हैं। अतः आम बोलचाल की भाषा में 'मानसून' और 'वर्षा' एक दूसरे के पर्याय बन गए हैं। मानसून का अर्थ तो वे हवाएँ हैं जो एक विशेष ऋतु (मौसम) में एक ही दिशा में बहती हैं, परंतु वर्ष भर नहीं बहती है। वैज्ञानिक आज भी इस बारे में एक मत नहीं है कि मानसून पवनों की परिभाषा उनकी वर्षा करने की क्षमता पर आधारित हो अथवा विश्व की पवनों में होनेवाले परिवर्तन के संदर्भ में। इस कारण आज भी मानसून पवनों की एक ऐसी परिभाषा जिसमें उनके सभी गुण समावेशित हों, और जिससे मात्र मानसून पवनों का ही बोध हो, उपलब्ध नहीं है।

पृथ्वी के जिस भू–भाग पर समुचित मात्रा में वर्षा होगी, उस क्षेत्र विशेष की कृषि प्रणाली अत्यंत सक्षम एवं सशक्त होगी। फलतः उस समाज की आर्थिक व्यवस्था भी अति सुदृढ़ होगी। (चित्र 77 एवं 78) में समुद्र की सतह पर वायु प्रवाह को क्रमशः गरमियों (जुलाई) एवं सरदियों (जनवरी) में दर्शाया गया है। जुलाई के दिनों में दक्षिणी गोलार्द्ध से आती हुई दक्षिण–पूर्वी व्यापारिक हवाएँ जब उत्तरी गोलार्द्ध में प्रवेश करती है, तो कोरियॉलिस (Coriolis) बल के कारण वे दाहिनी ओर 90° के कोण पर मुड़कर दक्षिण–पश्चिमी हवाओं के रूप में समुद्र की सतह पर बहने लगती हैं। उत्तरी गोलार्द्ध के भू–भाग पर पहुँचने से पूर्व ये दक्षिण–पश्चिमी हवाएँ

समुद्र की सतह पर एक लंबी दूरी तय करती है जिसके फलस्वरूप ये नमी से भरपूर लद जाती हैं। जब ये नम समुद्री हवाएँ भू सतह पर पहुँचती हैं तब ये वर्षा की बूँदों के रूप में छा जाती हैं। इस प्रक्रिया को दक्षिण–पश्चिमी मानसून कहते हैं। ये मानसून मुख्यतः भारत, दक्षिण–पूर्वी एशियाई देशों व अफ्रीका आदि के लिए वरदान हैं।

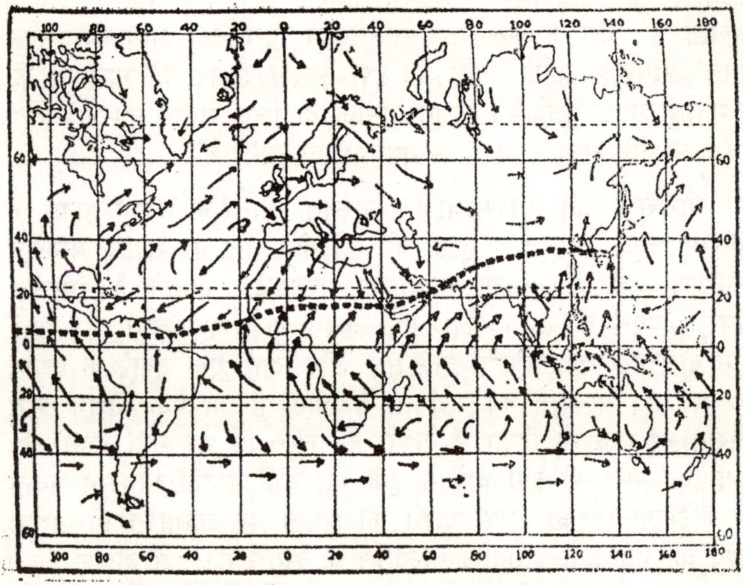

चित्र 77. समुद्र की सतह पर गर्मियों में वायु प्रवाह

इन चित्रों में बिन्दुवाली रेखा अंतः उष्ण कटिबंधीय अभिसरण क्षेत्र को दर्शाती है जो वायुप्रवाह को निर्धारित करती है।

इसी प्रकार जनवरी के दिनों में उत्तरी–गोलार्द्ध से आती हुई उत्तर–पूर्वी व्यापारिक हवाएँ दक्षिण की ओर चलकर दक्षिण–अमेरिका, पूर्वी अफ्रीका एवं उत्तर–पूर्वी आस्ट्रेलिया आदि देशों में पहुँचती हैं तथा उन प्रदेशों में भरपूर वर्षा करती हैं। इन दिनों उत्तर–पूर्वी व्यापारिक हवाओं की एक शाखा बंगाल की खाड़ी के दक्षिणी हिस्से के पार आ पहुँचती है और भारतीय प्रायद्वीप के दक्षिणी आधे भाग पर जल बरसाती है। ये हवायें भारत में उत्तर–पूर्वी मानसून के नाम से प्रसिद्ध हैं। वस्तुतः किसी देश की कृषि

आर्थिक व्यवस्था पूर्णतया मानसून की सफलता पर ही निर्भर रहती है और भारतीय परिप्रेक्ष्य में यह चरितार्थ है।

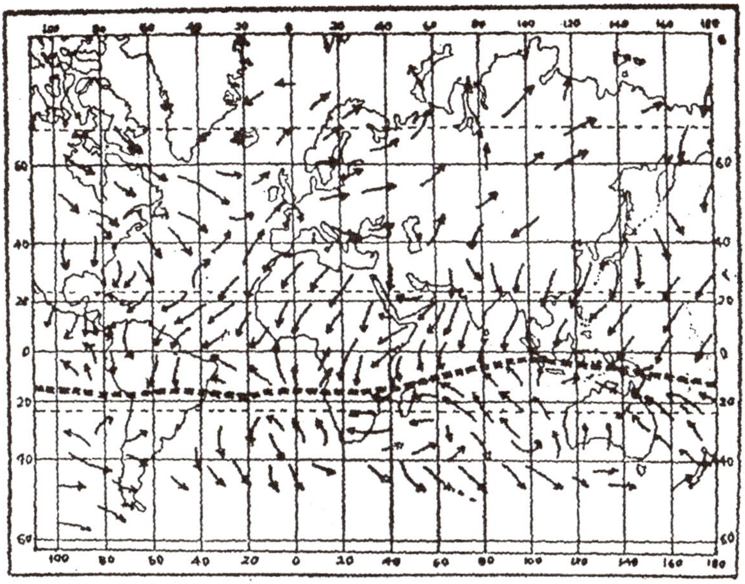

चित्र 78. समुद्र की सतह पर सर्दियों में वायु प्रवाह

मानसूनी पवनों के अध्ययन हेतु संयुक्त राष्ट्र संघ द्वारा वर्ष 1960 के दशक में पारित एक प्रस्ताव के अनुसार विश्व मौसम वैज्ञानिक संगठन और वैज्ञानिक संघों की अंतरराष्ट्रीय परिषद् में संयुक्त रूप से वर्ष 1969 में एक विश्वव्यापी वायुमंडलीय अनुसंधान कार्यक्रम आयोजित किया था। इस कार्यक्रम के अन्तर्गत एक विश्वव्यापी मौसम प्रयोग आयोजित किया गया। वस्तुतः यह प्रयोग पहली दिसंबर 1978 को आरंभ हुआ और पूरे एक वर्ष तक बृहद् पैमाने पर चलता रहा तथा इसमें विश्व के लगभग सभी देशों ने भाग लिया। इसमें अनुसंधान पोतों, वायुयानों, मौसम उपग्रहों तथा अन्य सभी प्रकार के अत्याधुनिक उपकरणों का उपयोग किया गया। यह प्रयोग भारत के लिए विशेष रूप से उपयोगी था। क्योंकि इसमें मानसूनों के अध्ययनों पर विशेष बल दिया गया। इस प्रयोग का मानसूनों के अध्ययन से संबंधित कार्यक्रम ही 'मानसून प्रयोग' (Monsoon experiment) के नाम से प्रसिद्ध हुआ। संक्षेप में इसे 'मोनेक्स' (Monex) कहते है। मोनेक्स के दौरान पृथ्वी वायुमंडल के

बीच विकिरण संतुलन के बारे में भी कुछ नए तथ्य ज्ञात हुए जो अनुसंधान की दृष्टि से बहुत ही महत्वपूर्ण सिद्ध हुए हैं।

सागर तट के प्राकृतिक प्रहरी – मैंग्रोव वन

सागर तट के कच्छीय क्षेत्रों में पाई जानेवाली वनस्पतियों के समुदाय में कुछ ऐसे वृक्षों के वन पाए जाते हैं जिन्हें मैंग्रोव के नाम से पुकारा जाता है। वस्तुतः मैंग्रोव शब्द में पुर्तगाली शब्द 'मैंग्रोव' (अर्थात् सामूहिक) और अंग्रेजी शब्द 'ग्रोव' (अर्थात् सामान्य से कम विकसित ठिगने पेड़–पौधों का समूह) से मिलकर मैनग्रोव शब्द की उत्पत्ति हुई है। हिन्दी भाषा में इसे 'कच्छीय वनस्पति' के नाम से जाना जाता है। वस्तुतः मैंग्रोव एक दुर्लभ वनस्पतियों का संग्रह हैं, जो लवणीय पानी को सहन कर सकती है। और समुद्री पानी में आंशिक रूप से जलप्लावित रहने भी फलने–फूलने की क्षमता रखती हैं। ये जंगल, समुद्र तटों पर, नदियों के मुहानों तथा उनके ज्वार से प्रभावित अंतरस्थलीय क्षेत्रों मे पाए जाते हैं। विश्व में 60 से 70 प्रतिशत समुद्रतटीय रेखा क्षेत्र में इन वनस्पतियों का विकास हुआ है। समुद्री पानी लवणीय होता है और उसमें नाइट्रोजन की बहुत कमी होती है, जो जीवन के विकास और जीवित ऊतकों के लिए बहुत आवश्यक है। इस कमी को, नदियों द्वारा समुद्र तक बहा कर लाए पानी में विद्यमान मृत वनस्पति और जीव पदार्थ निरंतर पूरा करते रहते हैं। इसलिए ज्वारनदमुख क्षेत्रों का पानी बहुत उपजाऊ होता है। खुले समुद्र में, मुख्य भूमि से दूर, समुद्री पानी बहुत अनुत्पादक होता है। तथा वह मात्र 'कोरलरीफ' जैसे स्वपोषण तंत्रों (Self sustaining) को ही आश्रय देने की क्षमता रखता है।

यह प्रेक्षित किया गया है कि समुद्र तटों में उगनेवाली सभी वनस्पतियों को मैंग्रोव नहीं कहा जा सकता है। वस्तुतः मैंग्रोव शब्द का प्रयोग कुछ विशेष प्रकार के पेड़–पौधों के समूह के लिए ही किया जाता है, जिनका भौगोलिक परिवेश निम्नलिखित विशिष्टता रखता हो।

1.	उष्ण कटिबंधी तापमान	सबसे उत्तम 20° सें. ($\pm 5^{o}$)
2.	महीन बलुआ मिट्टी	दलदली तट, महीन गाद, चिकनी मिट्टी तथा जैव तत्वों से भरपूर कीचड़।

3.	सुरक्षित समुद्री तट	नदी, मुहानों में आड़ लिए हुए तट, जहाँ लहरों व ज्वार का वेग कम होता है।
4.	बृहत् ज्वारीय तट	बहुत चौड़े व सपाट तट, जैसे सुदरवन।
5.	लवणीय पानी	ज्वारीय अधिकृत क्षेत्र तक सीमित।

मैंग्रोव को चित्र 79 अ, ब, स में दर्शाया गया है। विषम परिस्थिति और अवांछनीय पर्यावरण के होते हुए भी, ये वृक्ष अपनी दैहिक संरचना को अनुकूल या प्रतिकूल बनाकर वहाँ उगने और फलने–फूलने में सफल होते हैं। इनके अनुकूलन की निम्नलिखित विशेषताए हैं –

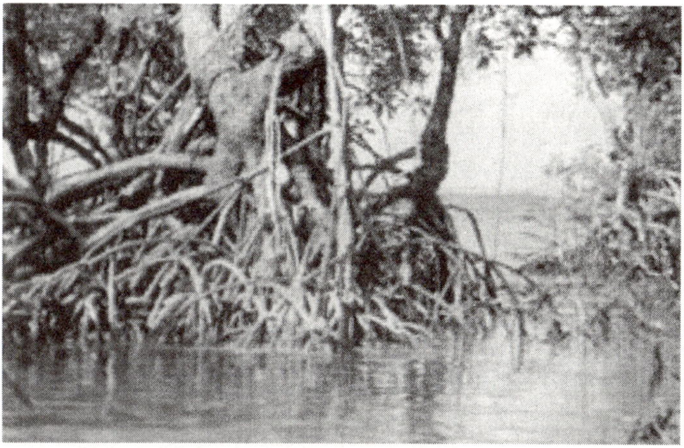

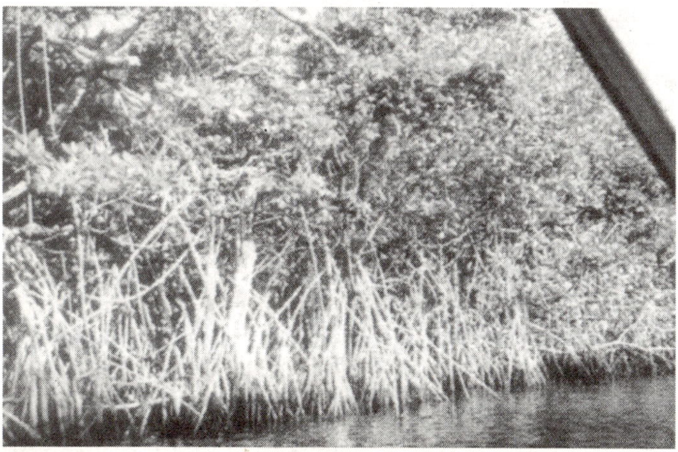

चित्र 79 अ, ब

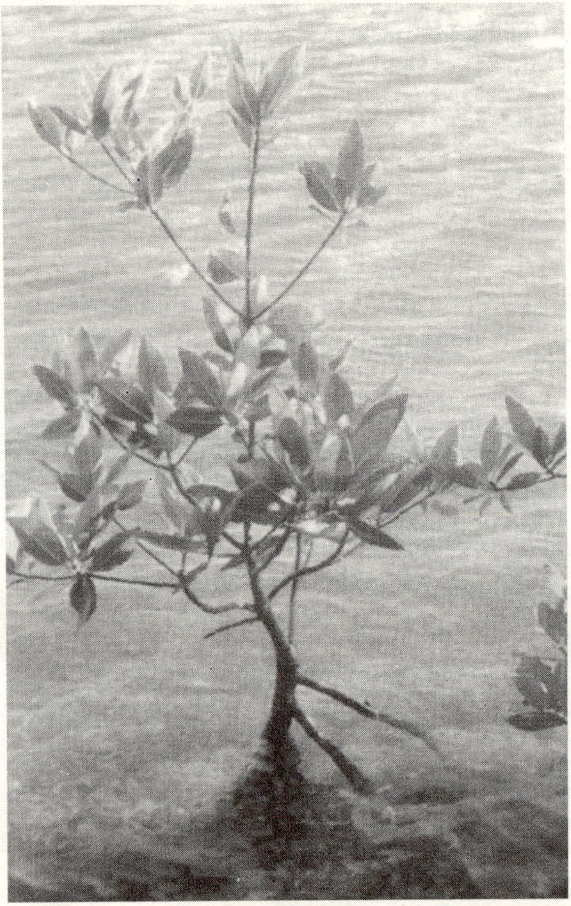

चित्र 79 स. मैंग्रोव

(क) **लवण का नियमन** – ऐजिसेरस कोरनिक्युलेटम, एविसीनिया जाति के वृक्षों के पत्तों पर छोटी–छोटी नमक या क्षार ग्रंथियां होती हैं, जिनके द्वारा नमक आवश्यकता से अधिक हो तो बाहर निकाल दिया जाता है। एविसिनिया जाति के वृक्षों में कम लवणता के क्षेत्र में भी नमक का अवशोषण करने और नमक संतुलन बनाए रखने की क्षमता होती है।

(ख) **श्वसन मूल** – अधिकांश मैंग्रोव वृक्षों में द्वितीयक जड़ें होती हैं जो भूमि की गहराई में जाने के बजाय भूमि के नीचे समान अंतर पर बढ़ती हैं। उंगली के आकार की श्वसन जड़ों में सूक्ष्म

छिद्र होते हैं जिनसे श्वसन और आहार अवशोषण की क्रिया सम्पन्न होती है।

(ग) **जरायुजता** – रायजोफोरेसिये वंश की यह विशेषता है कि इसके बीज का अंकुरण वृक्ष पर ही होता है, जबकि अन्य वृक्षों में अंकुरण पेड़ से फल गिरने के बाद भूमि पर होता है। यह भी विषम परिस्थिति का सामना करने की एक अद्भुत क्षमता है।

भारत में मैंग्रोव का विस्तार – भारत तीन दिशाओं से समुद्र से घिरा हुआ है और उसकी समुद्रतटीय रेखा, पश्चिम में पाकिस्तान की सीमा से गुजरात, कोंकण, मलाबार घाट होते हुए कन्याकुमारी में ऊपर की ओर घूमती हुई कोरमंडल और बंगाल के सुंदरवन पार करती हुई बांग्लादेश के सीमा से मिलने तक लगभग 5500 किलोमीटर लंबी है। इसके किनारे–किनारे स्थित एक पट्टीनुमा संकीर्ण भूभाग एक अद्वितीय स्थलाकृतिक विविधता (बालूघाट, मड फ्लैट्स, कोरल रीफ, उबड़–खाबड़ चट्टानें, मैंग्रोव) से भरपूर है, जो भारतीय उपमहाद्वीप के एक अपरिष्कृत रत्नों के हार के समान (चित्र 80) शोभायमान है।

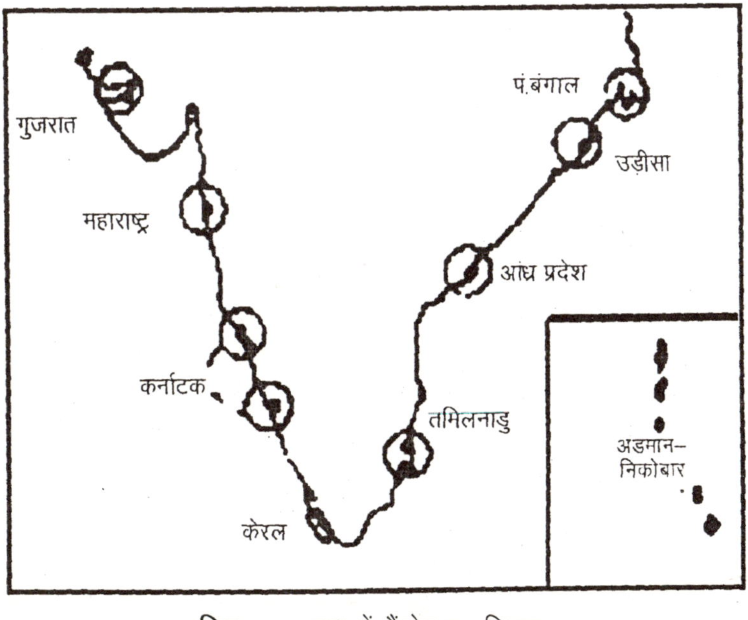

चित्र 80. भारत में मैंग्रोव का वितरण

इस संकरे क्षेत्र में जीवन के अनेक रूप दिखाई देते हैं, जिनमें से एक है, भारत व बांग्लादेश की सीमा पर गंगा व ब्रह्मपुत्र नदियों के मुहानों पर अवस्थित विश्व का सबसे बड़ा मैंग्रोव प्रदेश, जो लगभग 51,760 वर्ग किलोमीटर क्षेत्र में फैला हुआ है (भारत में मात्र 4226 वर्ग किलोमीटर)। और जहाँ विश्व के 60 प्रतिशत बाघ पाए जाते हैं। इस संकरे भारतीय क्षेत्र के अंतर्गत मैंग्रोव आच्छादन को निम्नवत् सारणी 36 में दर्शाया गया है।

सारणी 36. भारत में मैंग्रोव आच्छादन (1999)

प्रदेश	वर्ग किमी.	प्रतिशत
पश्चिम बंगाल	2125	43.63
उड़ीसा	215	4.41
आंध्रप्रदेश	397	8.15
तमिलनाडु	21	0.43
कर्नाटक	3	0.06
महाराष्ट्र	108	2.22
गोवा	5	0.10
गुजरात	1031	21.17
अंडमान–निकोबार	966	19.83
योग	4871	100.00

भारतीय मैंग्रोव वनों में विशेष प्रकार के पशु–पक्षी निवास करते हैं। सुंदरवन में बाघ, हिरण, सूअर, बंदर, लंगूर, लोमड़ी, उदबिलाव, गोह, साँप, जंगली बिल्ली, नेवले, कई प्रकार के केकड़े तथा असंख्य कीड़े–मकोड़े व पतंगे पाए जाते हैं। पानी की मुख्य धारा में घड़ियाल व कछुवे भी बहुतायत में मिलते हैं। पक्षियों में मुख्यतः प्रवासी (माइग्रेटरी) होते हैं व इनकी कई जातियाँ उत्तरी गोलार्द्ध की ठंड से बचने व प्रजनन के लिए यहाँ आती हैं।

मैंग्रोव कई प्रकार की मछलियों के अण्डजनन क्षेत्र होते हैं। इन वनों में विद्यमान वनस्पतियों, जीव, मृत व पौष्टिक पदार्थ नाना प्रकार के समुद्री जीवों के लिए भोजन उपलब्ध कराते हैं और अप्रत्यक्ष रूप से मात्स्यिकी को सहायता प्रदान करते हैं।

आर्थिक दृष्टि से महत्वपूर्ण, नदियों के स्वच्छ जल में पाई जानेवाली 90 प्रतिशत उष्णकटिबंधी समुद्री मछलियाँ अपने जीवन चक्र की प्रारंभिक अवस्था इन ज्वारनदमुख क्षेत्रों में व्यतीत करने के पश्चात् पुनः नदी के अंतरस्थलीय भागों की ओर अग्रसर होकर विकास की पराकाष्टा प्राप्त करती हैं। इस प्रकार की आवागमन की क्रिया इनमें विकास–चक्र को गतिमान रखने के लिए प्रकृति ने स्थापित की है।

मैंग्रोव का महत्व

1. मैंग्रोव एक अत्यंत विलक्षण एवं महत्वपूर्ण पारितंत्र हैं। ये वृक्ष अपनी अलग–अलग प्रकार की जड़ों के जाल से मिट्टी को बांधे रखते हैं जिससे भूक्षरण पर नियंत्रण रहता है। इनकी अंतरदेशीय सूखा रोकने (चित्र 81) में भी प्रमुख भूमिका होती है।

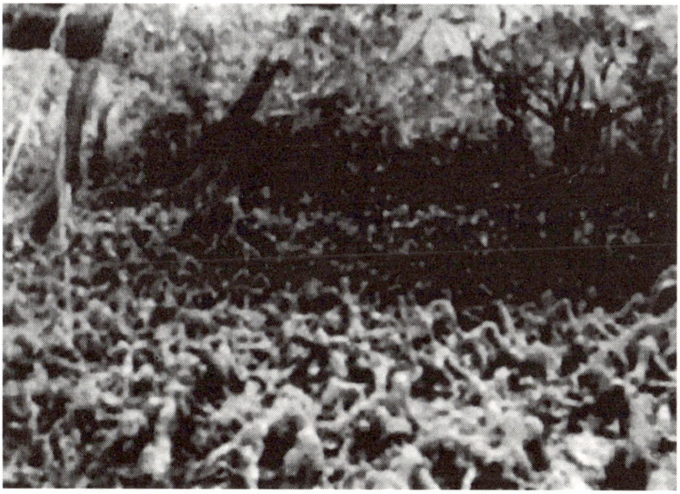

चित्र 81. सूखा रोकने में मैंग्रोव

2. मैंग्रोव का प्रत्यक्ष आर्थिक महत्व कम नहीं है। जलावन लकड़ी का स्त्रोत (चित्र 82) होने के अलावा यहाँ पाए जानेवाले विशिष्ट पेड़–पौधों के माध्यम से शाकाहारी जीव अपना आहार (फल, फूल, शहद, साग, चारा आदि) प्राप्त कर स्वविकास में क्रियाशील रहते हुए, यहाँ विद्यमान परभक्षी जीवों का शिकार बन कर प्राकृतिक खाद्य श्रृंखला को गतिमान रखते हैं। इन जंगलों में

औषध निर्माण के लिए जड़ी–बूटियाँ पाई जाती है और यहाँ से प्राप्त टेनिन का उपयोग चर्म, स्याही, प्लास्टिक, बॉयलर वाटर आदि उद्योगों में किया जाता है।

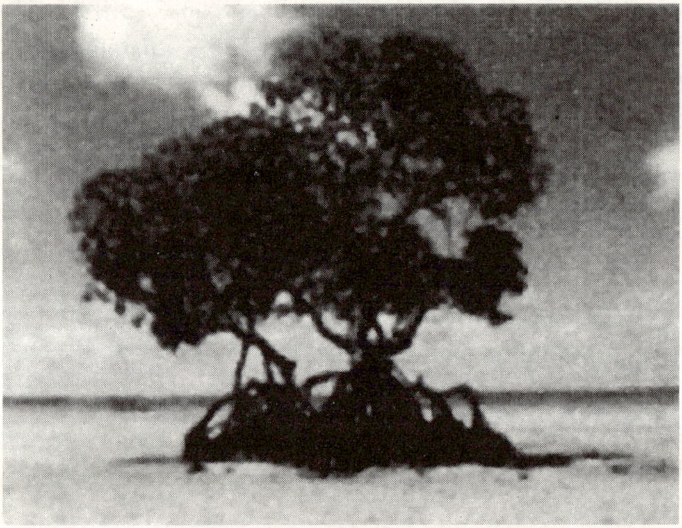

चित्र 82 जलावन लकड़ी के स्रोत मे मैंग्रोव

3. व्यापारिक महत्व की मछलियाँ मैंग्रोव पारितंत्र में अधिक मात्रा में उपलब्ध होती हैं। इसी कारण भारत में तटीय दलदल और ज्वारनदमुखों का उपयोग मत्स्य कृषि के लिए किया जाता है।

4. आहार श्रृंखला में मैंग्रोव – मैंग्रोव पारितंत्र की उत्पादकता अन्य पारितंत्रों से अधिक है। इसकी दलदलीय भूमि की उत्पादकता जलतंत्र की अपेक्षा कई गुनी अधिक होती है। मैंग्रोव पारितंत्र की उत्पादकता तीन भागों में विभक्त की जा सकती है। जलीय, नितलस्थ एवं भौमिक/जलीय एवं नितलस्थ की अपेक्षा भौमिक उत्पादकता महत्वपूर्ण है। चित्र 83 में आहार श्रृंखला में मैंग्रोव की भूमिका को स्पष्ट किया गया है।

मैंग्रोव वनों पर संकट – आर्थिक विकास की दौड़ में वनों की अंधाधुंध कटाई के कारण बांग्लादेश, उड़ीसा, आंध्रप्रदेश व कच्छ में मैंग्रोव प्रदेश का पारिस्थितिकीय परिवेश अव्यवस्थित हो जाने के कारण उन्हें प्रतिवर्ष समुद्री तूफानों की मार झेलनी पड़ रही है। भारतीय तटरेखा के साथ–साथ बंगाल की खाड़ी (पूर्वी तट) में

प्रतिवर्ष 8–10 चक्रवाती तूफान आते हैं, जबकि अरबसागर (पश्चिमी तट) में एक चक्रवात तूफान आता है। इसलिए भारत का पूर्वीतट व बांग्लादेश इन चक्रवात तूफानों के प्रति अतिसंवेदनशील हैं। 29 अक्टूबर 1999 के दिन आए सुपर चक्रवात तूफान ने उड़ीसा के तटवर्ती क्षेत्रों में जो तबाही फैलाई थीं, उससे आज तक उड़ीसा उभर नहीं पाया है।

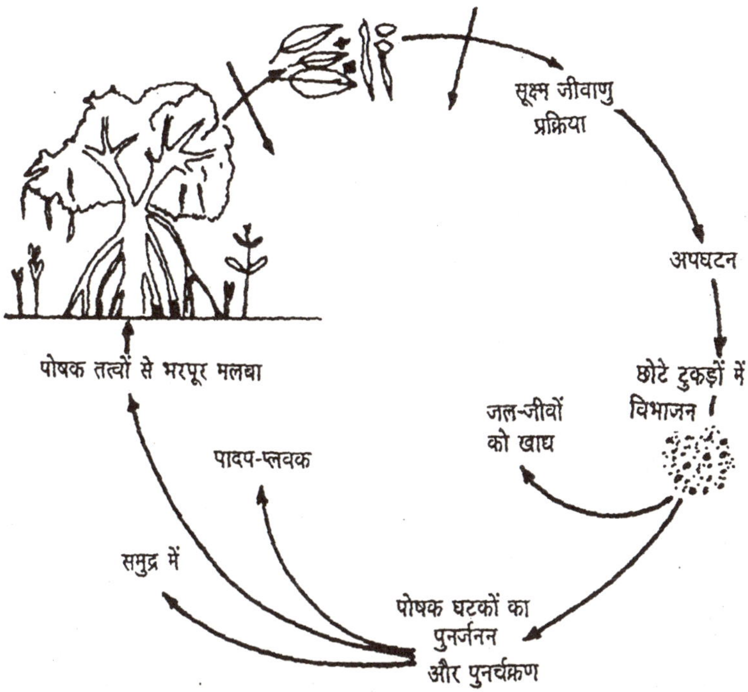

चित्र 83. मैंग्रोव क आहार श्रृंखला में भूमिका

प्रबंधन – मैंग्रोव स्थलों का प्रबंधन एक ऐसा सुरक्षा साधन है जो सुरक्षा और अर्थव्यवस्था का पूरा संतुलन रखता है। मैंग्रोव वनों की आज की वर्तमान दशा को देखते हुए इनके उचित प्रबंधन के लिए उचित योजना की आवश्यकता है। मैंग्रोव पारितंत्र के संरक्षण के निम्नलिखित प्रबंधन कारगर सिद्ध हो सकते हैं –

1. भूमि तथा जल जैसी प्राकृतिक संपदाओं के उचित और सुचारू उपयोग के बारे में विधि–नियमों का निर्माण।

2. वनोन्मूलन पर नियमानुकूल कार्रवाही।

3. भूमि – आग्रहण पर पाबंदी लगाना।

4. प्रदूषण की रोकथाम।

5. मैंग्रोव वनों का आरक्षण – गंगा मुहाने पर स्थित सुंदरवन कुछ वर्षों पूर्व मैंग्रोव वृक्षों से भरपूर था, उन्हें विलुप्त होने से बचाने के लिए 'टायगर प्रोजेक्ट' की घोषणा के बाद पूर्ण सुरक्षा प्राप्त हुई है। कच्छ खाड़ी का दक्षिणी हिस्सा 'मैंग्रोव उद्यान' के नाम से सुरक्षित है। इसी प्रकार की व्यवस्था गोवा व अंडमान–निकोबार द्वीप के जैवमंडल के संरक्षण हेतु की गई है।

भारत सरकार ने 'कोस्टल जोन रेगुलेशन नोटिफिकेशन, 1999 के अंतर्गत मैंग्रोव को संवेदनशील तंत्र घोषित कर इनके दुरुपयोग व अप्राकृतिक दोहन पर रोक लगाने का प्रावधान किया है।

6. मैंग्रोव के निकटवर्ती निवासियों को मैंग्रोव के महत्वों के बारे में जानकारी देना तथा इसके संरक्षण हेतु जन चेतना जागृत करना।

7. वृक्षारोपण को बढ़ावा देना।

8. मैंग्रोव क्षेत्र में ही आरक्षित स्थान स्थापित करना।

मानव समाज के लिए सागर की विकरालता

सागर एक तरफ जहाँ हमारे समाज के लिए लाभदायक है, वहीं दूसरी ओर समाज के विनाश का कारण भी होता है। समुद्र का दूसरा विनाशकारी पहलू है। समुद्री चक्रवात तथा सुनामी। समुद्री की इन वीभत्स प्रक्रियाओं में लाखों की तादाद में जानमाल का नुकसान होता है तथा सम्पूर्ण समाज व्यवस्था क्षतिग्रस्त हो जाती है।

(i) समुद्री चक्रवात

चक्रवात तीव्र गति से घूमता हुआ हवाओं का चक्र होता है जो कि समुद्र की सतह के उस भाग पर जन्म लेता है जिसका तापमान अपेक्षाकृत अधिक होता है। चक्रवात, उत्पन्न होने के बाद एक ही स्थान पर स्थिर न रहकर, तांडव नृत्य करते हुए समुद्र तटीय क्षेत्रों

की ओर बढ़ते हैं। ये प्रचंड हवाओं, मूसलाधार वर्षा एवं ऊँची–ऊँची दीवारों की भाँति उठती समुद्री तरंगों आदि के साथ जब तटीय क्षेत्र से टकराते हैं तब पेड़–पौधों, पशु–पक्षियों, मनुष्यों एवं मकानों आदि को नष्ट–भ्रष्ट कर समस्त तटीय क्षेत्र को श्मशान में बदल देते हैं।

समुद्री चक्रवात की संरचना (चित्र 84) में दर्शायी गई है। समुद्र तल पर हवा का परिसंचरण चक्रवात केन्द्र से लगभग 1000–1200 किमी. दूर तक फैला होता है। तूफानी हवाओं का वेग 100 किमी. प्रति घंटे से भी अधिक होता है। चक्रवात केन्द्र का व्यास 10–15 किमी. होता है एवं इसके अंदर वायु का दाब न्यूनतम होता है। अतः चक्रवात का यह क्षेत्र वास्तव में एक शांत क्षेत्र होता है, जिसे चक्रवात नेत्र कहते हैं।

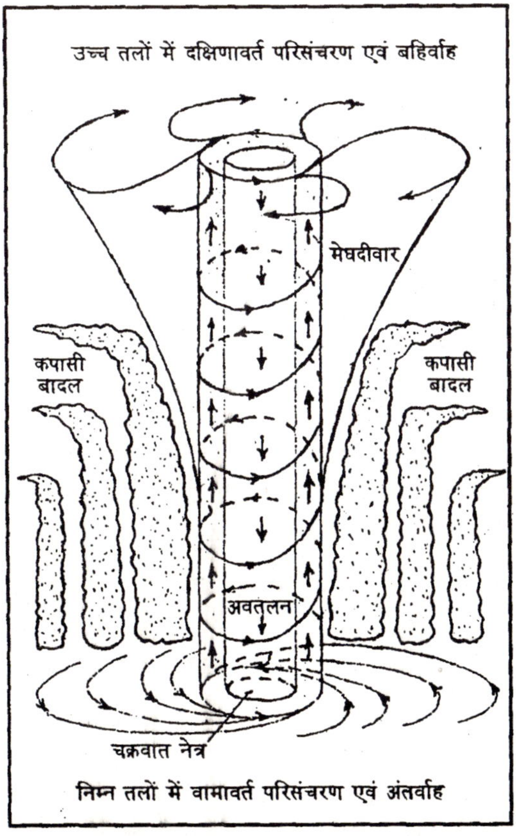

चित्र 84. समुद्री चक्रवात की विभिन्न परिस्थितियाँ

नेत्र के बाहर लगभग 20 किमी. चौड़ी कपासी वर्षा मेघों की दीवार होती है। चक्रवात समुद्र की सतह से वायुमंडल में ऊर्ध्वाधर लगभग 16 किमी. की ऊँचाई तक 300–400 किमी. व्यास क्षेत्र में फैला होता है एवं इसमें वायु का परिसंचरण वामावर्त दिशा में होता है। उच्च तल में ये हवाएँ दक्षिणावर्त परिसंचरण प्रक्रिया को मजबूती प्रदान करती हैं।

(ii) सुनामी

समुद्री चक्रवात की ही भाँति सुनामी भी एक प्रलयंकारी प्राकृतिक आपदा हैं। वस्तुतः सुनामी जापानी भाषा का शब्द है, जिसका शब्दार्थ तटीय लहर है। जापानी भाषा में बंदरगाहों में आनेवाली लहरों को ही सुनामी कहा जाता है। सुनामी स्वतः उत्पन्न प्रक्रिया नहीं हैं वरन् ये समुद्र तल में घटित होनेवाले बहुत बड़े भूकम्प (Great Earthquake) अथवा समुद्र के किनारों पर बृहत् स्तर पर होनेवाले भूस्खलन का परिणाम होती हैं। गहरे समुद्र में भयानक जल तरंगें उत्पन्न हो जाती हैं और समुद्र में समस्त दोलन उत्पन्न हो जाता है। गहरे समुद्र में सुनामी तरंगों की गति बहुत अधिक लगभग 500 से 1000 किमी. प्रतिघंटा होती है। तटीय क्षेत्रों के समीप इन तरंगों की गति कुछ दहाई किमी. प्रति घंटा मात्र ही रह जाती है। परंतु गहरे समुद्र में सुनामी तरंगों की ऊँचाई जो कि मात्र 0.1 – 1 मीटर होती है, तटीय क्षेत्रों पर इसकी ऊँचाई बहुत अधिक लगभग 10-15 मीटर होती है। यहाँ तक कि ये तरंगे तटीय क्षेत्रों में 30 मीटर ऊँचाई तक भी जा सकती हैं। चित्र 85 में सुनामी तरंगों की ऊँची लहरों को दर्शाया गया है।

सुनामी के साथ एक रोचक तथ्य यह भी है कि उन्हें समुद्र जहाज से भी नहीं देखा जा सकता क्योंकि बीच समुद्र में इनकी ऊँचाई सिर्फ दो फुट ही हो सकती है। समुद्री किनारों तक पहुँचने पर इनकी ऊँचाई लगभग 30 मीटर (100 फुट) तक हो सकती है।

वस्तुतः भूकम्प के कारण पृथ्वी बुरी तरह कांप उठती हैं, क्योंकि भूकम्प के झटकों से इलास्टिक तरंगे उत्पन्न होकर ठोस धरती से होकर गति करने लगती हैं। यह स्थिति जब समुद्र के भीतर या तटीय क्षेत्रों में उत्पन्न होती है तो भूकम्प के केन्द्र पर समुद्र की अंदरुनी सतह तेजी से ऊपर उठती है और भीतर जाती है। इस

क्रिया से समुद्र का पानी भी दबाव पाकर ऊपर उठता है और फिर नीचे जाता है। भूकम्प से मुक्त हुई ऊर्जा समुद्र के पानी को सामान्य स्तर से ऊपर उठाकर स्थितिज ऊर्जा में बदलकर समुद्र के पानी में ही समाहित हो जाती है। यह स्थितिज ऊर्जा सुनामी तरंगों के उत्पन्न होते ही गतिज ऊर्जा में परिवर्तित हो जाती है और इन तरंगों को धक्का देकर आगे प्रसारित करने लगती है। कुछ ही समय बाद गतिज ऊर्जा से सराबोर ये तरंगे शक्तिशाली सुनामी नामक लहरों में बदल जाती हैं और मार्ग में आनेवाली हर वस्तु को नष्ट कर, गरजते हुए आगे बढ़ने लगती हैं।

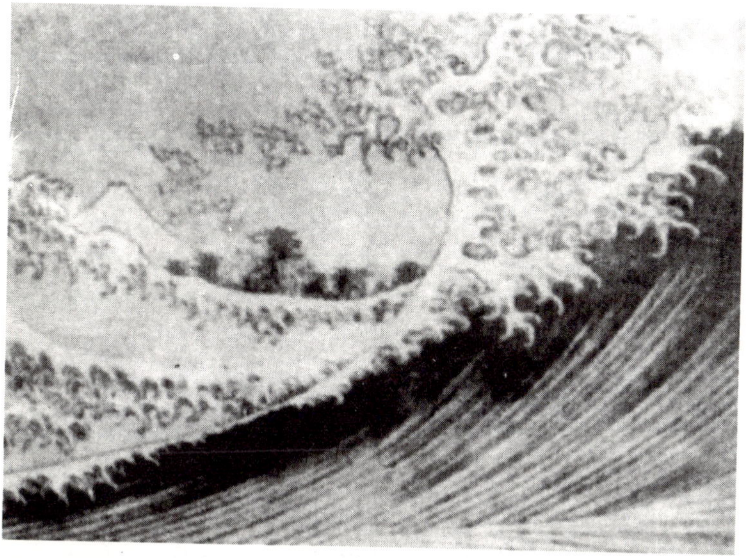

चित्र 85. सुनामी तरंगें

सुनामी लहरें ज्वार अथवा चक्रवाती लहरों से बिल्कुल ही अलग प्रकार की होती हैं। समुद्र की सतह हिलने के कारण तली के ऊपर भरा–पूरा पानी ऊपर या नीचे गिरता है तो सुनामी लहरें उत्पन्न होती हैं। सुनामी की गति पानी की गहराई पर निर्भर करती है। इसलिए जैसे–जैसे गहराई कम होती जाती हैं, इसकी गति कमजोर पड़ती जाती है, परंतु लहरों की ऊँचाई बढ़ती जाती है। प्रायः तट पर पहुँचने के बाद यह 10 से लेकर 30 मीटर तक ऊँची होती है। मेहराबवाले आकार में न होने के कारण इन लहरों की ऊर्जा चारों ओर फैलती है। तट पर पहुँचने के बाद भी इसमें इतनी ऊर्जा होती है कि आगोश में आनेवाले बड़े–बड़े पेड़ों तथा इमारतों को ध्वस्त

कर देती है। तथा आसपास के क्षेत्र में भयंकर तबाही मचाती हैं। इसकी मारक क्षमता इसलिए भी अधिक होती है, क्योंकि उनमें समुद्र की ऊपरी सतह के नीचे तेजी से चक्राकार घूम रहे पानी की ऊर्जा भी सम्मिलित हो जाती है। समुद्री सतह से नीचे भारी जलराशि के तेजी से गतिमान रहने के कारण इन लहरों की मारक क्षमता में बहुत अधिक वृद्धि हो जाती है।

यदि पूर्णिमा के दिन या रात में समुद्री भूकम्प होते हैं, तो सुनामी लहरों की तीव्रता के और बढ़ जाने की आशंका रहती है। पूर्णिमा की रात्रि में समुद्र में तेज ज्वार–भाटा उठते हैं। ऐसे में यदि समुद्री भूकम्प भी आ जाए, तो इसकी तीव्रता स्वतः बढ़ जाती है। जिन क्षेत्रों में सुनामी उत्पन्न होती है उनमें प्रमुख रूप से प्रशांत महासागर, एल्यूशियन द्वीप, जापान के द्वीप, चिली के तटीय क्षेत्र एवं अलास्का शामिल हैं।

आज तक की पाँच भयंकर सुनामी घटनाएँ

1. 1 नवम्बर, 1755 – भयंकर भूकंप के कारण लिस्बन, पुर्तगाल तथा यूरोप के अधिकांश भाग में आई सुनामी लहरों ने 60,000 से अधिक लोगों को मौत के घाट उतारा।

2. 17 अगस्त 1883 – कराकटोआ ज्वालामुखी के विस्फोट के कारण आई सुनामी लहरों ने पश्चिमी जावा तथा दक्षिणी सुमात्रा में 36,000 लोगों को मौत के घाट उतारा।

3. 15 जून, 1896 – भूकंप के कारण उठी 100 फुट से भी ऊँची सुनामी लहरों ने जापान के पूर्वी तट पर भयंकर तबाही मचाई जिससे 27,000 लोगों की मृत्यु हुई।

4. 23 अगस्त, 1976 – दक्षिण–पश्चिम फिलीपिन्स में सुनामी के कारण 8,000 लोगों की मृत्यु हुई।

5. 26 दिसंबर 2004 – 9 परिमाण के भूकंप के कारण दक्षिण– पूर्वी एशिया के देशों में भयंकर तबाही तथा 1.75 लाख से अधिक लोगों की मृत्यु।

सुनामी के कारण इंडोनेशिया से भारत तथा पूर्वी अफ्रीका तक में 26 दिसंबर 2004 को मची तबाही का कारण हिंद महासागर के

सुमात्रा द्वीप में आया भूकंप रहा जिससे सुनामी लहरें उत्पन्न हुई (चित्र 86)। सुनामी कैसे प्रारंभ होती हैं, गतिमान होती हैं तथा कैसे कहर ढ़ाती हैं, को चित्र 87 में वर्णित किया गया है।

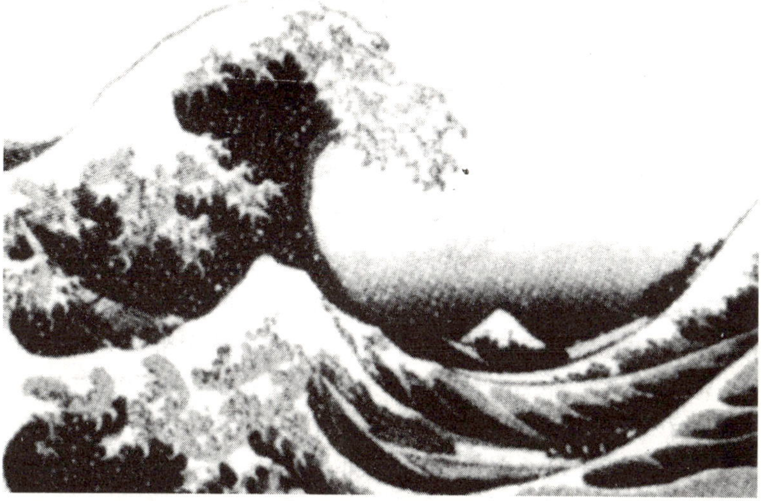

चित्र 86. सुनामी लहरें

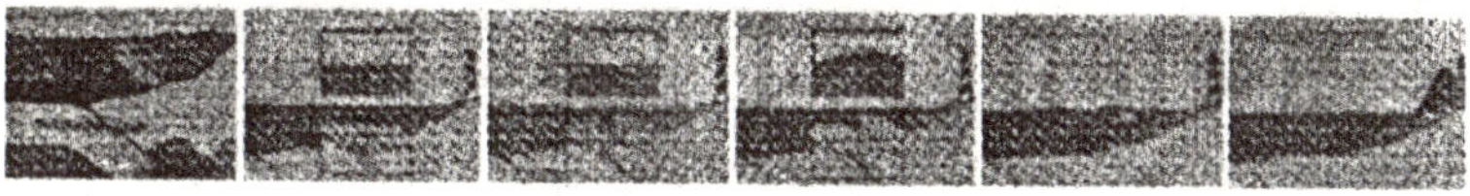

चित्र 87. सुनामी की उत्पत्ति व तबाही के चरण

मेगासुनामी – आपको लगता है कि सुनामी ही सर्वाधिक तबाही मचा सकती है। इससे भी अधिक खतरनाक है – 'मैगासुनामी'। कुछ वैज्ञानिकों के अनुसार, पिछली बार यह 1,10,000 वर्ष पूर्व आई थी और प्रत्येक 1,00,000 वर्ष पर ये आती हैं अर्थात् अगले 10,000 वर्षों में इनके आने की आशंका है।

सदी का सबसे शक्तिशाली भूकंप – इंडोनेशिया के सुमात्रा द्वीप में 26 दिसंबर 2004 को आया भूकंप विगत सौ वर्षों के दौरान आए दस शक्तिशाली भूकंपों में से एक और पिछले चार दशकों का सर्वाधिक शक्तिशाली भूकम्प (चित्र 88) है। इंडोनेशिया के इस भूकम्प का परिमाण रिएक्टर पैमाने पर 9 बताया गया है। सुमात्रा को सर्वाधिक सक्रिय भूकंपीय क्षेत्रों में गिना जाता है। इस भूकंप से

इस क्षेत्र की भौगोलिक स्थिति में महत्वपूर्ण बदलाव आया है। हिंद महासागर की तली से लेकर इस क्षेत्र के छोटे–छोटे द्वीपों और तटवर्ती क्षेत्रों में कई प्रकार के भौगोलिक परिवर्तन होने की पुष्टि वैज्ञानिकों ने की है। अमेरिकी भूगर्भशास्त्रियों का मानना है कि इस विनाशकारी भूकंप के कारण प्लेट सीमा का 1,200 किमी. क्षेत्र विस्थापित हुआ और सबडक्शन क्षेत्र में भारतीय प्लेट का 15 मीटर भाग बर्मा प्लेट के नीचे सरक गया (चित्र 89) जिसने हमेशा के लिए एशिया के मानचित्र को बदलकर पृथ्वी की धुरी को भी डांवाडोल कर दिया है।

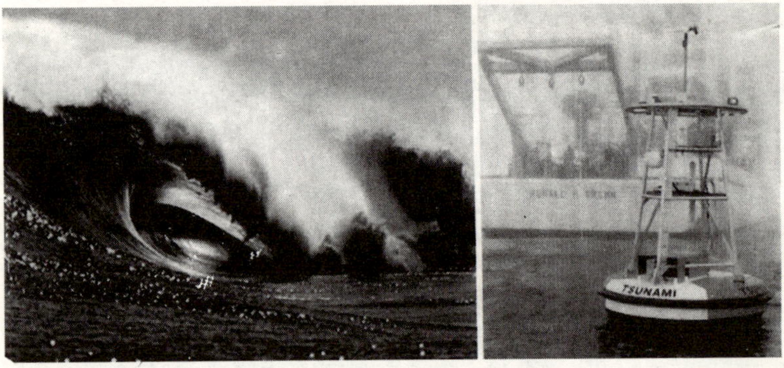

चित्र 88. शक्तिशाली भूकंप

विशेषज्ञों के अनुसार दक्षिण–पूर्वी एशिया में तबाही मचानेवाली सुनामी लहरों ने इस क्षेत्र की बहुमूल्य प्रवाल भित्तियाँ (कोरलरीफ) तथा मैंग्रोव क्षेत्रों को भी अत्यधिक क्षति पहुँचाई हैं।

सुनामी से सुरक्षा – इस आपदा से बचने हेतु निम्नलिखित सुझाव हैं।

1. निचले तटीय क्षेत्रों में यदि बड़े परिमाण के भूकंप के झटकों का आभास होने लगे तो समझिए कि तत्काल आनेवाले संभावित भीषण संकट की यह प्रकृति की ओर से दी जानेवाली चेतावनी या पूर्व सूचना है। अतः आप सागर तट से दूर शांतचित्त होकर जल्दी से जल्दी किसी ऊँचाई वाले क्षेत्र की ओर पनाह लेने के लिए प्रस्थान कर लें।

2. सुनामी किसी भी समय आ सकती है, चाहे वह दिन का समय हो या रात्रि ही क्यों न हो। ऐसी लहरें केवल सागर के तटीय

क्षेत्रों से ही नहीं टकराती वरन् सागर में गिरनेवाली नदियों तथा अन्य जल धाराओं के अंदर तक पहुँच जाती है।

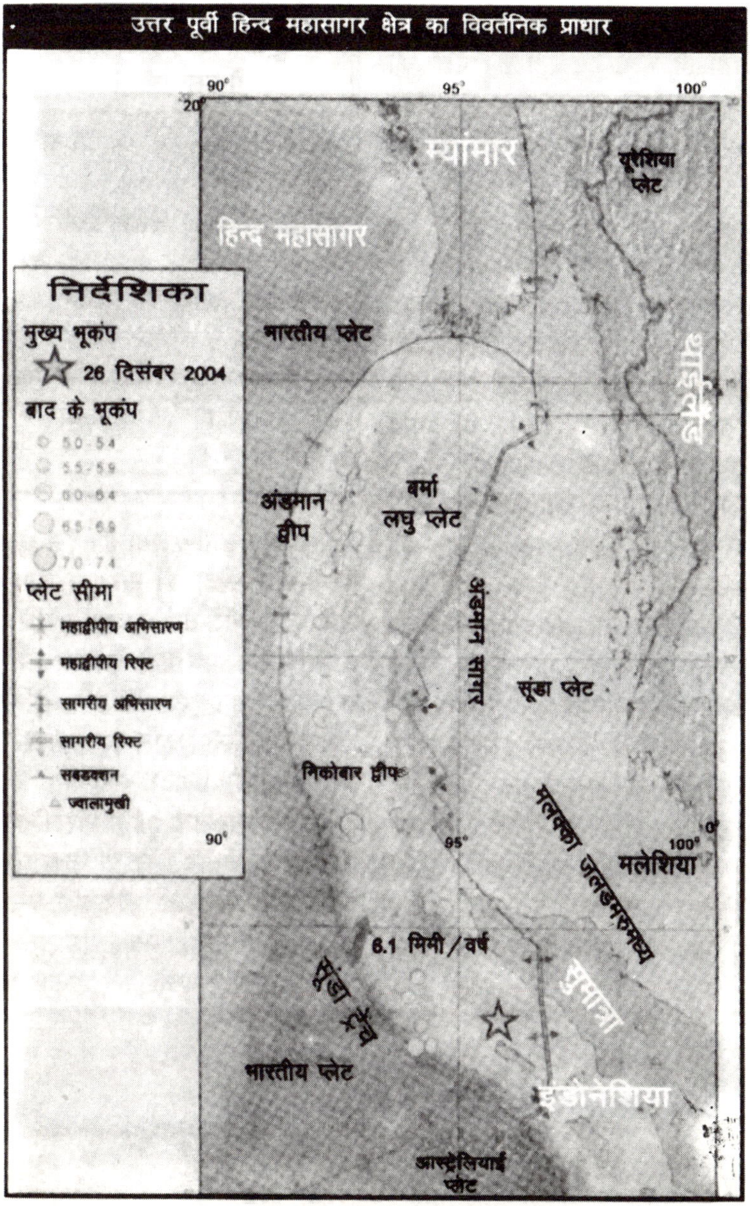

चित्र **89.** सुनामी से नुकसान

3. सुनामी कोई बड़ी लहर नहीं होती, यह तो तीव्र वेग तथा कई मीटर ऊँचाई तक उठनेवाली प्रलंयकारी लहरों की श्रृंखला होती है। अतः सागर तट से तब तक दूर ही रहें जब तक अधिकारिक रुप से संकट टल जाने की सूचना नहीं मिल जाती।

4. जब सुनामी सागर तट की ओर बढ़ती हैं तब सागर तट की लहरें, सामान्य से ऊँचे उठते और गिरते देखी जा सकती हैं। यह सुनामी लहरों के आने की प्राकृतिक चेतावनी है जिसे गंभीरतापूर्वक लिया जाना चाहिए।

5. सुनामी लहरों के सागर तट की ओर बढ़ते समय भयंकर गर्जना की आवाज सुनाई देती है जैसे चीखती हुई रेलगाड़ी की सीटी या हवाई जहाज से आनेवाली ध्वनि। यदि रात्रि के समय सुनामी सागर तट की ओर बढ़ रही है, जब आप सागर को देख नहीं सकते, तब ऐसी गर्जना भरी ध्वनि को सुनामी के आने की चेतावनी समझें और इसे गंभीरता से लेवें।

6. सागर पुलिन (बीच) से टकरानेवाली सुनामी की प्रारंभिक छोटी लहरें अपने पीछे कुछ ही किलोमीटर की दूरी पर आगे बढ़ रही प्रलंयकारी सुनामी की सूचक होती है। अतः इसे नजरंदाज नहीं करना चाहिए।

7. सागर पुलिन (बीच) पर कभी भी सुनामी को देखने के लिए नहीं जाना चाहिए। ये लहरें जेट विमान (800 किमी. प्रतिघंटा) से भी तेज गति से आगे बढ़ती हैं।

8. सुनामी की भयंकर आपदा के समय पुलिस अग्निशामक दल या अन्य सरकारी या गैर सरकारी संगठन आपके जान–माल की सुरक्षा का प्रयत्न करेंगे। अतः उन्हें पूरा सहयोग करें।

9. निचले तटीय क्षेत्रों में स्थित घर या बड़ी इमारतें सुरक्षित नहीं होती। अतः सुनामी आने की चेतावनी पाकर ऐसे स्थानों को तुरंत खाली कर देवें।

10. कांक्रीट से बनी बहुमंजिली इमारतें, होटल इत्यादि की सबसे ऊपरी मंजिल पर सुरक्षा के लिए तभी पनाह लें जब जमीन के ऊँचाईवाले स्थानों तक पहुँचने के लिए समय बचा हो।

11. यदि आप किसी नाव या जहाज पर हों तो ऐसे समय में गहरे पानी की ओर नाव को ले जाएं। यदि समय हो तो अच्छा होगा कि नाव या जहाज को छोड़कर आप जमीन की ऊँचाईवाले क्षेत्र में चले जाए।

12. ऐसे समय में अपने स्थानीय रेडियो, मैरिन रेडियो या टेलीविजन इत्यादि को चालू रखें। क्योंकि इसे प्रसारित होनेवाली जानकारी आपके जान–माल को सुरक्षा प्रदान करने में सहायक सिद्ध होगी।

प्रदूषण से घिरे सागर

वस्तुतः प्रदूषण की समस्या मानवजन्य है। विगत कुछ दशकों में यह समस्या जटिल बन चुकी है क्योंकि एक तरफ बढ़ती हुई जनसंख्या और दूसरी तरफ बढ़ता हुआ शहरीकरण व औद्योगीकरण है। जनसंख्या वृद्धि ने अधिक मात्रा में खाद्य की आवश्यकता को सतत बढ़ावा दिया है जिससे नये–नये खाद्यान्नों की खोज का सिलसिला जारी है। हमारे देश में भी इस ओर बहुत ध्यान दिया गया है और इसी का परिणाम हरित क्रांति और दुग्ध उत्पादन में बढ़ोतरी है। हरित क्रांति से देश की जनसंख्या के लिए पर्याप्त मात्रा में खाद्यान्न मिलने लगा है और बहुत हद तक हम आत्मनिर्भर भी हो गये हैं। यद्यपि दुग्ध उत्पादन में हुई क्रांति से भारत के निम्न वर्ग को राहत मिली है परन्तु प्रोटीन की पैदावार अभी भी आशान्वित नहीं है। इसकी कमी को पूरा करने के लिए मनुष्य समुद्र की ओर अग्रसर है। हमारे देश के पास लगभग 7500 किमी. समुद्री तटीय क्षेत्र से सम्बद्ध लगभग 2.02 मिलियन वर्ग किमी. के अनन्य आर्थिक क्षेत्र में व्याप्त बहुमूल्य समुद्री संपदाओं से भरा एक विशाल भंडार है जिसे अधोलिखित सारणी 37 में दिखाया गया है।

विकासशील देश होने के कारण भारत में औद्योगिक विकास बहुत तेजी से हो रहा है। औद्योगीकरण के लिए समुद्र तटीय क्षेत्र की भूमि राजकीय होने के कारण सहज प्राप्त हो सकती है। बढ़ती हुई जनसंख्या के लिए शुद्ध पेयजल प्राप्ति भी हमारे देश में विकट समस्या है। इतना ही नहीं जो भी जल की मात्रा उपलब्ध है, वह भी प्रदूषित होने के कगार पर है।

सारणी 37. भारतीय तटीय क्षेत्र की जैव संपदा की वार्षिक पैदावार (50 मीटर गहराई तक)

मत्स्य जातियाँ	मत्स्य उत्पादन (हजार टन)
कैटफिश	060
सारडिन	287
बोंबिल	104
रिबन फिश	095
पर्च फिश	114
करंगिड्स	143
बांगडा	162
झींगा	232
टूना	047
अन्य	965
योग	2209

समुद्री पर्यावरण, तटीय क्षेत्र के साथ–साथ संपूर्ण देश के लिए भी अत्यंत महत्वपूर्ण भूमिका निभाता है। समुद्र प्रतिदिन के मौसम पर प्रभाव डालते हैं। इसमे छिपे असंख्य सजीव एवं निर्जीव संसाधन भी बढ़ते हुए प्रदूषण से प्रभावित हुए बिना नहीं रहते। अतः इन्हें जानना नितांत आवश्यक है। समुद्री प्रदूषण के संभाव्य स्रोत निम्नवत् हैं।

1. **घरेलू मल प्रवाह** – विकासशील देशों में घरेलू मल–जल प्रवाह एक साधारण एवं प्रचलित प्रदूषण है। भारतवर्ष की कुल जनसंख्या के लगभग 25 प्रतिशत लोग समुद्री तट पर बसे हैं और हर प्रकार से समुद्र पर ही निर्भर रहते हैं। ये लगभग 40 किमी.^{3} प्रतिवर्ष की मात्रा से मलजल उत्पन्न करते हैं जो समुद्र में छोड़ दिया जाता है। फलतः तटीय पर्यावरण को कई प्रकार की क्षति पहुँचती है। इस गंदे पानी के कारण पानी में ऑक्सीजन की मात्रा में कमी आ जाती है, जो जलीय जीवों व संसाधनों के लिए हानिकारक होती है। इससे जल में पोषक तत्वों, विशेषतः फास्फोरस

व नाइट्रोजन की मात्रा बढ़ जाती है जिसे शैवाल वृद्धि हो जाती है। इसे सुपोषण (Eutrophication) कहते है जो अंततोगत्वा मछलियों की मृत्यु का कारण बन जाता है।

2. औद्योगिक अपशिष्ट – आज हमारे देश के तटीय क्षेत्रों में औद्योगीकरण बड़े पैमाने पर हो रहा है। विगत कुछ वर्षों से भारत के तटीय क्षेत्रों में लगाई जानेवाली औद्योगिक इकाइयों का विवरण चित्र 90 में दिया गया है।

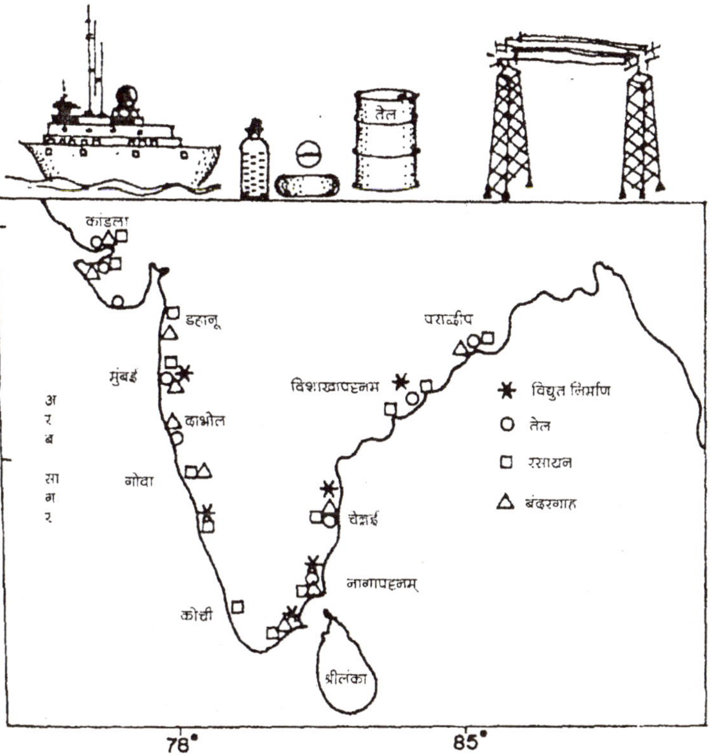

चित्र 90. तटीय क्षेत्र का औद्योगीकरण

औद्योगीकरण के बढ़ने से तटीय पर्यावरण को खतरा उत्पन्न हो गया है। विभिन्न प्रकार की इकाइयों से उत्पन्न मलजल समुद्र के तटीय क्षेत्र में छोड़ दिया जाता है जिससे जल प्रदूषण की समस्या बढ़ जाती है। कुछ ही समय पूर्व किए गए सर्वेक्षण से ज्ञात हुआ है कि भारतीय समुद्र तट पर प्रतिवर्ष लगभग 0.39 किमी^{3}

मलजल छोड़ा जाता है जिसमें रासायनिक इकाइयाँ, उर्वरक, पेपर मिल, कपड़ा मिल, तेल शुद्धीकरण, सीमेंट उद्योग आदि मुख्य भूमिका निभाते हैं। भारतीय तटीय क्षेत्र में छोड़े जा रहे विभिन्न मलजल की मात्रा को निम्नवत् सारणी में दर्शाया गया है।

सारणी 38. भारतीय तटीय क्षेत्र में छोड़े जा रहे विभिन्न मलजल की मात्रा

मल–जल	वार्षिक आंकड़े
घरेलू मलजल	0.41×10^9
औद्योगिक बहिस्राव	50×10^6 मी^{3}
घरेलू गंदगी	34×10^6 टन
डिटर्जेन्ट पाउडर	1,25,00 टन
पेट्रोलियम हाइड्रोकार्बन	3500 टन
भूमि से आ रहा पानी	1600 मिलियन टन

3. कृषि क्षेत्र के अपशिष्ट – अनाज की पैदावार बढ़ाने के लिए विभिन्न प्रकार के रासायनिक उर्वरकों का उपयोग बड़ी मात्रा में किया जाता है, जिसमें फास्फोरस, नाइट्रोजन और सल्फर का समावेश होता है। जब ये पौधे बढ़ जाते तब कीटाणु तथा रोग रक्षा के लिए कीटनाशक एवं कवकनाशक दवाइयों का उपयोग किया जाता है। ये सभी चीजें वर्षा के पानी में बहकर नदी तथा समुद्र में आकर मिलती हैं जिससे जलमंडल प्रदूषित होता है। यह प्रदूषण जैविक संसाधनों के लिए बहुत ही खतरनाक सिद्ध होता है। अनुसंधान परिणाम दर्शाते हैं कि समुद्री जीवों ने जब कीटनाशी युक्त जीवों का आहार किया जो उन पक्षियों की मादाओं के अंडे समय से पहले ही टूट जाते थे और जिनसे उनकी संख्या कम हो गई। अनुमानतः 51,000 टन कीटनाशक दवायें प्रतिवर्ष समुद्र में छोड़ी जाती हैं।

4. नाभिकीय क्षेत्र से प्रदूषण – इस प्रदूषण के स्रोत में नाभिकीय ऊर्जा भट्टी और विभिन्न परमाणु विस्फोटों द्वारा उत्पन्न किरणोत्सर्ग पदार्थों का समावेश होता है। इस प्रदूषण से होने वाले परिणाम दूरगामी होते हैं।

5. तापीय ऊर्जा क्षेत्र से प्रदूषण – तापीय ऊर्जा केंद्र में अधिकतर कोयले का उपयोग किया जाता है। इस ऊर्जा निर्माण में मृदुजल या समुद्र के पानी का उपयोग किया जाता है। जब यह पानी बाहर छोड़ा जाता है तब इस पानी का तापमान बढ़ जाता है और तापमान वृद्धि के साथ–साथ दूसरी गंदगी भी साथ समाविष्ट हो जाती है। यह प्रदूषण भी जैविक संसाधनों के लिए हानिकारक होता है।

6. **तेल प्रदूषण** – यह प्रदूषण तेल रिसाव, समुद्र पर तेल यातायात से और भू–आधारित प्रदूषण से होता है। खाड़ी देशों से तेल के परिवहन के अतिरिक्त उपतट तेल अन्वेषण एवं उत्पादन क्रियाकलाप, मुख्य बंदरगाहों में बंकर प्रचालन के दौरान, साथ ही साथ प्लव मूरिंग स्टेशनों पर तेल के स्थानांतरण के दौरान भी विशेषकर दक्षिण–पश्चिम मानसून में, तेल रिसाव होता है। यह रिसाव तटीय संसाधनों के साथ–साथ समुद्र को गंभीर क्षति पहुँचाता है। समुद्री पारिस्थितिकी के साथ–साथ तटीय उद्योगों की प्रचलनात्मक समस्याएँ भी हो सकती हैं। तेल प्रदूषण समस्या का विशिष्ट गुण यह है कि यह केवल एक देश के तट तक ही सीमित नहीं है वरन् पड़ौसी देशों को सम्मिलित करते हुए क्षेत्रीय प्रभाव डालता है।

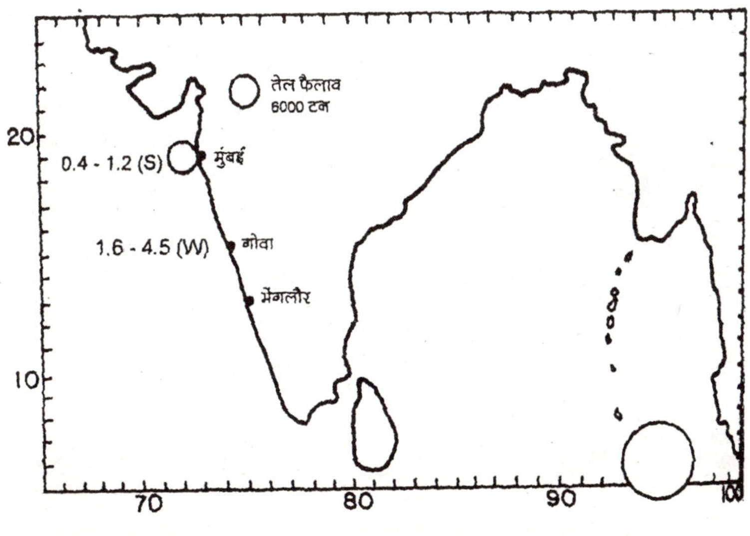

चित्र 91. भारतीय तटीय क्षेत्रों में पाई जानेवाली पेट्रो लियम की मात्रा

तेल प्रदूषण आज भारतीय तट पर एक चिंता का विषय बन रहा है क्योंकि भारतीय तट पर पाई जानेवाली पेट्रोलियम हाइड्रोकार्बन की मात्रा दिन–प्रतिदिन बढ़ती जा रही है (चित्र 91)। तेल प्रदूषण मत्स्योत्पादन क्षेत्रों और समुद्री वनस्पतियों पर आधारित उद्योगों को गहरा आघात पहुँचाता है। तेल प्रदूषण के समय सारा तेल समुद्र में फैल जाता है जिसे चित्र 92 में दिखाया गया है।

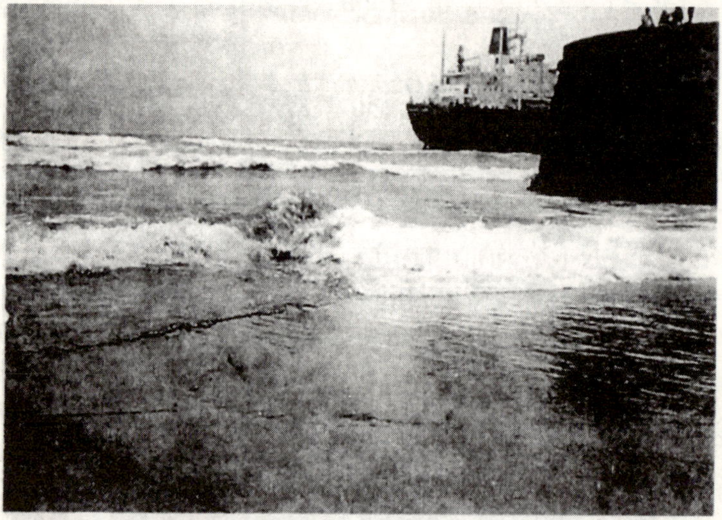

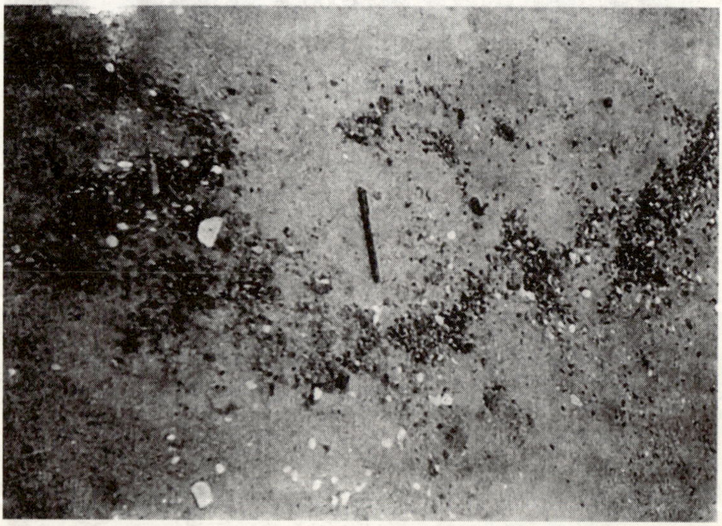

चित्र 92. समुद्र तट पर तेल व टारबॉल की चादर

इससे सागरीय किनारों पर तेल की चादर जैसी बिछ जाती है। इसका प्रभाव इतना तीव्र होता है कि कभी–कभी पानी या मिट्टी अथवा रेत में रहनेवाले सभी जीव–समुदायों को नष्ट कर देता है। और इसको अपने पूर्वोत्तर स्थिति में आने के लिए कई वर्ष लग जाते हैं।

वस्तुतः पेट्रोलियम यौगिक नहीं, वरन् मिश्रण है। इसका अर्थ है कि उसके रचक न तो सदैव एक जैसे रहते हैं और न ही उनकी मात्रा समान होती है। वैसे पेट्रोलियम मुख्य रुप से ऐलिफेटिक तथा एरोमेटिक हाइड्रोकार्बनों का मिश्रण है। उसमें साइक्लोपैराफीन, पैराफीन आदि अनेक रचक भी होते हैं। पेट्रोलियम के हाइड्रोकार्बन सागर को प्रदूषित करते हैं।

समुद्र में तेल गिरकर फैलने की पहली घटना 18 मार्च 1967 को ग्रेट ब्रिटेन के दक्षिण–पश्चिम समुद्र तट पर 'इंग्लिश चैनल' के प्रवेश द्वार के निकट हुई, जिसमें लाइबेरिया के तेलवाही जहाज 'टेरी केन्योन' से 60,000 टन कच्चा तेल बाहर समुद्र में गिरा। यह तेल समुद्र के किनारे–किनारे लगभग 160 किलोमीटर तक फैला, जिससे अनगिनत मछलियों तथा पक्षियों की मृत्यु हुई।

जनवरी, 1969 में संयुक्त राज्य अमेरिका में सैंटा बारबारा के समुद्र तट से थोड़ी दूर तेल के एक कुएँ में विस्फोट हुआ, जिससे 1000 गैलन प्रति घंटे की दर से तेल बाहर निकलता रहा। इससे समुद्र तट भी क्षतिग्रस्त हुआ।

वर्ष 1978 में एमैको काडिज दुर्घटना में 6.8 करोड़ गैलन तेल फ्रेंच कोस्ट में गिरा, जिससे समुद्री जीवन कुप्रभावित हुआ। इसी प्रकार 24 मार्च, 1989 को अलास्का के समुद्र तट से थोड़ी दूर अमेरिकी सुपर टैंकर एस्कोन वाल्डेज एक समुद्री चट्टान से टकराया जिससे लगभग 30,000 टन तेल सागर में गिरा, जो 1930 किलोमीटर तक फैला, और यह लगभग एक लाख समुद्री पक्षियों की मृत्यु का कारण बना।

समुद्र में आनेवाले तेल के अंश के विवरण को सारणी 39 में तथा तेल प्रदूषण के समुद्री जीव के ऊपर पड़नेवाले प्रभाव को सारणी 40 में दर्शाया गया है।

सारणी 39. समुद्र में आनेवाले तेल के अंश का विवरण

स्रोत	तेल अंश (प्रतिशत)
नगरी और औद्योगिक बस्तियों का दूषित पानी	31.3
तेल शुद्धिकरण केंद्रों से छोड़ा गया दूषित पानी	3.1
समुद्री उत्पादन	1.6
समुद्री क्रिया : टैंकरों का चलन, जहाजों का चलन	34.3
अपघात	12.5
नैसर्गिक रिसाव तथा जतीन का काट	7.8
आकाश से गिरावट	9.4
योग	100.00

सारणी 40. तेल प्रदूषण का समुद्री जीवों के ऊपर पड़नेवाला प्रभाव

समुद्र जीव/जाति	संभावित परिणाम	संभावित प्रल्यादान
प्लवक	कम से मध्यम	जल्दी से मध्यम
पत्थर का तट	कम	जल्दी
रेत या मिट्टी का तट	मध्यम	मध्यम
खुला समुद्र	ज्यादा	कम
मछलियाँ	कम से मध्यम	जल्दी से मध्यम
पक्षी	ज्यादा	कम
समुद्री स्तनधारी	कम	कम

हमारे देश में 1973 में एक तेलवाही जहाज, कास्मसपायनियर के जमीन तल पर जा लगने से गुजरात के समुद्री तट पर लगभग 3000 टन तेल फैल गया। वर्ष 1974 में लक्षद्वीप में एक अमेरिकी तेलवाही जहाज, ट्रांशरोन के एक मूंगे की चट्टान से टकरा जाने से 5000 टन विशिष्ट फर्नेस ऑयल पानी में बिखर गया। तेलवाही जहाज, लाजपत से भी हजारों टन तेल मुंबई के पास सागर में गिरा। वर्ष 1989 में माल्टा के एक टैंकर से 5500 टन फर्नेस ऑयल मुंबई से थोड़ी दूर सागर में छलका।

वर्ष 1991 के खाड़ी युद्ध के दौरान कुवैत के समुद्र तट पर भारी मात्रा में तेल समुद्र में डाल दिया गया। अलास्का की तेल दुर्घटना की तुलना में खाड़ी क्षेत्र में डाले गए तेल की मात्रा 30 गुना अधिक थी। इसके कारण हुए प्रदूषण को दूर करने में लगभग 10 वर्ष लगेंगे।

तेल प्रदूषण के दुष्प्रभाव

यद्यपि पानी प्रर गिरनेवाला अधिकांश पेट्रोलियम सूक्ष्म जीवों द्वारा विघटित कर दिया जाता हैं, परंतु विघटन के लिए ऑक्सीजन की पर्याप्त मात्रा में उपलब्धि और तापमान का ऊँचा होना भी आवश्यक है। यदि पानी का तापमान 10° सें. कम होता है, जैसा कि आर्कटिक सागर में रहता है, तब जीवाणुओं द्वारा विघटन की दर बहुत धीमी हो जाती है। अतएव ऐसे क्षेत्रों में सागर पर पेट्रोलियम की परत 50 वर्ष तक भी बनी रह सकती है।

पेट्रोलियम प्रदूषण के दीर्घगामी प्रभावों में मछलियों में ऐसे अनेक रोग हो जाते हैं, जो महामारी की भाँति फैलते हैं। इसके अतिरिक्त इस प्रदूषण के कुछ अन्य विचित्र परंतु संवेदनशील प्रभाव भी देखे गए हैं। ऐसी अनेक क्रियाएं जो समुद्री जीवों के जीवन के लिए आवश्यक हैं, सागर के पानी में पेट्रोलियम रचकों की अत्यन्त सूक्ष्म मात्रा में उपस्थिति के कारण प्रभावित हो जाती हैं।

तेल प्रदूषण के कारण जैविक विनाश के साथ–साथ पारिस्थितिकीय असंतुलन की भी संभावना रहती है। जल की सतह के तेल की महीन चादर से ढ़क जाने के कारण वातावरण से वायु विनिमय रुक जाता है जिससे जल में ऑक्सीजन कम हो जाती है। यह कमी 20 से 30 प्रतिशत तक आंकी गई है। इससे पूरी रोशनी भी पानी तक नहीं पहुँच पाती है। और जलीय वनस्पतियों, जैसे शैवाल में प्रकाश संश्लेषण नहीं हो पाता जिससे मछलियों के लिए भोजन की कमी हो जाती है। तेल प्रदूषित क्षेत्रों में समस्त जैव–श्रृंखला अस्त–व्यस्त हो जाती है। मछलियों के शिकार हेतु आए पक्षी भी इस प्रदूषण से नहीं बचते। उनके परों (पंखों) में तेल चिपक जाने के कारण वे उड़ नहीं पाते और तत्काल मृत्यु के ग्रास बनते हैं। तेल वाहक पोतों की दुर्घटनाओं से हुए प्रदूषण से लाखों की संख्या में पक्षी मरे पाए गए हैं। तेल बिखरने की घटनाओं की

विभिषिका यहीं तक सीमित नहीं है। कैरिबियन तथा एशियाई समुद्रों के कुछ महत्वपूर्ण कोरल रीफ तथा मैंग्रोव समूह इस प्रदूषण से नष्ट हो चुके हैं। ये स्थल मछलियों के प्रजनन की दृष्टि से अत्यधिक महत्वपूर्ण थे।

मत्स्य उद्योग के अतिरिक्त पर्यटन उद्योग भी तेल–प्रदूषण के कारण बहुत नुकसान उठा रहा है। तेल प्रदूषित समुद्र तटों का नैसर्गिक स्वरूप विकृत हो जाता है और पर्यटकों के लिए उनमें कोई आकर्षण नहीं रहता है। जिन क्षेत्रों के पर्यटकों में समुद्रों के किनारे नहाने या समय बिताने का शौक अधिक है, वहाँ यह समस्या आर्थिक हानि के कारण गहरी चिंता का विषय बनी हुई है। तेल प्रदूषण से सागर की खाद्य श्रृंखला गड़बड़ा जाती है।

आज विश्व में खनिज तेल का कुल वार्षिक उत्पादन लगभग 250 करोड़ टन है। इसमें से लगभग 180 करोड़ टन समुद्री मार्गों से ढोया जाता है। ऐसा अनुमान है कि ऐसा करने में 20 से 50 लाख टन तक तेल सागर में बिखर जाता है। इसमें टैंकरों के धोने से सागर पर बिखरनेवाला तेल शामिल नहीं है।

हमारे देश में सर्वाधिक प्रदूषित क्षेत्रों में मुंबई के आस–पास के सागर का पानी है। मुंबई महानगर से वर्ष में लगभग 3,650 लाख टन मलजल तथा बहिःस्राव समुद्र में विसर्जित किए जाते हैं। इस कारण मात्स्यिकी का अस्तित्व धीरे–धीरे यहाँ समाप्त हो गया है। अध्ययनों से विदित हुआ है कि कोलकाता महानगर के घरेलू सीवेज में भी भारी धातुओं की अधिकता पाई गई है। इन भारी धातुओं के दुष्प्रभाव सुंदरवन के मैंग्रोव वृक्षों पर भी दिखाई देने लगे हैं।

7. **भारी धातुएँ व प्रदूषण** : वस्तुतः यह देखा गया है कि जो कार्य थल पर वर्षा और नदियाँ करती हैं वहीं कार्य सागर का पानी स्वयं भी करता है। वह स्वयं भी अपने तटों की चट्टानों को घोलकर अथवा तोड़कर, धातु–यौगिकों को अपने अंदर ले जाता है। साथ ही सागर में स्थित ज्वालामुखी भी समय–समय पर उसी प्रकार विस्फोटित होते रहते हैं जैसे थल पर स्थित ज्वालामुखी।

ऐसा अनुमान है कि नदियाँ बहुत सी आविषालु भारी धातुएँ समुद्र में ले जाती हैं। गंगा के ज्वारनदमुखीय क्षेत्र में निलंबित तथा विविक्त धातुओं के परीक्षण से विदित होता है कि उनका लगभग

10 प्रतिशत भाग निचले ज्वारनदमुखीय क्षेत्र में 50 प्रतिशत नदी के जल एवं समुद्री जल के संगम पर नीचे बैठ जाता है तथा अंत में 40 प्रतिशत बंगाल की खाड़ी में बह जाता है।

धातुओं के द्वारा सागर को प्रदूषित करने की आशंका उस समय अधिक होती है, जब वे समुद्री जीवों द्वारा कार्बनिक यौगिकों में परिवर्तित कर दी जाती हैं। भारी धातुओं की आविषालुता का उदाहरण वर्ष 1953 में जापान के एक द्वीप क्यूश के पश्चिमी तट पर मछुआरों की आबादीवाले एक कस्बे 'मिनिमाता' में अचानक कुत्ते–बिल्लियों तथा बाद में मछुआरों के मरने का है। इनके मरने के कारणों की जांच करने पर विदित हुआ कि रोगग्रस्त होनेवालों ने निकट के सागर से शैलफिश तथा फिनफिश पकड़कर खाई थी। शैलफिश को पकड़कर उनका जब परीक्षण किया गया तो उनके शरीर में पारे के यौगिकों की बहुत अधिक मात्रा पाई गई।

8. **रेडियोधर्मी पदार्थ और सागर प्रदूषण :** समुद्री पानी में रेडियोधर्मिता का पता बहुत पहले यानि वर्ष 1906 में ही बेकरल द्वारा प्रथम रेडियोधर्मी पदार्थ (यूरेनियम) की खोज के मात्र 10 वर्ष बाद ही चल गया था। विगत कुछ दशकों में मनुष्य के क्रिया–कलापों के फलस्वरूप सागर की रेडियोधर्मिता में वृद्धि हुई है।

सागर में रेडियोधर्मिता की मात्रा में भयंकर वृद्धि नाभिकीय परीक्षणों तथा नाभिकीय रिएक्टरों की स्थापना के बाद हुई है। सागर के पानी में पाए जानेवाले अधिकांश प्राकृतिक रेडियोधर्मी पदार्थ तीन तत्वों से ही उत्पन्न हुए हैं, ये हैं – पोटैशियम (40K), थोरियम (232Th) तथा यूरेनियम (238U)। कृत्रिम रूप से रेडियोधर्मी पदार्थ भी तीन प्रकार से बन सकते हैं – प्लूटोनियम तथा यूरेनियम जैसे भारी तत्वों के नाभिकों के विखंडन से, स्थायी परमाण्विक नाभिकों पर न्यूट्रानों तथा ट्रिटियम और ड्यूटेरियम जैसे हल्के तत्वों के संयोजन से। नाभिकीय विस्फोटों के दौरान बड़ी मात्रा में रेड़ियोधर्मी मलबा उत्पन्न होता है और इसमें दो सौ से अधिक भिन्न–भिन्न प्रकार के रेडियो समस्थानिक यानी आइसोटोप हो सकते हैं।

समुद्री जीवों के शरीर में रेडियोधर्मिता की वृद्धि से उनमें कई कायिक परिवर्तन होते हैं। सागर की रेडियोधर्मिता मनुष्य के लिए उस समय सबसे अधिक हानिकारक होती है जब रेडियोधर्मी पदार्थ

तटीय सागरों और ज्वारनदमुखों में उपस्थित होते हैं। समुद्री रेडियोधर्मी प्रदूषण के प्रभाव मनुष्यों पर बाह्य और आंतरिक दोनों स्रोतों से पड़ते हैं। भोजन या पानी के साथ ग्रहण किए गए कुछ रेडियोधर्मी समस्थानिकों से शरीर की रासायनिक संरचना में परिवर्तन आ जाते हैं जिसके फलस्वरूप कोई बीमारी अथवा मृत्यु भी हो सकती है। रेडियोधर्मी स्ट्रॉशियम शरीर में पहुँचकर कैल्सियम का स्थान लेने का प्रयत्न करता है, जिसके फलस्वरूप अस्थि विकृतियाँ तथा कैंसर हो सकता हैं। प्रायः रेडियोधर्मी आयोडीन से थायराइड कैंसर की संभावना रहती है।

सागर की पेट्रोलियमजन्य प्रदूषण से रक्षा

हमारे वैज्ञानिक कई वर्षों से सागर से पेट्रोलियमजन्य प्रदूषण के उन्मूलन हेतु प्रयासरत है। इस कार्य हेतु वैज्ञानिकों ने जैव वैज्ञानिक विधियों को सुझाया है। ब्रिटेन के वैज्ञानिकों ने एक ऐसा पदार्थ विकसित किया है जो अपने वजन से 30 गुना अधिक तेल सोख लेता है। इस पदार्थ की 0.9 x 4.5 मीटर बड़ी और 1.2 सेंटीमीटर मोटी चादर 10 सेकंड के अंदर ही आधा टन तेल सोख लेती है।

बिखरे हुए तेल को उस पर उपयुक्त अवशोषक पदार्थ फैलाकर भी दूर किया जा सकता है। इस कार्य के लिए पॉलीयूरिथेन फोम बहुत उपयुक्त पाया गया है। तेल की सतह पर यह फोम फैला दिया जाता है, जो तेल को अवशोषित कर लेता है। फिर उस फोम को एकत्रित करके फेंक दिया जाता है। कुछ वैज्ञानिकों ने पॉलीयूरिथेन के स्थान पर लकड़ी का बुरादा उपयोग करने के सुझाव दिए हैं। तेल की परत पर बारीक, अधिक धनत्ववाला चूर्ण फैलाकर उसे तली पर बैठाया जा सकता है। स्टीयरेट से उपचारित चाक चूर्ण एक ऐसा ही पदार्थ है जिसे छोटे क्षेत्र में बिखरे तेल को ही निस्तारित किया जा सकता है।

सागर पर बिखरे पेट्रोलियम को दूर करने में भारतीय वैज्ञानिक डॉ. आनंद एम. चक्रवर्ती का भी विशेष योगदान है। संयुक्त राज्य अमेरिका की जनरल इलेक्ट्रिक कंपनी की प्रयोगशाला में अपने अनुसंधानों के दौरान, कुछ वर्ष पूर्व डॉ. चक्रवर्ती ने स्यूडोमोनास

बैक्टीरिया का एक ऐसा विभेद विकसित किया है, जो पेट्रोलियम भक्षी है।

इस विभेद में उसके अपने आनुवांशिक पदार्थ के साथ उस जाति के (स्यूडोमोनास) अन्य चार विभेदों के डी.एन.ए. (प्लाज्मिड) विद्यमान होते हैं। ये प्लाज्मिड, जो कोशिका में स्वतंत्र रूप से विद्यमान होते हैं, पेट्रोलियम के चार भिन्न–भिन्न रचकों को विघटित कर देते हैं। डॉ. चक्रवर्ती के आविष्कार के पूर्व व्यर्थ पेट्रोलियम के भक्षण हेतु विभिन्न विभेदों के बैक्टीरियाओं का कार्य एक ही विभेद का सकता था। अतः निश्चय ही यह एक उपलब्धि है। प्रदूषण की समस्या से निजात पाने हेतु टैंकरों को तट से कम से कम 80 किलोमीटर दूर धोया जाना चाहिए, जिससे उसका तेल तट के समीप न आए। इसके अलावा खाड़ियों में न तो टैंकरों को धोना चाहिए, न ही उन तेलवाहक जहाजों को ठहराना चाहिए, जिनमें 20 हजार टन से अधिक तेल भरा हो।

रसायन व सीवेज

हमारे देश में नदियों में गाद भरने की भी एक समस्या है। यह गाद अंततोगत्वा सागर में पहुँचती है। कृषि उत्पादन में वृद्धि करने के लिए प्रयुक्त उर्वरकों, पीड़कनाशियों आदि को सागर में पहुँचने से रोकने का सर्वोत्तम उपाय है उनका इस प्रकार उपयोग करना कि वे कम से कम मात्रा में पानी के साथ बहें और पवनों के साथ उड़े। कीटनाशकों की कम से कम मात्रा का उपयोग करना चाहिए तथा उनको हवाई जहाज आदि से बिल्कुल भी नहीं छिड़कना चाहिए।

इसी प्रकार अनुपचारित सीवेज के सागर में पहुँचने से रक्त ज्वार आने तथा तटीय प्रदेशों में महामारी फैलने की आशंका बढ़ जाती है। अतः सीवेज से सागर को प्रदूषित होने से बचाने का सर्वोत्तम उपाय है थल पर ही उसका उपचार करना। यह कार्य सामूहिक तथा निजी दोनों स्तर पर हो सकता है।

हमारे देश में राष्ट्रीय समुद्र विज्ञान संस्थान, गोवा, केंद्रीय नमक तथा समुद्री रसायन अनुसंधान संस्थान, भावनगर, सेंटर फॉर अर्थ साइंस स्टडीज, त्रिवेन्द्रम तथा राष्ट्रीय पर्यावरण इंजीनियरी

अनुसंधान संस्थान, नागपुर द्वारा इस दिशा में उपयुक्त जानकारी और आंकड़े जुटाने तथा प्रदूषण नियंत्रण की प्रणालियों के विकास का कार्य किया जा रहा है।

महासागर विकास एवं अनुसंधान

भारत ने सागरीय अनुसंधान की शुरुआत अंतरराष्ट्रीय हिंद महासागर अभियान (1960–65) में भाग लेकर की। इसी क्रम में सन् 1966 में राष्ट्रीय समुद्र विज्ञान संस्थान की स्थापना हुई। इसके बाद भारत सरकार के महासागर विकास संस्थान विभाग द्वारा सन् 1983 में बहुउद्देशीय सागरीय अनुसंधान जहाज – 'सागर कन्या' जर्मनी के सहयोग से बनाया, जिसका उपयोग राष्ट्रीय समुद्र विज्ञान संस्थान, गोवा कर रहा है।

भारत सरकार ने जुलाई 1981 में महासागर विकास विभाग की स्थापना की। इसको समुद्री सर्वेक्षण, अनुसंधान एवं विकास का दायित्व सौंपा गया। इसके अतिरिक्त बड़े सागरों में पर्यावरण सुरक्षा का कार्य भी इसे सौंपा गया।

समुद्री जल के भीतर आँख से देखना असंभव है। इसलिए गोताखोर विशेष मुखावरण पहनते हैं। समुद्र में गहराई बढ़ने के साथ–साथ जल दाब भी बढ़ता जाता है। जल की सतह पर वायु दाब लगभग दस मीटर जल दाब के बराबर और जल के दस मीटर नीचे यह दाब बीस मीटर पर यह दाब मीटर पर यह सतह के दाब का तिगुना और चालीस मीटर गहराई पर इसका दाब पांच गुना हो जाता है। समुद्र की अधिक गहराईयों में इस दाब का प्रतिरोध करने के लिए गोताखोर दाब प्रतिरोधी रक्षा कवच पहनते हैं। समुद्री गोताखोरों द्वारा साँस लेने के लिए उपयोग में आनेवाले उपकरण को 'स्कूबा' (Self contained underwater breathing apparatus - SCUBA) कहा जाता है। आजकल अनेक स्वचालित पनडुब्बियों द्वारा शक्तिशाली फ्लैश कैमरों तथा टेलीविजन कैमरों द्वारा समुद्र की गहराई में खोज का कार्य किया जा रहा है।

सन् 1980 के दशक में समुद्र प्रौद्योगिकी के क्षेत्र में अग्रणी निवेशक के रूप में भारत का नाम उजागर हुआ। तत्पश्चात् सागर – संपदा, सागर कन्या और गवेषणी नामक बहुउद्देशीय अनुसंधान

जलयानों की सहायता से सजीव एवं निर्जीव संसाधनों के सर्वेक्षण हेतु विभिन्न योजनाएं तैयार की गई।

राष्ट्रीय महासागर प्रौद्योगिकी संस्थान की स्थापना वर्ष 1993 में चेन्नई में हुई। इस संस्थान की स्थापना का उद्देश्य समुद्री क्षेत्र से संबंधित प्रौद्योगिकियाँ विकसित करने का था। वर्तमान में इस संस्थान की गतिविधियाँ समुद्री 'ऊर्जा, गहरे समुद्र में खनन, तटीय तथा पर्यावरणीय इंजीनियरिंग और समुद्री उपकरण विज्ञान के क्षेत्रों में हैं। संस्थान द्वारा उद्योगों को परामर्श सेवाएँ भी उपलब्ध करवायी जा रही हैं। इस संस्थान की दो नवीन प्रकार की परियोजनाएँ खनन प्रौद्योगिकी प्रदर्शन और एक मेगावाट के तैरते हुए ओ.टी.ई. सी. पायलट संयंत्र के डिजाइन और उसके स्थापित करने से संबंधित हैं। संस्थान द्वारा चलाया जा रहा एक नया प्रयास द्वीप समूहों के लोगों की विज्ञान और प्रौद्योगिकी की जरूरतों को पूरी करने का है। हमारे देश में महासागर विषयक महत्वपूर्ण अनुसंधान कार्य विभाग के कुशल एवं अंतरराष्ट्रीय ख्यातिप्राप्त वैज्ञानिक तथा वर्तमान में सचिव, डॉ. पी.एस. गोयल के नेतृत्व में चल रहा है।

भारत की महासागरीय नीति

भारत की महासागरीय नीति का निर्धारण सन् 1982 में संयुक्त राष्ट्र सामुद्रिक विधि सम्मेलन की सदस्यता ग्रहण करने के बाद किया गया। इस नीति के प्रमुख तथ्य इस प्रकार हैं –

1. महासागरीय तकनीकों के विकास के लिए ठोस प्रयास।
2. ऊर्जा के नये संसाधनों, खनिजों तथा खाद्य पदार्थों के नये स्रोतों का अन्वेषण।
3. महासागरीय पर्यावरण तथा संसाधनों के निरीक्षण एवं संरक्षण हेतु विशेष प्रयास।
4. विशिष्ट वैधानिक प्रावधानों के प्रभावशाली क्रियान्वयन पर विशेष बल।
5. महासागरीय विकास कार्यक्रमों से संबद्ध कार्यरत एजेन्सियों का सुदृढ़ीकरण तथा आवश्यकतानुसार नयी एजेन्सियों तथा अभिकरणों का गठन।

6. महासागरीय विकास हेतु सूचनाओं का संकलन, परिकलन तथा प्रसार।
7. महासागरीय संसाधन का उपयोग, नियंत्रण एवं प्रबंधन।
8. नियंत्रण तथा प्रबंधन से संबंधित आधारभूत संरचनाओं का विकास।
9. मछली तथा अन्य महासागरीय जैव–संसाधनों का अनुकूलतम उपयोग।
10. हाइड्रोकार्बन तथा अन्य भारी संचित पदार्थों सहित सभी अजैव–संसाधनों का संदोहन।
11. महासागरीय अवशिष्टों में नवीकरणीय संसाधनों के महासागरीय ऊर्जा प्राप्त करने, जल–स्तंभों के तापमान में आए अंतर से लाभ प्राप्त करने, ज्वारभाटाओं की ऊँचाई, लवणता की प्रवणता तथा बहुधात्विक पिंडों से लाभ प्राप्त करने का प्रयास।

समुद्री प्रेक्षण एवं सूचना सेवाएँ (ओओआईएस)

भारत में विविध प्रकार की मानसून स्थितियाँ, वनस्पति एवं जीव–जंतु हैं। वस्तुतः महासागर और जलवायु का अटूट संबध है, जो ताप व द्रव्य अंतरण से जुड़ा हुआ है। इस विषयक अभी तक कोई विशेष जानकारी भी प्राप्त नहीं हुई है। महासागर के तीन आयामी और उसकी एहिक (विधि) और स्थान संबंधी परिवर्तनशीलता और वायुमंडल के संबंध को समझना अति आवश्यक है, विशेषतः उष्णकटिबंध महासागर के परिप्रेक्ष्य में। ऐसा इसलिए भी जरूरी है क्योंकि इसमें मौसम और मानसून की पूर्वानुमान क्षमता में सुधार होता है। ऑकड़े एवं सूचना के महत्व तथा महासागर अनुसंधान व प्रचालन उद्देश्य को समझते हुए महासागर विकास विभाग जो वर्तमान में पृथ्वी विज्ञान मंत्रालय है, ने एक कार्यक्रम शुरू किया है, जिसमें सतह मौसम वैज्ञानिक और महासागर संबंधी आंकड़ों और आंकड़ों उत्पादों को तैयार व प्रचार किया जाता है। इस कार्यक्रम का समुद्री प्रेक्षण और सूचना सेवा (ओ.ओ.आई.एस.) नामकरण किया गया है। समुद्री सूचना सेवाएँ (ओईएस) व डाटा

उत्पाद का प्रचार करने के लिए भारत सरकार ने भारतीय राष्ट्रीय समुद्री सूचना सेवा केन्द्र (इंकॉइस) नामक एक स्वायत केन्द्र, हैदराबाद में स्थापित किया है।

वस्तुतः ओ ओ आई एस का मुख्य भाग सतत काल श्रेणी समुद्र वायुमंडलीय मापन है। इसका निर्माण विविध प्रकार की अपतट प्रौद्योगिकी प्रेक्षण प्रणालियों के प्रचार से किया गया है। और इसके लिए अनेक अत्याधुनिक यंत्र एवं उपकरण लगाए गये हैं, जैसे – मौसम समुद्र नौबंधप्लव, आर्गोफ्लोट, अपवाह प्लव, एक्स बी.टी. करंट मीटर, नौबंध ऐरे एवं ज्वारमापी।

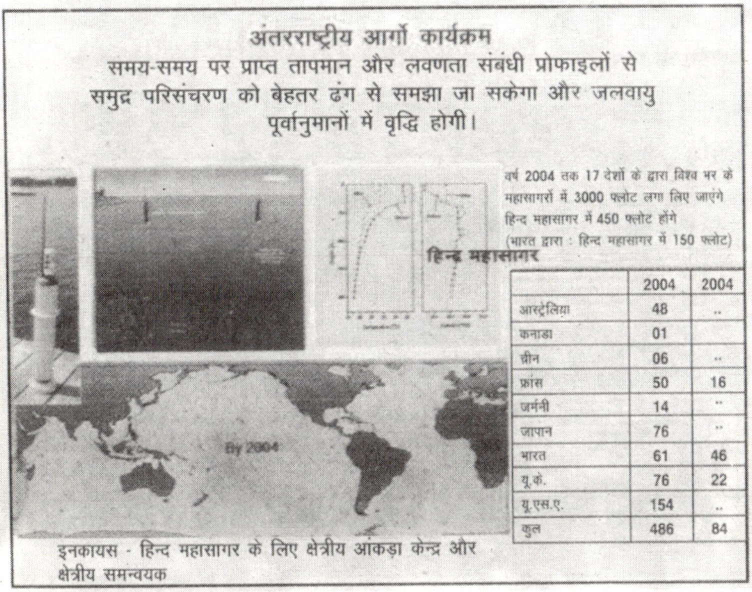

चित्र 93. क्षेत्रीय आर्गो केन्द्र, इंकॉइस

भारतीय आर्गो परियोजना

वर्तमान में हो रहे सागरीय अनुसंधान की एक उपलब्धि प्रोफालिंग आर्गो फ्लोट है। वस्तुतः आर्गो फ्लोट एक क्रांतिकारी परिकल्पना है जिसने समुद्र के 2000 मीटर के ऊपर से तापमान और लवणता की तत्काल मापने की क्षमता को बढ़ाया है। इससे ऊपरी समुद्र के थर्मोक्लाइन परिसंचरण को बेहतर ढंग से समझने

के साथ–साथ जलवायु पूर्वानुमान में भी वृद्धि होगी। हमारा देश भी आर्गो कार्यक्रम में भाग ले रहा है। भारत अब तक हिंद महासागर में 138 आर्गो फ्लोट तैनात कर चुका है जिसमें से 78 से सागर विषयक सूचनाएँ प्राप्त हो रही हैं। आर्गो कार्यक्रम के लिए अंतर्राष्ट्रीय योजना, अंतरराष्ट्रीय आर्गो विज्ञान दल (IAST) द्वारा समन्वित की गई है। यह हर्ष का विषय है कि भारत के स्वायत्त केन्द्र, इंकॉइस को हिन्द महासागर क्षेत्र के लिए क्षेत्रीय आर्गो डाटा केन्द्र के रूप में मान्यता प्रदान की गई है। क्षेत्रीय आर्गो डाटा केन्द्र, इंकॉइस में स्थापित किया गया है (चित्र 93)।

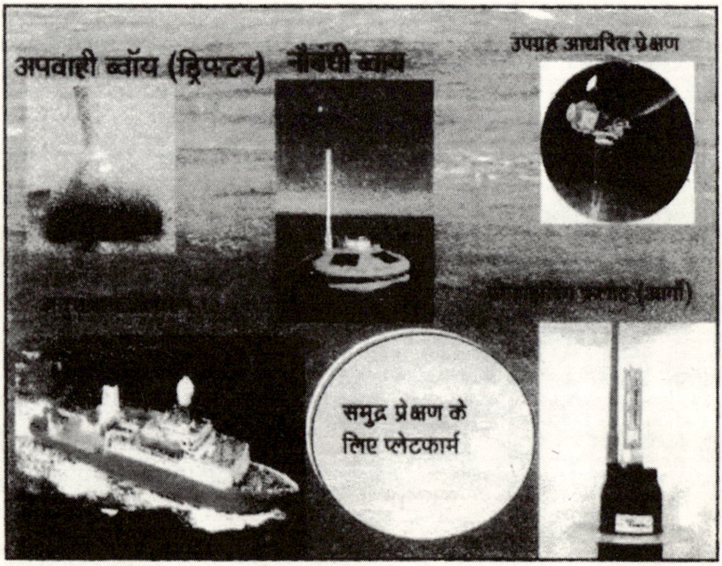

चित्र 94.

अपवाही प्लवक

वर्ष 1990 से भारत प्रतिवर्ष 8–10 अपवाही प्लवक हिंद महासागर में महासागरीय धारा, एस एस टी, वायु तापमान, वायुमंडलीय दाब और सतही पवन के मापन के लिए तैनात कर रहा है। जलवायु अनुसंधान, सामान्य प्रेक्षण संबंधी जानकारी का सटीक पूर्वानुमान लगाने, उपग्रह सेंसरों से डाटा के अशांकन और वैधीकरण के लिए समुद्र की वास्तविक स्थिति ज्ञात करने के लिए ये मापन

किए जाते हैं। कुछ समय पूर्व ये आंकड़े जी.टी.एस. नेटवर्क द्वारा मौसमी पूर्वानुमान के लिए विश्व भर में प्रसारित किए जाते रहे हैं (चित्र 94 और 95)।

समुद्री प्रेक्षण प्रणालियों को चित्र 96 एवं 97 में दर्शाया गया है।

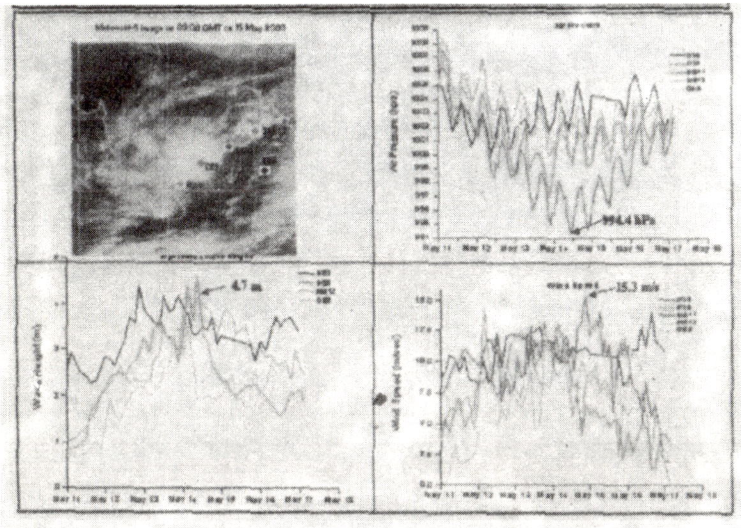

चित्र 95

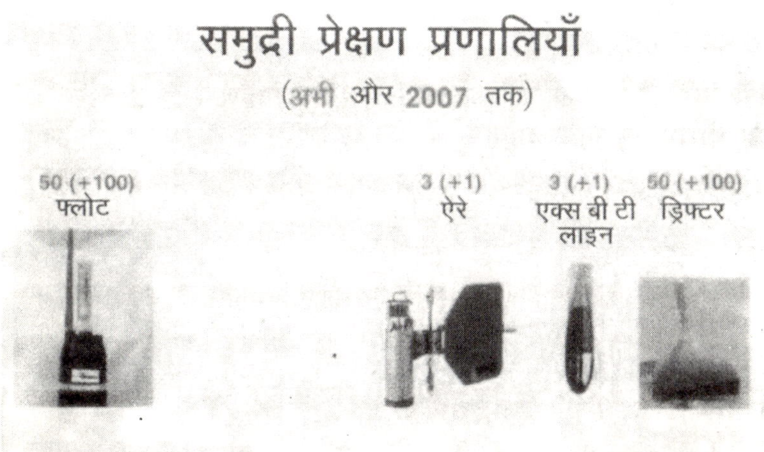

चित्र 96

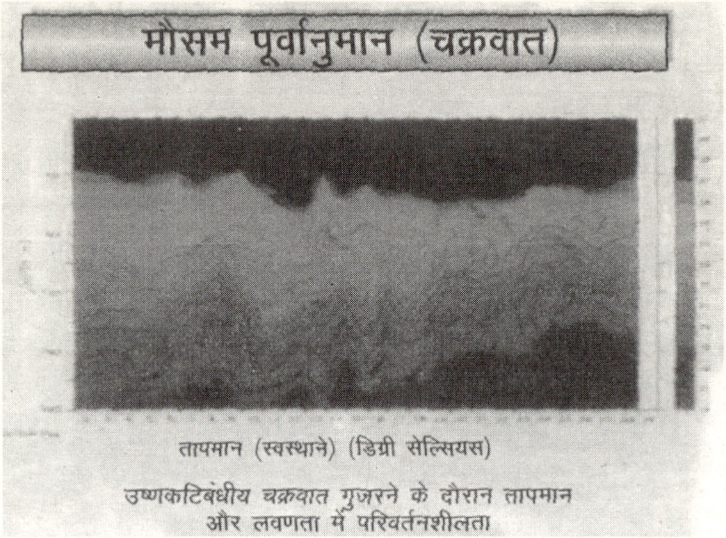

चित्र 97

ज्वारमापी नेटवर्क

भारत के तटों में भारतीय सर्वेक्षण द्वारा लगाए गए 21 में से 11 ज्वारमापी अच्छी तरह से कार्य कर रहे हैं। विभिन्न एजेंसियों से प्राप्त मेटा (META) डाटा को संक्षेप में इंकॉइस की वेबसाइट पर उपलब्ध किया गया है। (http : /www.incois.gov.in)। इस प्रकार विभिन्न एजेंसियों द्वारा समुद्र वैज्ञानिक अनुसंधान से संबंधित तैयार किए गए व्यापक ऑकड़ों के एकत्रीकरण, संग्रहण और प्रसारण के लिए इंकॉइस, हैदराबाद में एक समर्पित केंद्र बनाया गया है। आकाशीय और अस्थायी कार्य–क्षेत्रों में समुद्र और तटों के भौतिक, रासायनिक, जीववैज्ञानिक और भू वैज्ञानिक प्राचलों पर एक ही स्थान से सूचना प्रदान करने वाला केन्द्र अनुसंधान और प्रचालनात्मक समुद्र विज्ञान, दोनों के लिए महत्वपूर्ण है। इंकाइस द्वारा इस प्रयास के रूप में एक समुद्र सूचना बैंक की स्थापना की गई है जिसमें स्व–स्थाने आधारों और उपग्रहों दोनों के लिए सूचना प्राप्त की जा सकती है। इस बैंक की सहायता से विभिन्न राष्ट्रीय प्रयोगशालाओं और समुद्र प्रेक्षण प्रणालियों से जुड़े अनेक समुद्री डाटा केन्द्र भी करते हैं।

संभाव्य मत्स्य क्षेत्र संबंधी परामर्शी सेवाएँ

हमारे देश के सीमावर्ती प्रांत में रहने वाले और 7500 किलोमीटर से अधिक क्षेत्र में फैले हुए लगभग 70 लाख लोग, अपनी आजीविका के लिए मछली पकड़ने के व्यवसाय में लगे हुए हैं। मछलियों के जमा होने के संभाव्य क्षेत्रों के बारे में समय पर विश्वसनीय और अल्पकालिक पूर्वानुमान, मछलियों के मौजूद होने के स्थलों को ढूँढने में लगनेवाले समय और प्रयास को कम करने में मछुआरों की सहायता करता है। इससे उनकी सामजिक और आर्थिक स्थिति में सुधार होगा। समुद्र विकास, अंतरिक्ष एवं मत्स्य विज्ञान के वैज्ञानिकों के संयुक्त प्रयासों से सुदूर संवेदन और जी. आई.एस. तकनीकों से ऐसे अल्प–अवधि पूर्वानुमान संबंधी सेवा प्रदान करने के कार्य चरम सीमा तक पहुँच गए हैं। मछलियों की अधिकतावाले संभावित क्षेत्र, जिनमें समुद्री अग्रभाग, टेढे–मेढ़े बहने की प्रक्रिया, भँवर और अप्रवाही क्षेत्रों जैसे लक्षण दिखाई देते हैं, इनको उपग्रह चित्रों से पहचान कर नौचालन चार्टों में उतारा जाता है और संभाव्य मत्स्य क्षेत्रों में रूप में इन्हें दर्शाया जाता है। वेब–जी आई एस के उपयोग से जानकारी एकत्र करने, उनके विश्लेषण, लक्षणों की जानकारी देने, मानचित्र को तैयार करने और सूचनाओं के प्रसार में जीआईएस एक बहुत ही महत्वपूर्ण उपस्कर सिद्ध हुआ है।

आज आवश्यकता इस बात की है कि समाज के प्रत्येक वर्ग को समुद्र द्वारा दिए गए नैसर्गिक उपहार का सही दिशा में सदुपयोग करना चाहिए जिससे सम्पूर्ण समाज एवं राष्ट्र उत्कृष्टता की नई ऊँचाइयों की ओर द्रुत गति से अग्रसित हो सके।

सागर तथा महासागर से जुड़े वस्तुनिष्ठ रोचक प्रसंग

1. सागर क्या हैं?

उत्तर – खारे पानी का विशाल भंडार।

2. महासागर क्या हैं?

उत्तर – सागर से बड़ी फैली विशाल जलराशि।

3. महासागर कितने होते हैं?

उत्तर – पांच।

4. पांचों महासागरों के नाम क्या हैं?

उत्तर – प्रशांत, अंध (अटलान्टिक), हिंद, आर्कटिक व ऐन्टार्कटिक।

5. विष्णु पुराण के अनुसार सात समुद्रों के नाम क्या हैं?

उत्तर – लवण, इक्षु, मदिरा, घृत, दधि, दुग्ध तथा मीठे जल का सागर।

6. जलीय ग्रह किसे कहते हैं?

उत्तर – पृथ्वी।

7. पृथ्वी के प्रारंभिक सागर का नाम क्या हैं?

उत्तर – पेंथेलसा।

8. पृथ्वी के कितने क्षेत्रफल पर सागर विद्यमान हैं?

उत्तर – 8.36.10 करोड़ वर्ग किमी.।

9. प्रशान्त महासागर पृथ्वी का कितना भाग घेरे हुए हैं?

उत्तर –एक तिहाई।

10. पृथ्वी पर पानी की अनुमानित मात्रा कितनी हैं?

उत्तर – 137.5 करोड़ घन किमी.।

11. थल व सागर पर होने वाली वर्षा का अनुपात कितना हैं?

उत्तर – 17.7

12. हमारे ग्रन्थों में सागर का मान क्या हैं?

उत्तर – रत्नगर्भा।

13. यूरोप में सागर वैज्ञानिक अभियान कब शुरू हुआ था?

उत्तर – 18वीं शताब्दी में।

14. सागर पृथ्वी के कितने प्रतिशत भाग पर फैले हैं?

उत्तर – 70.78%

15. सबसे गहरे महासागर का नाम क्या हैं?

उत्तर – प्रशान्त महासागर।

16. नीले रंग का गोला किसे कहा जाता हैं?

उत्तर – पृथ्वी।

17. प्रशान्त महासागर का क्षेत्रफल कितना है?

उत्तर – 17,96,79,000 वर्ग किमी.।

18. अंध (अटलान्टिक) महासागर का क्षेत्रफल कितना है?

उत्तर – 10,64,63,000 वर्ग किमी.।

19. हिन्द महासागर का क्षेत्रफल कितना हैं?

उत्तर – 7,50,30,000 वर्ग किमी.।

20. सागर विज्ञान का क्षेत्रफल कितना है?

उत्तर – लैफ्टिनेंट मैथ्यूफोन्टेन मोरे।

21. सागर की तनी के पानी का अनुमानित ताप कितना है?

उत्तर – 4°C

22. सागर के पानी में भण्डारित ऊर्जा की मात्रा कितनी है?

उत्तर – 3×10^{34} जूल

23. सागर व थल में उपस्थित कार्बोनेट की मात्रा का अनुपात कितना है?

उत्तर – 130×10^{18} ग्राम : 2.41×10^{18} ग्राम

24. मानव शरीर में कितने प्रतिशत भाग जल है?

उत्तर – 70 प्रतिशत

25. समुद्र में सोडियम की मात्रा कितनी है?

उत्तर – 30.68 प्रतिशत अथात् 11870500 घन मील

26. समुद्र में क्लोरीन की मात्रा कितनी है?

उत्तर – 55 प्रतिशत अर्थात् 21462830 टन

27. विश्व का सबसे गहरा सागर कौनसा है?

उत्तर – मृत सागर

28. लैफ्टिनेंट मैथ्यू फोन्टेन मोरे द्वारा प्रकाशित प्रथम पुस्तक का नाम क्या है?

उत्तर – न्यूथ्योरेटीकल एण्ड प्रैक्टिकल ट्रिटाइज ऑन नेविगेशन

29. सम्पूर्ण भू पटल पर औसतन कितनी वर्षा होती है?

उत्तर – 36000 घन मील

30. भारत के मानसून का जन्मदाता कौन है?

उत्तर – हिन्द महासागर

31. सबसे प्राचीन महासागर का नाम क्या हैं?

उत्तर – प्रशान्त महासागर

32. जल पृथ्वी के कितने हिस्से में फैला है?

उत्तर – दो तिहाई

33. सागर में पाये जाने वाले महत्वपूर्ण खनिजों का क्या नाम है?

उत्तर – आयोडीन

34. उस सागर का क्या नाम है जहां कोई भी जीव जीवित नहीं रहता है?

उत्तर – मृत सागर

35. मृत सागर कहाँ स्थित है?

उत्तर – जॉर्डन व इजराइल के मध्य

36. मृत सागर की लम्बाई व चौड़ाई कितनी है?

उत्तर – 80 किमी., 5 से 20 किमी.

37. पृथ्वी के कितने हिस्से पर प्रशान्त महासागर फैला है?

उत्तर –एक तिहाई

38. प्रशान्त महासागर की औसत गहराई कितनी हैं?

उत्तर – 4028 मीटर

39. हिन्द महासागर की औसत गहराई कितनी हैं?

उत्तर – 3900 मीटर

40. सागर की सांसे किसे कहा जाता हैं?

उत्तर – ज्वार भाटा को

41. प्रशांत महासागर की सबसे गहरी खाई का क्या नाम हैं?

उत्तर – फिलीपाइ खाई

42. प्रशांत महासागर की सर्वाधिक चौड़ाई कितनी है?

उत्तर – 16880 किमी.

43. प्रशांत महासागर के सबसे गहरे स्थल का क्या नाम है?

उत्तर – मिंडानाओ द्वीप

44. मिडानाओ द्वीप की गहराई कितनी है?

उत्तर – 11.516 मी.

45. प्रशांत महासागर में स्थित कुक खड की गहराई कितनी है?

उत्तर – 11.515 मी.

46. दूसरे सबसे बड़े महासागर का क्या नाम है?

उत्तर – अन्ध (अन्टलाटिक) महासागर

47. अंध (अटलांटिक) महासागर के सबसे गहरे स्थल का क्या नाम है?

उत्तर – मिलवाकी द्वीप

48. मिलवाकी द्वीप की सर्वाधिक गहराई कितनी है?

उत्तर – 8.381 मी.

49. तीसरा सबसे बड़ा सागर कौनसा है?

उत्तर – हिन्द महासागर

50. हिन्द महासागर के सर्वाधिक गहरे स्थल का नाम क्या है?

उत्तर – प्लेनेट द्वीप

51. प्लेनेट द्वीप की सर्वाधिक गहराई कितनी है?

उत्तर – 7,725 मी.

52. वर्ष भर बर्फ से ढके रहने वाले महासागर का क्या नाम है?

उत्तर – आर्कटिक महासागर

53. संसार के सबसे खारे महासागर का क्या नाम है?

उत्तर – मृतसागर

54. एक घन किलोमीटर समुद्री जल में लगभग कितना नमक होता है?

उत्तर – चार करोड़ दस लाख टन

55. एक घन मील समुद्र के पानी में खनिज की मात्रा कितनी होती है?

उत्तर – 15 करोड़ टन

56. समस्त महासागरों में नमक की मात्रा लगभग कितनी होगी?

उत्तर – 50,000 लाख करोड़ कीट्रिक टन

57. समस्त महासागरों में पोटैशियम की मात्रा लगभग कितनी होगी?

उत्तर – 1840 लाख करोड़ कीट्रिक टन

58. समुद्री जल से पूरे विश्व में प्रति वर्ष कितने नमक का उत्पादन होता है?

उत्तर – 40 मेगा टन

59. एक किलोग्राम हाइड्रोजन कितने किलोग्राम पानी से विघटित होती है?

उत्तर – नौ किलोग्राम

60. नौ किलोग्राम समुद्री जल के विघटन से कितने किलोग्राम ऑक्सीजन विघटित होती है?

उत्तर – आठ किलोग्राम

61. महासागर में पाये जानेवाले सबसे बड़े जीव का नाम क्या है?

उत्तर – नीली व्हेल

62. मानव सागर के सबसे बड़े खड्ड में कब उतरा?

उत्तर – 23 जनवरी

63. ध्वनि पानी में किस वेग से चलती है?

उत्तर – 1,460 मीटर प्रति सेंकड

64. गहराई नापने में प्रयुक्त ध्वनि मापक यंत्र का क्या नाम है?

उत्तर – ईको साउंडर

65. अत्यंत मोहक व सुगन्धित समुद्री मछली का क्या नाम है?

उत्तर – स्पर्म व्हेल

66. पूरे विश्व में सागर में लगभग कितना सोना है?

उत्तर – 80,00,000 टन

67. सागर जल से सोना निकालने वाले प्रथम सागर वैज्ञानिक का नाम क्या है?

उत्तर – फ्रिट्ज हाबेर

68. गोताखोर बिना पोशाक व उपकरण के कितनी गहराई तक जा सकता है?

उत्तर – 30 मीटर

69. सागर सतह पर गोताखोर पर पड़ने वाला वायुदाब कितना होता है?

उत्तर – 760 मि.मी. (1 वायुमंडल)

70. मानव को समुद्र की गहराई में ले जाने वाले वाहनों का क्या नाम है?

उत्तर – बेदिस्केफ और बेदीस्फीयर

71. प्रथम बेदिस्फीयर कब बना?

उत्तर – सन् 1926 में

72. प्रथम बेदिस्फीयर के निर्माणकर्त्ता कौन है?

उत्तर – ओटिस बर्टन और विलियम बीब

73. मेरिआना खाई के चैलेन्जर की गहराई कितनी है?

उत्तर – 11,035 मी.

74. समुद्र संबंधी आयोग का गठन कब हुआ?

उत्तर – दिसम्बर 1955

75. अन्तरराष्ट्रीय भू–भौतिक वर्ष कब आरंभ हुआ?

उत्तर – सन् 1957

76. 'समुद्री दैत्य' किसे कहा जाता है?

उत्तर – ऑक्टोपस

77. भारतीय सागर में कितने किस्म के शैवाल पाये जाते हैं?

उत्तर – 700 किस्में

78. आज तक दुनिया के कुल सागरों के कितने प्रतिशत हिस्से का अध्ययन किया जा सका है?

उत्तर –एक प्रतिशत

79. पृथ्वी की सबसे लंबी पर्वत श्रृंखला कहां स्थित है?

उत्तर – सागर में

80. सागर में स्थित उस पर्वत श्रृंखला का क्या नाम है जो पूरी पृथ्वी पर परिक्रमा करती है?

उत्तर – सबमैरीन पर्वत श्रृंखला

81. सबमरीन पर्वत श्रृंखला की लंबाई कितनी है?

उत्तर – लगभग 49000 से 75000 किलोमीटर तक

82. हिमखंडों के पिघलने से समुद्र का जल स्तर कितना बड़ा है?

उत्तर – 120 मीटर

83. समुद्री सतह से निकलने वाले उस पदार्थ का नाम क्या है जो शीशे को भी पिघला सकता है?

उत्तर – हाइड्रोथर्मल वैट्स

84. हाईड्रोथर्मल वैड्स का तापमान कितना होता है?

उत्तर – 350° से 400° सेल्सियस

85. समुद्र का वैक्यूम क्लीनर किसे कहा जाता है?

उत्तर – स्पंज

86. स्पंज प्रतिदिन कितना पानी साफ करता है?

उत्तर – 1100 गैलन

87. दुनिया की आधी ऑक्सीजन पैदा करने वाली समुद्री वनस्पति का क्या नाम है?

उत्तर – प्लैंक्टन

88. समुद्री जल को छानने वाली मछली का क्या नाम है?

उत्तर – बास्किंग शार्क

89. बास्किंग शार्क प्रतिदिन कितना पानी साफ कर सकती है?

उत्तर – 18 लाख गैलन

90. प्रशांत महासागर में स्थित कौन सा द्वीप ज्वार आने से मुड़ जाता है?

उत्तर – स्कोशिया द्वीप

91. दुनिया की सबसे ऊँची ज्वारीय लहरें कहां उठती हैं?

उत्तर – बुल्फवील बेसिन में

92. सागरों में स्थित किस प्राणी से मोती निकलता है?

उत्तर – सीपी

93. भारत में समुद्री विज्ञान की जानकारी के लिए संस्थान कहां खोला गया है?

उत्तर – गोवा

94. महासागर के जल को कौन गतिशील रखता है?

उत्तर – सौर ताप

95. वर्षा का कितना जल सागरों में जाता है?

उत्तर – 3520 घन मीटर

96. प्रशान्त महासागरों में द्वीपों के तीन समूहों के नाम क्या है?

उत्तर – माइक्रोनेशिया, मेलानेशिया और पॉलीनेशिया

97. भारतीय समुद्री तट रेखा की लंबाई कितनी है?

उत्तर – भारत से पाकिस्तान तक लगभग 6100 किलोमीटर

98. सागरों में चलने वाली भयानक लहरों के नाम क्या है?

उत्तर – सुनामी लहरें

99. भारत में सागरीय ज्वार–भाटे से बिजली किस स्थान पर उत्पन्न की जाती है?

उत्तर – कोलकाता

100. सागरों में चलने वाली एक गर्मधारा का नाम बताइये?

उत्तर – गल्फ स्ट्रीम

101. गल्फ स्ट्रीम कहाँ चलती है?

उत्तर – फ्लोरिडा के मिआमी तट

102. किसी एक समुद्री रेगिस्तान का नाम बताइये?

उत्तर – हडसन की खाड़ी

103. समुद्री मछलियों की उत्पत्ति कब हुई?

उत्तर – लगभग 30 करोड़ वर्ष पहले

104. भारत की कितनी जनसंख्या समुद्र तटीय क्षेत्रों में रहती है?

उत्तर – 25 प्रतिशत

105. समुद्री जल में ईंट के चूरे जैसा रंग उत्पन्न करने वाले जीव का नाम क्या है?

उत्तर – कोपेपॉड

106. समुद्री झूठी तली का वैज्ञानिक नाम क्या है?

उत्तर – डीप स्केटरिंग

107. प्राचीन समय में नाविकों को क्या कहा जाता था?

उत्तर – पॉलीनेशियन

108. इतिहास के सबसे बड़े सागर वैज्ञानिक अभियान को करने वाले पोत का क्या नाम था?

उत्तर – चैलेन्जर

109. प्राचीन यूनानी सागर देवता कौन थे?

उत्तर – ओसिनस

110. समुद्री मार्ग से पूरी पृथ्वी की परिक्रमा करने वाला प्रथम व्यक्ति कौन था?

उत्तर – फर्डीनेन्ड मैगलेन

111. कौन सा महासागर सही रूप में महासागर नहीं है और क्यों?

उत्तर – आर्कटिक महासागर, क्योंकि यह वर्ष भर बर्फ से जमा रहता है।

112. महासागर नीले क्यों होते हैं?

उत्तर – नीले रंग को अधिक परावर्तित करने के कारण

113. मृत सागर क्या है?

उत्तर –एक झील जिसमें कोई प्राणी जीवित नहीं रहता

114. भारत के समुद्री क्षेत्र पर लगभग कितनी जनसंख्या निवास करती है?

उत्तर – 100 किमी चौड़ी पट्टी पर 34 करोड़

115. वह सागर कौन सा है जो चारों ओर से पूर्णतः स्थलीय प्रदेश से घिरा है?

उत्तर – कैस्पियन सागर

116. पाकजलडमरू मध्य क्या है?

उत्तर – रामेश्वरम् द्वीप व श्रीलंका के आखिरी उत्तरी छोर के बीच स्थित संकीर्ण मार्ग

117. भारत में ज्वार–भाटा का अवलोकन कार्य सर्वप्रथम कब व कहां हुआ था?

उत्तर – सन् 1967 में कोलकाता में हुगली नदी के तट पर

118. भारत में समुद्र में हवा व चक्रवात का प्रथम जलवायविक मानचित्र कब बनाया गया?

उत्तर – सन् 1801 में

119. भारतीय समुद्र में जल सर्वेक्षण कार्य कब प्रारंभ हुआ?

उत्तर – सन् 1832 में

120. भारतीय मौसम विभाग की स्थापना कब हुई?

उत्तर – सन् 1875 में

121. समुद्री अनुसंधान विकास बढ़ाने के लिए समुद्री विकास विभाग की स्थापना कब हुई?

उत्तर – सन् 1882 में

122. विश्व का तैरता प्रथम महासागर ताप विद्युत संयंत्र कहां स्थित है?

उत्तर – भारत के तमिलनाडु में

123. महासागरों के किस भाग में पनडुब्बियां या अन्तःसमुद्री यंत्र ज्यादा होते हैं?

उत्तर – गंभीर महासागर

124. महासागरों में सर्वाधिक खारापन कहां पाया जाता है?

उत्तर – मध्य अक्षांशों में

125. डिआगो गारसिया किस महासागर में स्थित हैं?

उत्तर – हिंद महासागर

126. 2000 से 4000 फैदम की गहराई पर मिलने वाला समुद्री जमाव चूना (जो प्रधान पंक है) का नाम क्या है?

उत्तर – ग्लोबीजेरिना।

समुद्रीविज्ञान एवं प्रौद्योगिकी में रोजगार के अवसर

आज समुद्री विज्ञान और प्रौद्योगिकी क्षेत्र में रोजगार की प्रबल संभावनाएं हैं। विविधतापूर्ण रोजगार के इस क्षेत्र में अपनी इच्छानुसार सेवा का चयन किया जा सकता है। यहाँ इतनी सुविधाएँ दी जाती हैं, जिसकी किसी और रोजगार के क्षेत्र में कल्पना तक नहीं की जा सकती। जैसे कि किसी समुद्री बेड़े पर नियुक्ति होती है, तो सेवार्थी को सपरिवार समुद्री मार्ग से ही विश्वभ्रमण का सुखद अवसर प्राप्त होता है। इस यात्रा में विश्व के अनेक देशों के निवासियों के रहन–सहन, सभ्यता–संस्कृति, वेशभूषा –भाषा का पता चलता है। सेवार्थी उन देशों से अनेक वस्तुएँ खरीद सकता है, जिन पर कस्टम शुल्क नहीं लिया जाता है। समुद्री विज्ञान एवं प्रौद्योगिकी के क्षेत्र में बतौर यांत्रिक अभियंता, पायलट, समुद्री अधिकारी, हाइड्रोग्राफिक सर्वेक्षक, ड्रेजर, टग इंजीनियर, नौचालक आदि पदों का चुनाव किया जा सकता है।

जहाजरानी, समुद्री विज्ञान और प्रौद्योगिकी से सम्बन्धित अनेक पाठ्यक्रम "द शिपिंग कारपोरेशन ऑफ इंडिया", गोआ शिपयार्ड, कांडला पोर्ट ट्रस्ट, नेवल डाकयार्ड अप्रेंटिस स्कूल, केन्द्रीय मत्स्य नौचालन एवं इंजीनियरिंग संस्थान द्वारा चलाए जाते हैं। इसके अलावा आई.आई.टी. चेन्नई के सागर इंजीनियरिंग केन्द्र (आई.ई.सी.) द्वारा संचालित सागर अभियांत्रिकी के विभिन्न क्षेत्रों में एम.टेक., एम. एस. और पीएच.डी. की डिग्रियां प्रदान की जाती है। यहाँ नौस्थापत्य में बी.टैक. का पाठ्यक्रम भी उपलब्ध है।

नौ संचालन अधिकारी के तौर पर प्रशिक्षण प्राप्त करने के लिए प्रत्याशी को न केवल अविवाहित होना चाहिए बल्कि शैक्षणिक योग्यता के रूप में बारहवीं की परीक्षा में साठ प्रतिशत अंकों सहित

भौतिकी, रासायन विज्ञान एवं गणित विषयों के साथ उत्तीर्ण होना चाहिए तथा बी.एस.सी. में भी साठ प्रतिशत अंकों सहित भौतिकी और गणित विषयों के साथ उत्तीर्ण होना चाहिए। प्रवेश के समय प्रत्याशी की आयु बाइस वर्ष से अधिक नहीं होनी चाहिए। शिपिंग कारपोरेशन ऑफ इंडिया के इस पाठ्यक्रम की सबसे बड़ी विशेषता यह है कि जो युवा चयनित अधिकारी के रूप में मुम्बई तट पर और आंशिक रूप से समुद्री जलयानों पर कुल चौबीस महीने की अवधि का प्रशिक्षण पूरा करते हैं, तो नौ संचालन निगरानी अधिकारी का प्रमाणपत्र प्राप्त करते हैं। प्रशिक्षण के सफल समापन के बाद और द्वितीय मेटस (विदेशगामी) सक्षमता परीक्षा पास कर लेने पर उन्हें जहाजों पर नौसंचालन अधिकारी के रूप में शामिल किया जाता है। जो अपने को समुद्री कैरियर के दौरान अधिक अनुभवी सिद्ध करते हैं और उच्चतर सक्षमता प्रमाणपत्र हासिल करने में सफल होते है, उनको बेड़े में किसी भी जहाज की कमान संभालने के लिए मास्टर (कैप्टन) के रैंक में पदोन्नति का अवसर प्रदान किया जाता है।

इस द्विवर्षीय पाठ्यक्रम की प्रशिक्षण अवधि के दौरान प्रशिक्षुओं को वृत्तिका भी दी जाती है। इसके अलावा समुद्रगमन भत्ते भी दिए जाते हैं। प्रशिक्षु को भोजन और आवास की निःशुल्क सुविधा मिलती है। इस पाठ्यक्रम में प्रवेश लिखित परीक्षा और साक्षात्कार द्वारा दिया जाता है। सामान्यतया प्रवेश परीक्षा में अंग्रेजी, भौतिकी, रासायनिकी, गणित, सामान्याज्ञान और अभिरूचि संबंधी परीक्षा ली जाती है। प्रवेश परीक्षा दिल्ली, कोलकाता, मुम्बई और चेन्नई केन्द्रों पर आयोजित होती है। लिखित परीक्षा में अधिकतम अंक पाने वाले प्रत्याशियों को ही साक्षात्कार के लिए मुम्बई बुलाया जाता है। अंतिम चयन के समय प्रत्याशी का चिकित्सकीय परीक्षण होता है, जिसमें उसे पूर्णतः स्वस्थ होना चाहिए।

जिन युवाओं ने विश्वविद्यालय अथवा किसी मान्यता प्राप्त इंजीनियरिंग कॉलेज से यांत्रिक अभियांत्रिकी (मैकेनिकल इंजीनियरिंग) में स्नातक स्तरीय डिग्री प्राप्त की है, वे समुद्री इंजीनियरिंग प्रशिक्षणार्थी के पाठ्यक्रम में प्रवेश लेकर सीधे नौकरी प्राप्त कर सकते हैं। यह पाठ्यक्रम एकवर्षीय है। प्रशिक्षण के दौरान प्रशिक्षु को छात्रवृत्ति भी मिलती है। समुद्री कार्यशालाओं में निश्चित अवधि तक प्रशिक्षण प्राप्त करने के पश्चात् एम.ओ.टी. द्वितीय श्रेणी भाग ए प्रमाण पत्र प्राप्त करने वाले सफल प्रशिक्षुओं को जहाजों पर

कनिष्ठ इंजीनियर अधिकारी के पद पर नियुक्ति की जाती है। अधिकतम अनुभव संबंधी प्रमाणपत्र प्राप्त करने के बाद किसी भी जलपोत पर मुख्य अभियंता वर्ग में पदोन्नति प्रदान की जाती है। दी शिपिंग कारपोरेशन ऑफ इंडिया के उपरोक्त दोनों ही पाठ्यक्रमों में सरकारी नियमानुसार आरक्षण की भी व्यवस्था है।

जो युवा किसी मान्यता प्राप्त संस्थान अथवा विश्वविद्यालय से इलेक्ट्रॉनिक्स, इलेक्ट्रिकल, मैकेनिकल, मैरीन इंजीनियरिंग तथा नौसेना वास्तुकला में प्रथम श्रेणी से डिग्री प्राप्त कर चुके हैं या प्राप्त करने वाले हैं, वे गोआ शिपयार्ड कम्पनी के स्नातक इंजीनियर प्रशिक्षु के रूप में अपने कैरियर की शुरूआत कर सकते है। इस प्रशिक्षण पाठ्यक्रम में शामिल होने के समय प्रत्याशी की आयु कम से कम छब्बीस वर्ष होनी चाहिए। चयनित प्रत्याशियों को एक वर्ष की अवधि तक प्रशिक्षण दिया जाता है। यदि आवश्यक प्रतीत होता है तो प्रशिक्षण की अवधि बढ़ा भी दी जाती है। प्रशिक्षणकाल में प्रशिक्षु को प्रतिमाह छात्रवृत्ति प्रदान की जाती है। प्रशिक्षण के सफल समापन के पश्चात् प्रशिक्षु को कंपनी में स्थायी पद प्राप्त होता है। जिन प्रत्याशियों का साक्षात्कार के लिए चयन होता है, उन्हें साक्षात्कार में भाग लेने के लिए कंपनी लघुतम मार्ग से प्रथम श्रेणी रेल से आने–जाने का किराया देती है।

जिन युवाओं को जहाजरानी के क्षेत्र में प्रशिक्षार्थी पायलट के रूप में जीवन वृत्ति आरंभ करने की अभिलाषा है, उनके लिए विदेशगामी प्रमाणपत्र प्राप्त होना आवश्यक है। इसमें प्रवेश के लिए अधिकतम आयु सीमा पैंतीस वर्ष है। प्रशिक्षण की अवधि तीन माह है। एक पायलट के तौर पर जो प्रशिक्षु अपेक्षित परीक्षा उत्तीर्ण करते हैं, तो उन्हें परिवीक्षाधीन पायलट के पद पर नियुक्त किया जाता है।

भारतीय जहाजरानी निगम या कांडला पोर्ट ट्रस्ट से ड्रेजर कमांडर संबंधी प्रशिक्षण प्राप्त किया जा सकता है। ड्रेजर कमांडर पद हेतु प्रत्याशी के पास केवल विदेशगमन मास्टर प्रमाणपत्र या इसके समकक्ष प्रमाणपत्र होना चाहिए। पोत पर ड्रेजर इंजीनियर को मुख्यतः डीजल और भाप इंजन का संचालन और संतुलन की देखभाल करनी होती है। जरूरत पड़ने पर उसे समुद्रगामी जहाज पर वाचकीपिंग इंजीनियर संबंधी कार्य भी करना होता है।

जो युवा हाइड्रोग्राफिक सर्वेक्षक का प्रशिक्षण प्राप्त करते हैं, तो उनको समुद्र विकास विभाग अथवा समुद्री जहाज पर सर्वेक्षक की पद मिलता है। इस पद हेतु प्रत्याशी को तटीय जल, टाइटल इनलेटस, एस्टुरियन पार्टस आदि के हाइड्रोग्राफिक सर्वेक्षण में किसी मान्यता प्राप्त संस्थान से प्रशिक्षित होने के अतिरिक्त अनुभव संपन्न होना भी आवश्यक है।

अल्पशिक्षित युवा अपना कैरियर फिशिंग हैंड के रूप में आरंभ कर सकते हैं। आठवीं पास प्रत्याशी केन्द्रीय मत्स्य उद्योग तथा नौ इंजीनियरिंग प्रशिक्षण संस्थान द्वारा संचालित मेट मत्स्य जलयान (मेट फिशिंग वैंसल) कोर्स में प्रवेश ले सकते है। इसके अन्तर्गत प्रत्याशी को अधिकारी से प्राप्त निर्देश के तहत जलयान पर वैज्ञानिक विंच परिचालन एवं मत्स्य प्रचालनों में मछली पकड़ना एवं नमूनों की देखरेख, फिशिंग डेकों की सफाई, जालों की मरम्मत आदि कार्य करने होते हैं।

इसके अलावा शिशिक्षुता अधिनियम 1961 के अन्तर्गत बने नियमों के अनुसार इंजीनियरी ट्रेडों में सिविलियन भारतीय प्रशिक्षार्थियों के लिए प्रत्येक वर्ष नेवल डाकयार्ड अप्रेंटिस स्कूल, मुम्बई के माध्यम से सभी सेना भर्ती कार्यालयों में प्रवेश परीक्षा आयोजित की जाती है। इस प्रवेश परीक्षा में शामिल होने के लिए प्रत्याशी की आयु 14 से 19 के बीच होनी चाहिए। अधिकांश ट्रेडों के लिए प्रशिक्षण की अवधि तीन साल है। प्रशिक्षण के दौरान प्रशिक्षुओं को वृत्तिका भी दी जाती है। प्रशिक्षु को मैट्रिक अथवा समकक्ष परीक्षा उत्तीर्ण होना चाहिए। विज्ञान विषय के प्रत्याशियों को प्रशिक्षण हेतु वरीयता दी जाती है। जो प्रत्याशी वेल्डर, रिगर, शिपराइट (वुड) वर्ग में प्रवेश चाहते है, उनके लिए मात्र आठवीं पास होना काफी है। जबकि पदनामित ट्रेडों में इलैक्ट्रीशियन, फिटर, टर्नर, डीजल, मैकेनिक, क्रेन ऑपरेटर, रेफ्रिजरेशन, एयरकंडीशनिंग, मेंटेनेन्स मैकेनिक तथा अन्य गैर पदनामित ट्रेडों में इंजन फिटर, शिप फिटर, राडार फिटर, सोनार फिटर, इलेक्ट्रॉनिक फिटर, जी.टी. फिटर, मशीनरी कंट्रोल आदि के प्रशिक्षण के लिए कम से कम ग्यारहवीं पास होना जरूरी है। प्रवेश के समय ट्रेड का आवंटन पसंद और मैरिट के आधार पर किया जाता है। चयनित प्रत्याशियों को नेवल डाकयार्ड मुम्बई में प्रशिक्षण पूरा होने पर पांच वर्ष तक कार्य करने के लिए एक बंधक पत्र पर हस्ताक्षर करना आवश्यक

होता है। प्रवेश का माध्यम लिखित परीक्षा होता है। प्रश्नपत्र हिन्दी अथवा अंग्रेजी में हल किया जा सकता है। प्रवीण प्रशिक्षुओं को तेल एवं प्राकृतिक गैस आयोग, इंजीनियर्स इंडिया लिमिटेड, सागर विकास विभाग, गोवा शिपयार्ड, विशाखापत्तनम पोर्ट ट्रस्ट, तूतीकोरिन पोर्ट ट्रस्ट, कांडला पोर्ट ट्रस्ट, कोचिन पोर्ट ट्रस्ट, मार्मूगावो पोर्ट ट्रस्ट, महासागर विकास विभाग आदि में नियुक्त किया जाता है। इस क्षेत्र में प्रवेश संबंधी भर्ती कार्यक्रम एवं अन्य विवरणों के लिए निकटतम क्षेत्रीय भर्ती कार्यालय या शाखा भर्ती कार्यालय से सम्पर्क करना चाहिए :

समुद्री विज्ञान एवं प्रौद्योगिकी से संबंधित विभिन्न पाठ्यक्रमों की विस्तृत जानकारी हेतु निम्नांकित संस्थाओं से सम्पर्क किया जा सकता है।

1. महाप्रबंधक, शिपिंग कॉरपोरेशन ऑफ इंडिया लिमिटेड, शिपिंग हाउस, 245, मेडम कामा मार्ग, मुम्बई–400 021
2. कंपनी सचिव, गोआ शिपयार्ड लिमिटेड, वास्कोडिगामा, गोआ–403 802
3. सचिव, कांडला पोर्ट ट्रस्ट, बॉक्स सं– 50, गांधीधाम, कच्छ, गुजरात–370 201
4. निदेशक, केन्द्रीय मत्स्य नौचालन एवं इंजीनियरिंग प्रशिक्षण संस्थान पो.बॉ. नं. 1724, दीवान रोड, कोचीन–692 016
5. सचिव, महासागर विकास विभाग, महासागर भवन, ब्लाक–12, सी.जी.ओ. कॉम्पलेक्स, लोदी रोड़, नई दिल्ली–110 003
6. नेवल डाकयार्ड अप्रेंटिस स्कूल, मुम्बई
7. निदेशक, इंडियन इंस्टीट्यूट ऑफ टेक्नोलॉजी (आई.आई. टी.), चेन्नई।